U0506790

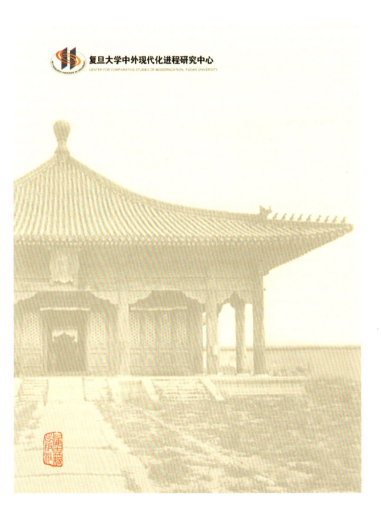

复旦大学中外现代化进程研究中心
CENTER FOR COMPARATIVE STUDIES OF MODERNIZATION, FUDAN UNIVERSITY

近代中外交涉史料丛刊

庚辛史料（外一种）

许同莘 辑

戴海斌 裘陈江 整理

近代中外交涉史料丛刊

第一辑

复旦大学中外现代化进程研究中心　主编

编委会成员（以姓氏拼音排序）

许同莘像

庚辛史料

許同莘輯

庚子拳匪之亂，私家記載，不下數十種，或詳載始末，或得之傳聞，臚實依據，兼采姐張文襄全集，就往來電報，輯成此篇，雖一電稿譯文間有脫誤，然前既徵實，可為信史，愛付梓行，備他日修史者采焉。已見李文忠致文襄全書皆書不重出，許同莘記。

盛京堂致鄂督電

庚電驪悉，彼於等四名已見題，鐵路我者不能保護，恐有關係。洋兵雖到者甚多，我軍勢不逮剿，恐事益圖大，奈何？宜叩。佳。庚子五月初六日寅刻發。

江督致鄂督電

庚電驪悉，各國紛紛發兵要索，大局危急，政府意欲主戰主剿？顧見百奇若電商途，辦與未必遮做，散亦顯保不復。奈，即或遮途解散，外人以查民及教民倡亡其多，各國若幹以對？況欽其局勢危，遵行了結。華相詰問，我辦何辭以對？我未對詢之，願藤眾議，若再巡剿，不自返剿，各國兵隊大至。懇於代謀，此意陽剿，蓋藤拙選上陳。聰以明降論旨，一意楊剿，各國靈難處安，昨藤電宜。一面舉匪傷焉教民，各國定併力大舉。危亡即在且夕，等語，大局者無遠路樂，各國定併力大舉。危亡即在且夕，等語。橋樹某迷，聞孝等寄匿，亦辦公送電北洋合會等，朝廷喜約的慕膜，寅可早速食充。寧宏。坤。拾。庚子五月初七日寅刻發。

江督致鄂蘇皖贛各督撫電

廿一。各國在大沽開仗，喇臺賽事，北事決裂。頃據遁道電，風聞英領奉英廷電，自昌晶至晶題，每口泥一兵輪，上海江寧派迎佛力堵禦，又閩頃據法英獨領題程，等語。厲各計，惟有力保護，穩住各國。一厚派兵自守，筋礙地方，無論何欽，先行辦用。事甚危急，若東南再有事，則全局斷難棄矣。公詢何如？坤。漾。庚子五月二十三日辰刻發。

又

《庚辛史料》首页

（《河北月刊》1935年第3卷第1期）

舊館綴遺

許同莘

南皮張氏世為右族明正德中巡按淮以風節著所卒旌廉退汙刻弊抑强綱紀為之一肅宦者秦文得

幸於武宗欲結交以厚幣餽正色卻之武宗好遊畋上疏極諫旋攏浙江兵備副使晉河南按察使平反

寃獄千計不行有權法者求某家宰書三日不去家宰曰我豈不念爾耶惜吾書之無益也其為人敬憚

如此丁憂歸中妻靡言牲門不出以耕讀課子孫張氏常積累之厚自按察東之號寒泉為洪

洞邊兩皮後四世祖伯子六人其後分六門三十三支文襄公之洞為四門之後文達公之萬為五門之

後張氏譜首冠以寒泉公墓志題郡御史晉州張璿撰文義高潔惜縣志不載

道咸間黔中稱賢吏者三人有三太守之目三太守者黎平知府胡文忠公林翼郃公卽府鹿壯節公丕

宗興義知府張公鍈張公字又甫文襄之尊人也歷官事蹟具詳墓志神道碑記墓志見

於南皮縣志神道碑今刻於龔道遺愛祠碑在興義府治余為贈公不匯功旣逃其略而平

生行誼猶不及詳碑文記事為文襄所遺錄於此神道碑云公偉軀幹廣頯方頤美鬚髯目咸而平

若洪鐘言論宏達而不紊辜立至老不跛倚為諸生時以鄉里僻監罕師友乃游學於京師劉編修嗣綰

兒之於他人坐上一談傾倒卽日過訪為之延譽彭修撰浚邈主其家將御史策見公文卽以女妻之三

先生皆風義文學有高名卽公之文行可知矣公外祖王君綺書原名琰京師貴族亦當時膾家名士公

遊於兩代外家之門因以交於當世通人賢士居京師十餘年交道愈實學問得力有由然也公事繼母

《旧馆缀遗》

（《河北月刊》1935 年第 3 卷第 11 期）

言於後然疏漏之虞或恐不免所冀大雅宏達紃正爾

失斯幸甚矣

附錄許君溯伊輯本敍例

編輯張文襄公全書敍例

宣統元年冬文襄張公之喪旣歸南皮梁節庵先生

及公之子君立京卿兄弟謀輯遺文行世設廣雅書

局於地安門內同莘纕者辱公知已之感又習聞公

居官治事之要誼不敢辭而闆縣王君司直孝繩受

公知深見聞尤眞切因相與商榷體例質正於先生

及師傅陳公弢庵發篋中遺稿可盈一室時舊僚在

《张文襄公全集·叙例》

总　序

　　梁启超在 20 世纪初年撰《中国史叙论》,将乾隆末年至其所处之时划为近世史,以别于上世史和中世史。此文虽以"中国史叙论"为题,但当日国人对于"史"的理解本来就具有一定的"经世"意味,故不能单纯以现代学科分类下的史学涵盖之。况且,既然时代下延到该文写作当下,则对近世史的描述恐怕也兼具"史论"和"时论"双重意义。任公笔下的近世,虽然前后不过百来年时间,但却因内外变动甚剧,而不得不专门区分为一个时代。在梁启超看来近世之中国成为了"世界之中国",而不仅仅局限于中国、亚洲的范围,其原因乃在于这一时代是"中国民族连同全亚洲民族,与西方人交涉竞争之时代"。不过,就当日的情形而论,中国尚处于需要"保国"的困境之中,遑论与列强相争;而面对一盘散沙、逐渐沦胥的亚洲诸国,联合亦无从说起,所谓"连同"与"竞争"大抵只能算作"将来史"的一种愿景而已。由此不难看出,中国之进入近世,重中之重实为"交涉"二字。

　　"交涉"一词,古已有之,主要为两造之间产生关系之用语,用以表示牵涉、相关、联系等,继而渐有交往协商的意思。清代以前的文献记载中,鲜有以"交涉"表述两个群体之间的关系者。有清一代,形成多民族一统的大帝国,对境内不同族群、宗教和地域的治理模式更加多元。当不同治理模式下的族群产生纠纷乃至案件,或者有需要沟通处理之事宜时,公文中便会使用"交涉"字眼。比如"旗民交涉"乃是沟通满人与汉人,"蒙民交涉"或"蒙古民人交涉"乃是沟通蒙古八旗与汉人,甚至在不同省份或衙门之间协调办理相关事务时,也使用了这一词汇。乾隆中叶以降,"交涉"一词已经开始出现新的涵义,即国与国之间的协商。这样的旧瓶新酒,或许是清廷"理藩"思维的推衍与惯性使然,不过若抛开朝贡宗藩的理念,其实质与今日国际关系范畴中的外交谈判并无二致。当日与中国产生"交涉"的主要是陆上的邻国,包括此后被认为属于"西方"的沙俄,封贡而在治外的朝鲜与服叛不定的缅甸等国。从时间上来看,"交涉"涵义的外交化与《中国史叙论》中的"乾隆末年"基本相合——只是梁启超定"近世史"开端时,心中所念想必是马嘎尔尼使华事件,不过两者默契或可引人深思。

道光年间的鸦片战争,深深改变了中外格局,战后出现的通商口岸和条约体制,致使华洋杂处、中外相联之势不可逆转。故而道咸之际,与"外夷"及"夷人"的交涉开始增多。尤其在沿海的广东一地,因涉及入城问题等,"民夷交涉"蔚然成为一类事件,须由皇帝亲自过问,要求地方官根据勿失民心的原则办理。在《天津条约》规定不准使用"夷"字称呼外人之前一年,上谕中也已出现"中国与外国交涉事件"之谓,则近百年间,"交涉"之对象,由"外藩"而"外夷",再到"外国",其中变化自不难体悟。当然,时人的感触与后见之明毕竟不同,若说"道光洋艘征抚"带来的不过是"万年和约"心态,导致京城沦陷的"庚申之变"则带来更大的震慑与变化。列强获得直接在北京驻使的权力,负责与之对接的总理衙门成立,中外国家外交与地方洋务交涉进入常态化阶段。这是当日朝廷和官员施政新增的重要内容。因为不仅数量上"中外交涉事件甚多","各国交涉事件甚繁",而且一旦处置不当,将造成"枝节丛生,不可收拾"的局面,所以不得不"倍加慎重",且因"办理中外交涉事件,关系重大",不能"稍有漏泄",消息传递须"格外严密"。如此种种,可见从同治年间开始,"中外交涉"之称逐渐流行且常见,"中外交涉"之事亦成为清廷为政之一大重心。

在传统中国,政、学之间联系紧密,既新增"交涉"之政,则必有"交涉"之学兴。早在同治元年,冯桂芬即在为李鸿章草拟的疏奏中称,上海、广州两口岸"中外交涉事件"尤其繁多,故而可仿同文馆之例建立学堂,往后再遇交涉则可得此人才之力,于是便有广方言馆的建立。自办学堂之外,还需出国留学,马建忠在光绪初年前往法国学习,所学者却非船炮制造,而是"政治交涉之学"。他曾专门写信回国,概述其学业,即"交涉之道",以便转寄总理衙门备考。其书信所述主要内容,以今天的学科划分来看大概属于简明的国际关系史,则不能不旁涉世界历史、各国政治以及万国公法。故而西来的"交涉之学"一入中文世界,则与史学、政教及公法学牵连缠绕,不可区分。同时,马建忠表示"办交涉者"已经不是往昔与一二重臣打交道即可,而必须洞察政治气候、国民喜好、流行风尚以及矿产地利、发明创造与工商业状况,如此则交涉一道似无所不包,涵纳了当日语境下西学西情几乎所有内容。

甲午一战后,朝野由挫败带来的反思,汇成一场轰轰烈烈的变法运动,西学西政潮水般涌入读书人的视野。其中所包含的交涉之学也从总署星使、疆臣关道处的职责攸关,下移为普通士子们学习议论的内容。马关条约次年,署理两江的张之洞即提出在南京设立储才学堂,学堂专业分为交涉、农政、工艺、商务四大类,其中交涉类下又有律例、赋税、舆图、翻书(译书)之课程。在张之洞的设计之中,交涉之学专为一大类,其所涵之广远远超过单纯的外交领域。戊戌年,甚至有人提议,在各省通商口岸无论城乡各处,应一律建立专门的"交涉学堂"。入学后,学生所习之书为公法、约章和各国法律,接受交涉学的基础教育,学成后再进入省会学堂进修,以期能在相关领域有所展布。

甲午、戊戌之间,内地省份湖南成为维新变法运动的一个中心,实因官员与士绅的协力。盐法道黄遵宪曾经两次随使出洋,他主持制定了《改定课吏馆章程》,为这一负责教育候补官员和监督实缺署理官员自学的机构,设置了六门课程:学校、农工、工程、刑名、缉捕、交涉。交涉一类包括通商、游历、传教一切保护之法。虽然黄遵宪自己表示"明交涉"的主要用意在防止引发地方外交争端,避免巨额赔款,但从课程的设置上来看包含了商务等端,实际上也说明即便是内陆,交涉也被认为是地方急务。新设立的时务学堂由梁启超等人制定章程,课程中有公法一门,此处显然有立《春秋》为万世公法之意。公法门下包括交涉一类,所列书目不仅有《各国交涉公法论》,还有《左氏春秋》等,欲将中西交涉学、术汇通的意图甚为明显。与康梁的经学理念略有不同,唐才常认为没必要因尊《公羊》而以《左传》为刘歆伪作,可将两书分别视为交涉门类中的"公法家言"和"条例约章",形同纲目。他专门撰写了《交涉甄微》一文,一则"以公法通《春秋》",此与康梁的汇通努力一致;另外则是大力鼓吹交涉为当今必须深谙之道,否则国、民利权将丧失殆尽。在唐才常等人创办的《湘学报》上,共分六个栏目,"交涉之学"即其一,乃为"述陈一切律例、公法、条约、章程,与夫使臣应付之道若何,间附译学,以明交涉之要"。

中国传统学问依托于书籍,近代以来西学的传入亦延续了这一方式,西学书目往往又是新学门径之书。在以新学或东西学为名的书目中,都有"交涉"的一席之地。比如《增版东西学书录》和《译书经眼录》,都设"交涉"门类。两书相似之处在于将"交涉"分为了广义和狭义两个概念,广义者为此一门类总名,其下皆以"首公法、次交涉、次案牍"的顺序展开,由总体而个例,首先是国际法相关内容,其次即狭义交涉,则为两国交往的一些规则惯例,再次是一些具体个案。

除"中外交涉"事宜和"交涉之学"外,还有一个表述值得注意,即关于时间的"中外交涉以来"。这一表述从字面意思上看相对较为模糊,究竟是哪个时间点以来,无人有非常明确的定义。曾国藩曾在处理天津教案时上奏称"中外交涉以来二十余年",这是以道光末年计。中法战争时,龙湛霖也提及"中外交涉以来二十余年",又大概是指自总理衙门成立始。薛福成曾以叶名琛被掳为"中外交涉以来一大案",时间上便早于第二次鸦片战争。世纪之交的1899年,《申报》上曾有文章开篇即言"中外交涉以来五十余年",则又与曾国藩所述比较接近。以上还是有一定年份指示的,其他但言"中外交涉以来"者更不计其数。不过尽管字面上比较模糊,但这恰恰可能说明"中外交涉以来"作为一个巨变或者引出议论的时间点,大约是时人共同的认识。即道咸年间,两次鸦片战争及其后的条约框架,使得中国进入了一个不得不面对"中外交涉"的时代。

"交涉"既然作为一个时代的特征,且历史上"中外交涉"事务和"交涉"学又如上所述涵纳甚广,则可以想见其留下的相关资料亦并不在少数。对相关资料进行编撰和整理的工作,其实自同治年间即以"筹办夷务"的名义开始。当然《筹办夷务始末》的主要编撰意图在于整理陈案,对下一步外交活动有所借鉴。进入民国后,王彦威父子所编的《清季外交史料》则以"史料"为题名,不再完全立足于"经世"。此外,出使游记、外交案牍等内容,虽未必独立名目,也在各种丛书类书中出现。近数十年来,以《清代外务部中外关系档案史料丛编》、《民国时期外交史料汇编》、《走向世界丛书》(正续编)以及台湾近史所编《教务教案档》、《四国新档》等大量相关主题影印或整理的丛书面世,极大丰富了人们对近代中外交涉历史的了解。不过,需要认识到的是,限于体裁、内容等因,往往有遗珠之憾,很多重要的稿钞、刻印本,仍深藏于各地档案馆、图书馆乃至民间,且有不少大部头影印丛书又让人无处寻觅或望而生畏,继续推进近代中外交涉相关资料的整理、研究工作实在是有必要的,这也是《近代中外交涉史料丛刊》的意义所在。

这套《丛刊》的动议,是在六七年前,由我们一些相关领域的年轻学者发起的,经过对资料的爬梳,拟定了一份大体计划和目录。复旦大学中外现代化进程研究中心的章清教授非常支持和鼓励此事,并决定由中心牵头、出资,来完成这一计划。以此为契机,2016年在复旦大学召开了"近代中国的旅行写作、空间生产与知识转型"学术研讨会,2017年在四川师范大学举办了"绝域轙轩:近代中外交涉与交流"学术研讨会,进一步讨论了相关问题。上海古籍出版社将《丛刊》纳入出版计划,吕瑞锋先生和乔颖丛女士等为此做了大量的工作。由于发起参与的整理者大多是研究者,所以大家都认为应该本着整理一本,深入研究一本的态度,这一态度也可以在每一种资料的研究性前言中得以体现。《丛刊》计划以十种左右为一辑,陆续推出,我们相信这将是一个长期而有意义的历程。

张晓川

整理凡例

一、本《丛刊》将稿、钞、刻、印各本整理为简体横排印本,以方便阅读。

二、将繁体字改为规范汉字,除人名或其他需要保留之专有名词外,异体、避讳等字径改为通行字。

三、原则上保持文字原貌,尽量不作更改,对明显讹误加以修改,以〔 〕表示增字,以( )表示改字,以□表示阙字及不能辨认之字。

四、本《丛刊》整理按照国家标准标点符号用法,进行标点。

五、本《丛刊》收书类型丰富,种类差异较大,如有特殊情况,由该书整理者在前言中加以说明。

目 录

前　言

《庚辛史料》,许同莘辑,连载于《河北月刊》1935—1936 年第 3 卷第 1—8、10—12 期,第 4 卷第 2、4、6、11 期。据辑录者"题记"交代:

> 庚子拳匪之变,私家记载,不下数十种,或事后追述,或得之传闻,难资依据。曩岁编《张文襄全集》,就往来电报,辑录成编,虽电码译文间有脱误,然语语征实,可为信史,爰付印行,备他日修史者采焉。已见李文忠、张文襄全书者不重出。许同莘记①。

由是可知,此种"史料"主要汇辑庚子事变时期官方电报,也可以说是许同莘编纂《张文襄全集》的一个副产品。关于许同莘其人其事,世人所知不多,他对于近代史料与史料学实大有关系,尤其对于作为晚清史料一大渊薮的张之洞文献的保存与整理,堪谓第一功臣。而《庚辛史料》原即广义的"张之洞电稿"的一部分,要理解其性质与位置,有必要追溯"张之洞电稿"这一宗巨型史料的来源、编纂与流传的情况。本文拟对上述问题有所考察,在此基础上,再对《庚辛史料》的内容与史料价值略作述评。

---

① 许同莘辑:《庚辛史料》,《河北月刊》1935 年第 3 卷第 1 期,第 1 页。

一、许同莘其人

许同莘(1879—1951)[①],字溯伊(叔伊),江苏无锡人,庚子、辛丑并科举人,出使意大利公使许珏之侄,张之洞部下名幕张曾畴之外甥。同邑人称许其"濡染家学,才藻冠时",并谓"早岁入张文襄公幕府,参与机宜文字,旋官译曹。君出入内外,明于当世之务;又习闻名公巨卿之议论,郎曹、幕职之选,君实兼之"[②]。按,许同莘入张之洞幕府之缘起,可追溯至光绪二十五年(1899),其初至湖广督署"学习办事"。据许氏自述:

岁己亥,同莘始游武昌,从会稽施先生治法家言于督署。是时距曾(国藩)、胡(林翼)诸公之殁三四十年,幕中诸先生时时诵其文章,道其轶事。而督部张文襄公视草(事)严,掾吏兢兢,无或敢一字苟者。既而服官京曹,伯父静山先生屡以言事诣阙下。伯父尝受知阎文介公(阎敬铭)、丁文诚公(丁宝桢),从容语当日事,深宵侍坐,不知其倦也[③]。

许同莘初至武昌,多得助于其舅父张曾畴的关系。张曾畴(1867—1911),字望屹,别号潜园,江苏无锡人,精于书法[④],而擅

<hr />

① 按许同莘"生光绪五年己卯(1879)十一月二十三日酉时"(《歙县迁锡许氏宗谱》),1951年病卒于无锡老宅。此处生卒年考订,均据钱志伟:《许同莘先生事略补证》,《秘书》2018年第4期。

② 杨寿楠:《杨序》,许同莘:《公牍学史》,王毓,孔德兴校点,北京:档案出版社,1989年,第1页。

③ 许同莘:《自序一》,《公牍学史》,第3页。按引文括注,系笔者所加,下均同。

④ 熟悉湖北旧闻的刘成禺言"无锡张曾畴擅苏体字,为之洞代笔,几乱真,赵凤昌以通达政事文章名,之洞倚之如左右手"。参见氏著《世载堂杂忆》,沈阳:辽宁教育出版社,1997年,第54页。

长文牍。甲午后以诸生入张之洞幕府,为缮校文案委员,此后佐幕多年,深受倚重,时人言其"为人精敏强记,恬静寡营,张督部雅重其才,深加倚任,先后从事十有七年"①、"职视秘书,最为文襄所信重,而奉职之勤、治事之敏、守口之慎、律身之严,同人咸推敬焉"②。辛亥年(1911),以候补知府管理汉阳车站货捐局权务,事变爆发之际,在汉口投江死难③。许同莘在其身后为撰"事略",并编有《张潜园书广雅相国奏议》,所影印手书奏议、往来公牍、朋僚函稿,均由张曾畴代张之洞草拟或抄缮④。

伯父许珏与许同莘关系亲近,经常通信,给予的教诲、训诫也颇多。许珏(1843—1916),字静山,晚号复庵,光绪八年(1882)举人,曾入山西学使朱肯山、四川总督丁宝桢幕。十一年(1885)由阎敬铭荐,随张荫桓出使美、日、秘三国,后以参赞相继随薛福成、杨儒出使欧美诸国,甲午后一度入张之洞幕府,旋因故辞去⑤。二

---

① 杨寿枢等:《张潜园先生事实·同乡官呈清史馆文》,许同莘编:《张潜园书广雅相国奏议》,沈云龙主编:《近代中国史料丛刊》续编第2辑,台北:文海出版社,1973年,第7—8页。
② 汪凤瀛:《张望屺先生辛亥殉国记》,《张潜园书广雅相国奏议》,第10页。
③ 张曾畴在《清史稿》有小传,参看赵尔巽等:《清史稿》卷四九六,北京:中华书局,1977年,第9092页。
④ 许同莘称其舅父在武昌幕府奉职勤谨,"张公雅重其才,自吏治军务,以至交涉事宜,事无大小,咸令参预","光绪丁未(1907),张公入相,以先生随行,居京师两年,……先生受知最深",又以工书,模仿幕主笔体形神兼备,几能乱真,"壬辰(1892)、癸巳(1893)以后,凡墨迹署张公款者,皆出先生手笔,江汉之间得片纸只字,竞相摩仿,谓之'帅体'"。文末署"甥许同莘敬述"。参见《清诰授资政大夫湖北补用道望屺张先生事略》,《张潜园书广雅相国奏议》,第14—15、18页。
⑤ 关于许珏在张幕离合的情形,有记载称:"会中日衅起,公感愤时事,……张文襄公督两江,闻公名,致之幕下。丙申(1896),文襄回湖广任,公亦入鄂。一日,文襄下教曰:凡四品官以下官,均应随班侍立。公即拂衣而去。戊戌(1898),至山西,参中丞胡公聘之幕,兼办课吏馆。"参见刘嘉斌:《清诰授资政大夫钦差出使义国大臣广东特用道许公行状》,陶世凤编:《复庵先生集》,民国丙寅(1926)刊本,沈云龙主编《近代中国史料丛刊》第23辑,台北:文海出版社,1968年影印本,第503—504页。

十八年(1902),派充出使意大利公使。《复庵遗集》节抄《谕从子同莘》家书约三十通,起自甲午(1894),迄至丙辰(1916),前后逾二十年,凡"看书"、"做人"、"应酬"、"处世"诸端无不涉及,以身说法,言之谆谆。① 许同莘甫入湖广督署,许珏即去函叮嘱:"连接来信,悉到鄂后已进督署学习,甚慰,但能处处留心,自然识见日长。"② 此后经历庚辛之变,家书中除指点时务,又常教以在剧烈的新旧纷争中"相时而动、择地而蹈"之守身要义:"侄欲留心时事,须认真体认,切勿学矮子观场,凡事非胸有确见,第扣盘扪烛,侈口妄谈,未有不贻祸大局者"、"鄂中新说盛行,风气日坏,吾侄天资甚高,必已灼见其非,务望刻苦凝静,闇然自修,力屏时下浮嚣习,至嘱。侄年力正富,已登贤书,但能循序渐进,前程自远,勿存见小欲速之心。"③

前文所言"会稽施先生",此前研究多误为江南名幕、浙江会稽人施炳燮,因其人精研外交文书,许同莘曾向其请教"洋务之要"④。实则,施炳燮长期奉职两江幕府,与此时的许同莘并无交集,且其擅长的交涉业务,也与文中所谓"法家言"非一事,不可混

---

① 许珏撰,许同范等编:《复庵遗集》"家书节钞",民国壬戌(1922)刊本,北京:朝华出版社,2018年影印本,下册,第916—930页。并参见陶世凤编:《复庵先生集》卷10,第439—452页。

② 许珏:《谕从子同莘》"庚子"条,《复庵遗集》下册,第917页。

③ 许珏:《谕从子同莘》"辛丑"、"甲辰"条,《复庵遗集》下册,第918—920页。

④ 施炳燮,字理卿,浙江会稽县(今绍兴)人,由监生随办南洋洋务,1894年加捐县丞,指分江苏省试用。1896、1900年于江南水师学堂奖叙案内,经奏保以知县补用,后升道员,署理湖北交涉使。参见秦国经主编:《中国第一历史档案馆藏清代官员履历档案全编》第8册,第595—596页。施炳燮久居两江总督刘坤一幕府,以擅长洋务知名。许同莘记:"会稽施理卿先生在幕府数十年,南洋交涉之事,一手擘画,不习洋文,而条约章程,研究独为透澈。余尝问洋务之要。……刘忠诚以庚子保护东南,辛丑预和议,壬寅癸卯会议商约,其文笔议论,推勘入微,六通四辟,大率先生稿也。我经江海,仅见此人。"又《公牍学史》中《辞命》一章,专讲"外交辞令",多借重施氏之论。参见许同莘:《公牍学史》,第238—239页。

同。此处"施先生"当为另一位"绍兴师爷"施煃(? —1931)。笔者检到许同莘为其所作"行状",可从中窥知施煃大概履历,以及当时张之洞幕府的一些内情:

> 先生姓施氏,讳煃,字仲鲁,号悔盦。世为会稽望族,……早岁居襄阳,肄业鹿门书院,两世宦游湖北,例得占籍,遂以给古文辞入武昌府学,光绪丁酉举乡试第六。先生少承家学,即究心当世利弊,姊婿章鹤汀先生治刑名钱谷,声江汉间,先生从问业于湖广幕府逾一年。张文襄督湖广,先生为幕府子弟,未之奇也。又五年,文襄移督两江,先生为幕僚治牍,辄如文襄所欲言,既而他去,文襄怪幕僚治事不如前,询之得其故,亟撽(邀)先生授幕职,自是从文襄者八年。是时海内多故,而江楚东南重镇,文襄所规画率国家大计,庚子辛丑间,外患益亟,幕府治事,昧旦而起,宵分而不休,文襄宏奖人才,方闻硕学之士,云集幕下,吏事则凌仲桓、诸肖鞠、杨葆初、劳筱濂诸先生,洋务则辜鸿铭、梁崧生(梁敦彦)诸先生,而汪荃台(汪凤瀛)先生兼之,至论庶事综练,明律意而通于经术者,则必推先生。文襄亦曰:施某,人中杰也。积劳,以知县荐。……壬寅,文襄再督两江,受代入觐,于是先生留江苏,权知六合县事①。

由此可知,施煃约自张之洞暂署两江总督的甲午年(1894)入幕,至壬寅(1902)年离去,"从文襄者八年"。他出生于师爷世家,在张幕中长于经理庶务,以"明律意而通于经术"见称,据许同莘所

---

① 许同莘:《故六合县知县会稽施先生行状》,《河南博物馆馆刊》1937年第7/8期,第9页。按施煃之父施山,即长年游幕,"佐治湖北者二十年,卒于襄阳",故施煃"入籍江夏,而先垄在会稽",其卒于"辛未(1931)十二月十八日"。

述,"早岁从先生游,先生不凡才视之"、"先生博览群书,务其大义,治法律,旁逮河渠、食货、兵备、外交,研几极深,见诸实用"①。这正可与上引"从会稽施先生治法家言于督署"一言相印证。这也是后来成为法政留学生、并一度从事"修律之业"的许同莘最初涉猎"传统律学"的一个起点。

光绪二十八年(1902),清廷补行庚子、辛丑恩正并科乡试,许同莘赴江宁试,中式举人。② 三十年(1904),中选江苏赴日游学公费考试,入日本法政大学速成科第二班学习,至三十二年(1906)夏,正式卒业。③ 归国后,复入湖广总督张之洞幕府,担任文案委员。许珏来函道贺,并为鼓励:"知荷南皮宫保委办文案,从此阅历渐深,蔚成大器,将来从政临民,自有把握,欣慰之至"、"佺以少年为名公卿赏拔,笔墨之外,兼能于操履致慎,在幕府为得士,在家庭为亢宗,良可欣幸。"④次年(1907)七月,张之洞奉旨补授军机大臣,八月,北上赴京,许同莘亦指定随行。

入京以后,直至宣统元年(1909)八月张之洞病逝,许同莘一直没有脱离张之洞幕府。许同莘从弟,即许珏之子许同莱在其所撰《张文襄年谱编纂始末》一文中提到:"自光绪己亥(1899)至壬

① 施煌生前对许同莘即有"吾身后以传状属汝"之语。参见《故六合县知县会稽施先生行状》,《河南博物馆馆刊》第7/8期,第11页。
② 《许同莘日记》(中国社科院近代史所藏,甲622—11)记载了他参加江南乡试的过程。参看韩策:《科举改制与最后的进士》,社会科学文献出版社,2017年,第133页。
③ 《法政大学速成科第二班卒业试验成绩》(原载《法学志林》八卷七号,明治三十九年[1906]七月二十日),日本法政大学大学史资料委员会编:《清国留学生法政速成科纪事》,裴敬伟译,李贵连校订,孙家红参订,桂林:广西师范大学出版社,2015年,第148页。按许同莘留日阶段有日记存世,有关其学习法政及从事"修律之业"的情况,可看李欣荣:《清季许同莘的学法、修律与法学理路》,《中山大学学报(社会科学版)》,2017年第3期。
④ 许珏:《谕从子同莘》"丙午"、"丁未"条,《复庵遗集》下册,第921—922页。

寅(1902),为学习办事时期。自丙午(1906)至己酉(1909),为任职幕僚时期。"①则许同莘在张之洞幕中前后两段,长达八年。在京阶段,他曾奉法部调,入修订法律馆办事,又在宪政编查馆、贵胄学堂、外务部秘书股等处兼差,日常事务相当繁忙,"而主业则在法律馆",从事新民律的习惯调查和新刑律的校订参核工作。有论者指出,许同莘身处清末民初过渡时代,"经历跨越幕职、郎曹两面,传统律学和东来法学兼而习之,议论介于中西、新旧之间",要探究其略显独特的法学理路,"不能不从其幕主张之洞处入手"②。许同莘本人曾为张之洞"调停新旧"之说辩护:

> 世人论张文襄,以调停新旧为病,此未知当时实事也。文襄所调停者,孝钦母子之间,亦不始于戊戌以后。自光绪之初,论为大行立嗣,论中官殴禁军,皆揆度事理,措词委婉。至其论学论政,则直抒己见,不为苟同。故言经学则斥《公羊》,言洋务则非弭兵,言时政则采外国之长,而必以不背中国礼教为主。自谓作按部就班之事,期铢积寸累之功,固未尝为调停说也③。

再,时人揭示张之洞"晚年提倡新学,兼用出洋学生"的一面外,兼有"奖新学而喜旧文"的另一面④。作为"洋学生"之一的许同莘,也注意到幕主"及其晚年,怵中国旧学之日荒,文字之日敝,则兢兢

① 许同莱:《张文襄年谱编纂始末》,《东方杂志》1944年第40卷第7号,第49页。
② 李欣荣:《清季许同莘的学法、修律与法学理路》,《中山大学学报(社会科学版)》2017年第3期,第99页。
③ 许同莘:《公牍学史》,第229页。
④ 陈伯弢:《襄碧日(笔)记》,转见黄濬:《花随人圣盦摭忆》,上海古籍书店,1983年,第334、345页。

于保存国粹。以为不读经史,不习文辞,则以后入仕途者,将求其称职而不可得"①。

对许同莘有很大影响的许珏,诉诸"新学"的反感和排斥,较张之洞更有过之。他在驻意公使任上来函,即忧心"近来内地风气日坏,报馆猖狂,学堂鼓噪,大非佳象",谆嘱侄子"须亲近正经人,新学一派,敬而远之可也"②。对于东瀛游学,亦"向不以为然"③。在他看来,此举不仅"有损无益",甚而"时局若此,将来必受日本留学生之累,厝火积薪,良可忧虑",故一度有劝回许同莘的打算④。新政改革时期,许珏与张之洞在一些政治见解趋近。《谕从子同莘》"丙午"(1906)条谓"来函述香帅不主立宪之说,足见老成谋国,不同时彦,未知能将此中流弊剀切上陈否",并不满于京官改制之"头绪纷繁",以为"目前可言之事尚多",拟"封事上达,一罄其愚"⑤。"丁未"(1907)条复言:"我到京后倏已十月,年节又蒙恩赏……惟是今日政府用人宗旨,与朝廷恩典两不相涉,久留京师亦无可藉手……去岁曾拟一封事,请停改外官制,后读鄂省与考察政治馆电,指示详尽,为之心折,因亦未上。"⑥其时,许珏已卸任公使,回国述职。许同莘随张之洞北上入都,据言"服官京曹,伯父静山先生屡以言事诣阙下",二人就时局世务有更多直接交流与共鸣。

宣统元年(1909)八月,张之洞在京病逝,许同莘受其家属委

① 许同莘:《公牍学史》,第229—230页。
② 许珏:《谕从子同莘》"癸卯"条,《复庵遗集》下册,第921页。
③ 许珏:《谕同莱》(甲辰),陶世凤编:《复庵先生集》卷一〇,第434—435页。
④ 许珏:《与二弟》(甲辰)、《谕同蔺》(丙午),陶世凤编:《复庵先生集》卷一〇,第400、425页。
⑤ 许珏:《谕从子同莘》"丙午"条,《复庵遗集》下册,第921页。
⑥ 许珏:《谕从子同莘》"丁未"条,《复庵遗集》下册,第921—922页。

托,负责主持张氏著述的整理工作,经十余年的努力,始刊《张文襄公四稿》和《广雅堂集》等七种,继编成《张文襄公年谱》(详后)。辛亥革命后,许同莘进入北京政府外交部,1913年任外交部总务厅文书科佥事,次年升文书科长。据《北京政府外交部职官年表》,其任此职一直到1920年,后改通商司第六、第四科长,1928年6月北洋政府垮台,外交部解散,遂离职①。在北洋外交部供职期间,他的一项主要业绩是与同事汪毅生、张承棨合作编纂了清代历朝对外条约集,包括《康熙雍正乾隆条约》(4卷)、《道光条约》(8卷)、《同治条约》(23卷)、《光绪条约》(102卷)、《宣统条约》(19卷)②。许同莘对外交文书的重视,其来有自,早年从施炳燮学,后者正以研究近代条约"独为透澈"见长③。他逐渐形成"外交辞令自昔所尚,今日尤要"的认识,后来成书的《公牍学史》专门附有"辞命"二卷。北京政府外交总长孙宝琦为《光绪条约》作"序",回顾"我国编辑国际条约而列于官书者"的历史,以光绪八年(1882)总理衙门排印之《中俄约章会要》为开端,但这一工作时断时续,不成系统,一直到民国初年,"(外交)部员于从公之暇,殚力搜集,荟萃刊印,其体例稍稍完备"。他介绍说:

> 我国国际事类之重要,而订约又最繁多者,厥维光绪一朝。佥事

---

① 参见钱志伟:《许同莘先生事略补证》,《秘书》2018年第4期,第21—23页。
② 许同莘、汪毅、张承棨编:《康熙雍正乾隆条约》、《道光条约》、《同治条约》、《光绪条约》、《宣统条约》,外交部图书处民国刊本,沈云龙主编《近代中国史料丛刊》续编第8辑,台北:文海出版社,1976年影印本。按另有一种《咸丰条约》,署"汪毅生、张承棨编纂"。
③ 许同莘尝向其咨询"洋务之要",施炳燮答曰:"条约须从无字处著眼,凡条约所未载者,一步不可放松。条约有明文者,只可就本文解释,一字不可滑过,一字不可迁就。"又曰:"一国立约,各国利益均沾,故办一国交涉,目光须注于各国全局。"参见许同莘:《公牍学史》,第238—239页。

许同莘、汪毅生、张承榮诸君,近复搜求文书,补纂遗佚,而成《光绪条约》一书,共得百有二卷,视旧刊之新编,条约增数十,分年有表,分国有表,厘定原约之名称,附列订约之奏牍,以供外交官稽考之资。与夫学士大夫研精之助,其用力可谓勤矣。抑余更有进者,我国与各国订约,汉、洋文并重,而解释约文,恒以洋文为主,旧约中有因迻译舛误而滋疑虑者,故洋文约稿亟应同时校印,以成全璧,庶可以餍读约者之心,而于国际亦多裨益,是尤余所深望者也①。

许同莘等编各朝条约集,前均有"凡例",列"分年表"、"分国表"、"条约检查一览表",方便阅者检索,条约、章程本文后多附有关约章订立过程的大臣折件及所奉谕旨,可资参考,"以期阅者洞悉立约之原委"。各朝汇编卷帙不一,其中以《光绪条约》最为庞大,总计达 102 卷。据编者交代,"洋、汉约文,本宜并列,惟校对洋文须极精详,故先将汉文付印,作为暂行之本,再板时当再分国汇编,添配洋文"②。就当时条件来看,这套条约集搜罗丰富,编校也较精详,为研究清代外交提供了系统的第一手资料,后来多次翻印,影响颇广③。另外,许同莘与曹汝霖、刘孚淦等合编有《外交部藏书目录》七卷,以外交部图书处名义印行④。据说,他尚有计划

---

① 许同莘、汪毅、张承榮编:《光绪条约》,孙宝琦序(民国三年[1914]九月),第3—4页。
② 许同莘、汪毅、张承榮编:《光绪条约》,"凡例",第13页。
③ 惜今人在回顾"民国时期的中外条约研究"时,仅提及许同莘等辑《光绪条约》一种,对此条约集的编纂背景、成书规模及影响,未能深论。参见李育民、李传斌、刘利民:《近代中外条约研究综述》,长沙:湖南人民出版社,2011年,第13页。
④ 此为外交部公藏书目,分四部及丛书各一卷,卷六为图部,卷七为附录,每书著录书名、卷数、册数、撰者、刊年、版本,以清末刊本居多数,后又续出《外交部藏书目录二编》,均收入本社古籍影印室编:《明清以来公藏书目汇刊》第8册,北京:国家图书馆出版社,2008年。

再进一步，在上述工作基础上写一部《外交全史》，但"因故未能实现"①。

1918年6月，时任外交总长的陆徵祥主持编成《许文肃公（景澄）遗集》，由外交部印刷所刊行，许同莘作为"部中同志"，也是主要编纂人员之一。陆徵祥述此书缘起，"会唐君蔚芝（文治）以前刊公奏疏、函牍见赠，受而读之，如获拱璧。亟与部中同志许君同莘、孙君昌烜、张君承棨、方君元熙增而辑之，合为《遗稿》十二卷，重付排印"②。1922年，许同莘汇辑张曾畴手书，成《张潜园书广雅相国奏议（附函电）》付梓，邓椅序曰："先生既殁之十有一年，其甥许孝廉溯伊谋所以不朽者，撰著经乱丧失不可得，可得者惟书，书之大且精者又不可以梓，梓其所写文襄奏议、函电十数通亦仅矣。"③同年，许珏之子许同范等人纂辑《复庵遗集》二十四卷，许同莘义不容辞，亦力任"参校之役"④。

北洋政府结束后，许同莘一度出关，在哈尔滨地方政府任事⑤，后

---

① 参见王金玉：《许同莘与公牍学》，《郑州大学学报（哲学社会科学版）》1995年第1期，第21页。
② 许同莘编：《许文肃公（景澄）遗集》，沈云龙主编《近代中国史料丛刊》第19辑，台北：文海出版社，1968年影印本，陆徵祥序（民国七年六月），第7页。
③ 许同莘编：《张潜园书广雅相国奏议》，邓椅序，第5页。
④ 按《复庵遗集》为民国十一年（1922）无锡许氏铅印本，许同莘跋作于"壬戌（1922）四月"。其后许珏门人陶世凤编纂《复庵先生集》十卷，系据遗稿扩充而成，版记"丙寅（1926）秋七月无锡许氏用聚珍版印"，收入《近代中国史料丛刊》第23辑影印。
⑤ 据与许同莘有交的金毓黻言，"民国后出关，佐张文襄之孙忠苏（厚璟）于哈尔滨，与余数通函问于沈阳"。见《静晤室日记》第8册，辽沈书社，1993年，第5723页。再，笔者在"孔夫子旧书网"查到许同莘与王嵩儒信札两通，写作时间约在1930年代初，其一内称："再承询部况，甚感。侄在此月入二百元，近兼某处讲席，以钟点计算，可得七八十元，又鬻文月可得数十元，合计不足四百元。儿女累重，教育费多，京津两处开销，合之儿女学费，大约须四百元之谱。至编书一事，似以北京为便，即如年谱取材，必须向各图书馆及史戚等处检阅邸钞、档册，方无谬误。侄前在滨江，即思属稿，终以查书不便而止。如承燕公厚意，月能津贴所需之半，便当（转下页）

任河北省政府主任秘书,1936年左右离职①。抗日战争期间,任过河南省政府主任秘书②,后又入川③,因缺少直接材料,难究其详。比较清楚的是,河北时期,他的主要精力用于公牍学研究,先后写成《治牍要旨》、《治牍须知》、《公牍铨义》、《牍髓》等,最后完成传世之作《公牍学史》(商务印书馆,1947年)。后世对于许同莘其人的关注和了解,其实也多聚焦于这一部系统研究我国数千年公牍演进及其规律的"很有价值的文书档案学论著"④。许同莘与公

(接上页)将笔墨教习之事一概谢绝,专意为之,庶可观成有日。"(http://book.kongfz.com/1087/494744800/)按"燕公",张仁乐,字燕卿,张之洞第十一子,日本学习院文科毕业,"九一八"事变投日,任吉林省实业厅厅长、东北行政委员会吉林代表、伪满洲国实业部大臣、外交部大臣。据此信文意推断,当时许同莘正在天津,而此前一度去过滨江市(现哈尔滨市道外区),其编书、编谱工作,似多得到张仁乐的资助。王嵩儒(1862—?),原名双寿,字松如,汉军正红旗人。1924年前任湖北财政厅长、内务次长,农商次长等职。后任湖北督军署秘书长、西岸榷运局长等职。著有《三国志兵事钩元》。

① 钱志伟据《治牍须知》刊本附言,"此编为河北地方行政人员训练所讲习治事之文所作",指出"该书由河北省政府印刷所于1934年3月刊行,则许同莘于1934年仍在河北省政府任职。离职时间当在1934年以后。更加具体的情况则不得而知"。(《许同莘先生事略补证》,《秘书》2018年第4期,第24页)笔者检索,至1936年许同莘尚在《河北月刊》、《河北第一博物院半月刊》连续发表文章,同年又开始于《河南政治》、《河南博物馆刊》刊文,按此推论,其离河北的时间或在当年。

② 有学者采集其在河南的口碑资料:"据同事说,他是一个爱国知识分子",并注:"根据河南省政协马少元先生回忆。"参见王金玉:《许同莘与公牍学》,《郑州大学学报(哲学社会科学版)》1995年第1期,第22页。

③ 1944年《张文襄公年谱》在重庆出版,许同莘"现尚游幕蜀中"。参见任楼:《新书介绍:张文襄公年谱(许同莘编)》,《国立中央图书馆馆刊》复刊第1号,1947年,第48页。1944年11月16日,金毓黻曾"诣李子壩花纱布管制局访许溯伊(同莘)",其后又有赠诗。次年1月15日记:"许溯伊先生自渝来书,并寄赠五古一章,醇雅真挚,真老手也。"其诗题作"静庵先生曩以文字相契,未识面也。避兵巴渝,忽承过访,并赋诗见赠,喜而有作",来信云:"月前王君问山转示见赠之作,期许过当,愧不敢当。仆与先生前此虽觌面无因,而神交已久,高轩戾止,足音跫然,喜极而狂,不知所以。大作雄深雅健,他日传播辽东,足备诗家故实。奉答一首,聊志钦仰之私,别纸写呈,敬希教正。"见《静晤室日记》第8册,辽沈书社,1993年,第5723、5726、5767页。

④ 许同莘:《公牍学史》,"点校后记",第380页。相关研究可看王金玉:《许同莘与公牍学》,《郑州大学学报(哲学社会科学版)》1995年第1期;史玉崝(转下页)

牍学结缘,与在张之洞幕府的职事历练,以及爬梳纂辑张之洞遗文的经验密不可分,用他自己的话说,《公牍学史》即"取向所闻于父师及览观所得者,条举而详说之"。他曾回忆,"光绪季年,同莘始入幕下,文襄每具草凡有关典制者,辄属遍检群书"①,张之洞殁后,授命编纂《张文襄公全书》,也启发了"公牍学"研究的最初构想:

己酉(1909)冬,始辑文襄遗书,发箧而尽读之,得具知治事之要。尝以为前人论诗文以逮制义、楹联,皆有撰述,而公牍无之,欲裒所闻见为一书,曰《公牍丛话》,多事卒卒未能也②。

及至 1930 年代,国民政府掀起行政效率运动,倡导文书档案改革,许同莘发表一系列公牍学著述,既是他多年积累的产出,也契合了时代需要。1933—1935 年,约稍早于《庚辛史料》见刊,《河北月刊》上也连载了《公牍诠义》、《公牍诠义补》,分述指、导源、流变、观通、酌雅、通俗、法后、去忍、养耻、博趣、余论、辞命等十二篇,实

(接上页)《论〈公牍学史〉的价值》,《档案学通讯》2002 年第 2 期;何金龙:《许同莘与〈公牍学史〉》,《档案管理》2006 年第 3 期;侯迎华:《公文发展史的开山之作——论许同莘〈公牍学史〉》,《郑州大学学报(哲学社会科学版)》2008 年第 5 期;孙婷婷:《许同莘的文档实践及其思想研究》,《档案学通讯》2016 年第 5 期;马立伟《以文本为基础的〈公牍学史〉研究》,《档案学研究》2017 年第 5 期;何庄、孙敏:《许同莘〈公牍学史〉对传统学术思想的继承和创新》,《山西档案》2017 年第 6 期;钱志伟:《许同莘及其公牍思想研究》,安徽师范大学硕士学位论文,2018 年。
① 许同莘注意到张之洞"所定学堂章程,于文辞最为注重",并引《学务纲要》语:"必能为中国各体文辞,然后能通经史古书,传述圣人精理。文学既废,则无人能操笔为文,将来入官以后,奏议公牍,书札记事,将令何人为之? 行文既不能达旨,焉能界以要职重任?"许深以为然,认为"至今日而其言验矣"。参看《公牍学史》,第229—230 页。
② 许同莘:《自序一》,《公牍学史》,第3 页。

为 1947 年商务版《公牍学史》之滥觞①。

　　许同莘一生勤于撰述,留下文字不少,惜身后萧条,缺少整理。许同莱言"余兄平日好谱学之书,所收近代名人年谱甚夥"②,除张之洞年谱外,他还纂有《歙县迁锡许氏宗谱》、《无锡华氏谱略》、《河朔氏族谱略》等很有分量的家族谱③,以及研讨"谱学"的一些理论性著述④。他性喜游山访古,自谓"名山如名人,游名山,如读史,山之面目,未易识也,无已则就读书所得以实吾游所见闻,或亦来者之助乎",故多有"游记"作品发表⑤。1930 年代初,与许同莘有交往的金毓黻,便对其游记文字称道不置,赞许《石步山人游记》"词笔渊雅,如读道元《水经注》,披阅之际,爱不忍释",又谓"溯伊能文章,昨以《游吉敦路记》见示,中间考证古事之处精博可喜,渊源所自,弥深景仰"。⑥此外,有关日本法政学、中日关系、晚清政治、古代文化、中西交通史以及华北、东北地方文史的文章,数

① 许同莘:《公牍诠义》,《河北月刊》1933 年第 1 卷第 1 期—12 期,1934 年第 2 卷第 1—12 期;《公牍诠义补》,《河北月刊》1935 年第 3 卷第 8—10 期。再,《公牍铨义》、《治牍要旨》、《治牍须知》在 1930 年代均由河北月刊社发行,河北省政府印刷所印刷,出过单行本。
② 许同莱:《张文襄年谱编纂始末》,《东方杂志》1944 年第 40 卷第 7 号,第 50 页。
③ 许同莘重视"谱学",亦受家学影响,其先祖于康熙年间由安徽歙县迁无锡,伯父许珏尤重视家谱传承,家书嘱其致力于此:"慎重谱系,原为敬宗收族而设,今吾族自廷元公一派各房子孙多贫乏不能自存,失教失养,责在吾家。"参见许珏:《谕从子同莘》"癸卯"条,《复庵遗集》下册,第 919 页。
④ 参见许同莘:《原谱上》、《原谱下》,《河北第一博物院半月刊》1935 年第 80、84 期;《谱例商榷》,《东方杂志》1946 年第 42 卷第 16 期,第 27—39 页。
⑤ 许同莘:《石步山人游记》(民国简素堂排印本),沈云龙主编《近代中国史料丛刊》第 87 辑,台北:文海出版社,1973 年,序,第 1 页。另见许同莘:《武清一日游》、《正定记游》,《河北月刊》1933 年第 1 卷第 6 期;《盘山记游》,《河北月刊》1934 年第 2 卷第 8 期;《嵩洛游记》,《河南政治》1936 年第 6 卷第 4—6 期;《吉敦铁路游记》,《旅行杂志》1931 年第 5 卷第 5 期;《豫游杂忆》,《旅行杂志》1945 年第 19 卷第 4 期。
⑥ 金毓黻:《静晤室日记》第 4 册,第 2460、2461 页。

量亦不少,散见于《法政杂志》(东京)、《交通丛报》、《东方杂志》、《河北月刊》、《河北第一博物院半月刊》、《河南政治》、《河南博物馆馆刊》、《旅游杂志》等期刊,值得进一步挖掘研究。

二、许同莘与《张文襄公全书》、《张文襄公年谱》

宣统元年八月廿一日(1909 年 10 月 4 日),张之洞在北京白米斜街寓所病逝,随后灵柩归葬故里南皮县双庙村。与此同时,由张之洞故吏朋僚发议,整理遗著也被提上了议事日程。据许同莘作于"庚申(1920)五月"的"编辑《张文襄公全书》叙例",此事缘起如下:

> 宣统元年冬,文襄张公之丧既归南皮,梁节庵先生及公之子君立京卿兄弟,谋辑遗文行世,设广雅书局于地安门内。同莘曩者辱公知己之感,又习闻公居官治事之要,谊不敢辞。而闽县王君司直(孝绳)受公知深,见闻尤真切,因相与商榷体例,质正于先生及师傅陈公弢庵。发箧中遗稿,可盈一室。时旧僚在局者犹四五人①。

可知,编辑遗集事由张之洞之子张权(字君立)②以及幕僚梁鼎芬

---

① 许同莘:《编辑〈张文襄公全书〉叙例》(庚申五月),苑书义、孙华峰、李秉新主编:《张之洞全集》第 1 册,石家庄:河北人民出版社,1998 年,第 2 页。
② 张权(1859—1930),字君立,号圣可,晚号可园、柳卿、孙卿,行二。光绪辛卯科(1891)举人,戊戌科(1898)进士,历任驻美公使馆参赞兼留美学生监督,礼部郎中,外务部丞参上行走。按原文"公之子君立京卿兄弟",河北版《张之洞全集》点断为君立、京卿两人。查张之洞子嗣中并无字或号为"京卿"者,张之洞逝后,张权曾被清廷赏以"著以四品京堂候补"(许同莘编:《张文襄公年谱》,上海:商务印书馆,1946 年,第 224 页),故称"京卿"无误。

(字节庵)①率先主张,在地安门内择地设立"广雅书局",聘请王孝绳(字司直)、许同莘等故吏,分工着手整理工作。张之洞生前至交、原内阁学士兼礼部侍郎陈宝琛(号弢庵),时已开复,亦在都,曾就"体例"问题多予指导②。复按《许宝蘅日记》,也记录了发起编辑遗文、谋设"广雅书局"的一幕,而且提供了更多细节,本年九月廿七日(11月9日)条记:

> 到油漆作,赴履初、司直、望屺之约,因议为张文襄刊集事,有梁节庵廉访、陈叔伊、陈仁先、许溯伊五人,尚有曾刚甫、伍叔保二君未到,节庵议文襄电稿最多,拟分类刊刻,以事相从,又议定油漆作之宅,题名为"广雅书局",余意均不以为然。私家著稿体例最多,昔人刊刻奏疏公牍,皆以年月日为次序,至于时政始末自有国史,不能以臣子奏疏为断,况文襄所经营之事业,如法越之战、中日之战、戊戌之变政、庚子之拳祸,皆非文襄一人所能为力,则文襄之奏疏,亦不能括尽当时事故,若欲以此归美于文襄,亦殊非征实之义。至于"广雅书局"四字亦不妥,为文襄刻集,究非与国家修书比,万无因事标名之理,况此四字既与广东官书局犯复,且近于市

---

① 闻张之洞逝世,梁鼎芬时由武昌"北上,亲送葬至南皮"(吴天任:《梁节庵先生年谱》,台北:台湾艺文印书馆,1979年,第256页)。陈宝琛记其事:"己酉秋,节庵以文襄之丧至都。九日,召集广化寺仁先斋中。"时并有作《九日节庵招集广化寺同陈仁先曾寿、潘吾刚清荫、伍叔葆铨萃、江霞君孔殷,感和节庵,并怀伯严江南》,参看陈宝琛:《沧趣楼诗文集》上册,刘永翔、许全胜校点,上海古籍出版社,2006年,第121、229页。

② 《张文襄公全书》成书后,曾呈政于陈宝琛,许同莘记:"全书八种,都一百五十八卷。每一种编写讫,送太傅陈公鉴阅。奏议、公牍两种,初辑本凡一百余卷,汪荃台太守(凤瀛)谓卷帙多,则读者少,流传不广,公文字自不敝于天壤,不必求多,太傅意亦谓然。故最后写定,几减其半。"(许同莘:《编辑〈张文襄公全书〉叙例》,《张之洞全集》第1册,第9页)又《张文襄公年谱》亦经陈宝琛"审定义例,阅定前三卷文字。"(许同莘编:《张文襄公年谱》,"凡例",第1页)

招,似不如名为"张宅"为妥。五时散。①

许宝蘅时充宪政编查馆科员,以前年(1907)考取军机章京时,为张之洞所赏识,且多与其幕府人员往还,对张之洞晚年事情所知颇深②。按"油漆作",即地安门大街路西油漆作胡同,近白米斜街张之洞故居。"履初",董方刚(许宝蘅二姐之子③);"司直",王孝绳;"望屺",张曾畴。当天讨论遗集事,还有梁鼎芬、陈衍(字叔伊)、陈曾寿(字仁先)、许同莘在场,曾习经(曾刚甫)、伍体萃(字叔葆[保])约而未到。除拟设"广雅书局"外,梁鼎芬特别提到张之洞遗文中"电稿最多",并有分类刊刻的计划,而许宝蘅对此二事"均不以为然",态度有所保留。从此记录看,关于"刊集事"的发起,主要由梁鼎芬出面,代表张之洞族人召集朋僚,可留意的是,最初与议人员中,王孝绳、陈衍、伍体萃均福建侯官人,与陈宝琛关系较密。

　　"广雅书局"设立后,许同莘所言"旧僚在局者",不过四五人,而"未二年,诸共事者散之四方,书局亦撤",时逢辛亥国变,最佳合作者王孝绳也"羁愁以卒"。在此情况下,有能力、有毅力主持完成此项工作的人,惟余许同莘一人。至 1920 年

---

① 许恪儒整理:《许宝蘅日记》第 1 册,北京:中华书局,2010 年,第 268 页。
② 据己酉(1909)八月许宝蘅自述:"余于南皮颇无缘,在鄂多年未尝一谒,中间在江宁、在京皆未谒见,泊至南皮入都亦仅照例投刺。至前年考军机时南皮见余卷大赏识,谓人曰:'写作俱佳,数小时中能作箴铭体尤难。'及至传到班后,仅于直庐中旅见,未曾私谒。前奉母讳后,南皮与司直(王孝绳)谈及余,又大赞美……因电召寄云及余,欲以铁路事相委,而余自汉北来,初在百日假内,继因左楼(夫人刘氏)病以至于殁,迄未出门。今余事已毕,而公又骑箕去矣,虽未受其恩惠,实有知己之感。"参见《许宝蘅日记》第 1 册,第 263 页。
③ 许恪儒整理:《许宝蘅日记》第 5 册,附录四,第 2106 页。

(民国九年,庚申),《张文襄公全书》稿成,他总结"编辑叙例",自表心迹:

> 深惧(遗稿)放失,无以副公后嗣郑重传播之意,乃发愤自任。其散佚者,自枢垣史馆、京曹省署,下逮私家记录、坊刻丛残,展转借抄,时有所获,于是十年有七月矣。以类厘次,为奏议五十卷、公牍二十八卷、电牍六十六卷、书札六卷、骈体文二卷、散体文二卷、杂著四卷、金石文四卷。虑世变之未已,而人事之不可测也,归全稿于京卿,并质之贤人长德,非敢谓定本也①。

同文又言:"奏议、公牍、函、电四种卷帙既多,录副不易,京卿乔梓属先以聚珍版印行。"据此可知,许同莘手订之《张文襄公全书》,成奏议、公牍、电牍、书札、骈体文、散体文、杂著、金石文,共计八种,而至此时,全稿均交呈张之洞后裔,以为前度托付的交代。鉴于奏议、公牍、书札(函)、电牍四种体量过巨,不易多储副本,为防散佚,故先行付梓,由铅活字排版(聚珍版)印刷,是即"张文襄公四稿",含《张文襄公奏稿》(1918)、《张文襄公电稿》(1920)、《张文襄公牍稿》(1920)和《张文襄公函稿》(1920)。"四稿"付印之际,有吴县张泽嘉、徐鼎、会稽徐乃谦分任校对,"相助之力为多",张之洞弟子陈庆龢商榷义例,折衷取舍,"裨益尤巨",以上各方扶助之力,许同莘均载入"叙例",以为"念时事之变迁,感群贤之风义,斯役幸而就绪,实非始愿所及,并记于此,以见公忠诚感人,身殁之后,犹有人乐为尽力若是。而京卿兄弟委任不疑,终始如一,

---

① 许同莘:《编辑〈张文襄公全书〉叙例》(庚申五月),《张之洞全集》第1册,第2页。

皆可敬也"①。其后二年,《广雅堂骈体文》(1921)、《广雅堂散体
文》(1921)、《广雅堂杂著》(1922)三种相继刊行,合称《广雅堂
集》。以上总计 7 种,159 卷,77 册,奠定了张之洞著述整理的基本
体例,也是后来多个版本的《张文襄公全集》、《张之洞全集》的核心
材料。民国学人金毓黻读张集,便特别注意到许同莘所撰"叙例",
对其工作之精审、勤谨印象深刻,并嘉许他能恪尽职责、不负旧主:

　　阅《张文襄公全集》,叙例为许君溯伊所撰也。搜罗既备,撰
次亦有法,文襄遗稿之存者,无不尽入编中。又能精于去取,条例
秩然,此真难能而可贵也。往者,曾文正公卒后,得一王安定而遗
集就理,而精气遂不可磨灭。而溯伊之于文襄,亦然!文襄九原有
知,为之瞑目矣②。

后世论者总结张之洞文献的整理历程,也认为许同莘"以十余年时
间,广泛收集资料、精心编辑、仔细校勘的成果,在繁杂混乱的大批
存稿中,去粗取精,编辑成有体系的著述,奠定了张之洞全集的基
础,筚路蓝缕的开创之功不可没"③。

---

① 许同莘:《编辑〈张文襄公全书〉叙例》(庚申五月),《张之洞全集》第 1 册,第
　 10 页。
② 金毓黻:《静晤室日记》第 4 册,第 2904 页。在其他场合,金也屡有言及许同莘为
　 故主"编校遗集刊之"的功绩,如谓"[陈]诵洛往受知于严范孙,曾为辑其佚事,为
　 笔记一册,又编其遗诗三卷刊之,闻尚有文集、日记若干卷未付印。往者许溯伊(同
　 莘)出张文襄门下,文襄卒后,许为编校遗集刊之,而诵洛之于严公,亦犹溯伊之于
　 文襄也。"见同书第 6 册,第 4228 页。
③ 秦进才:《张之洞全集的整理历程》,《文史精华》1999 年 1 期,第 60 页。按,"金石
　 文"一种,至民国二十二年(1933)方编就,由南皮张氏刊行《广雅堂论金石札》。许
　 同莘有跋文,署"时癸酉十一月也,同莘谨记"。参见《〈广雅堂论金石札〉跋》,《张
　 之洞全集》第 12 册,第 10778 页。

　　继《张文襄公全书》之后,许同莘又有《张文襄公年谱》之作。据其自述,"此书草创于辛酉(1921)以前",也就是说在《全书》编成印行以前,已着手修撰《年谱》。他又说:"既辑遗书而刊印之,遂及斯谱,自草创迄于写定,历十五年,为卷十,其体例斟酌于前人之作而加详焉。"①1944 年 11 月 16 日,与许同莘早有文字之交的金毓黻在重庆第一次与之晤面,日记记:

　　午前诣李子坝花纱布管制局访许溯伊(同莘)……晤溯伊,留在其寓午餐。溯伊无锡人,长于文笔,兼究考证。早入张文襄幕府治公牍,民国后出关,佐张文襄之孙忠荪(厚璟)于哈尔滨,与余数通函问于沈阳,且承其撰著见赠,实未得一面也。今日握手相见,如平生欢。……文襄遗集由溯伊手编付刊,近又为文襄撰年谱,其于文襄可谓极尽后死之责矣。②

　　金毓黻在会面之际,已见许撰《张之洞年谱》,稍后赠诗,故有"展读文襄谱,老眼为之明"等句③。今人所见许编《张文襄公年谱》版本,多为民国三十三年(1944)五月商务印书馆重庆初版④,以及三十五、三十六年(1946、1947)在上海的两次重版。据笔者调

---

① 许同莘编:《张文襄公年谱》,"序",第 1 页。按,此处"十五年",指年谱最终"写定"而言,初稿之成应远早于此时,许同莘未急于付梓,曾誊写油印若干份,请人补正。如黄濬至少在 1936 年前,已见到许编《张文襄公年谱》初稿,当时记载"拔可(李宣龚)出示无锡许君溯伊所为《张文襄公年谱》初稿数叶,属为审校"云云(秋岳:《花随人圣盦摭忆》,《中央时事周报》1936 年第 5 卷第 1 期,第 40 页)。
② 金毓黻:《静晤室日记》第 8 册,第 5723 页。
③ 金毓黻:《静晤室日记》第 8 册,第 5727 页。
④ 《张文襄公年谱》在重庆出版,除商务印书馆内迁的原因外,应与许同莘当时"游幕蜀中"有关,此版一时流传不广,战胜复员后,即再版于上海。

查,尚有更早的民国二十八年(1939)武汉铅印本①,张之洞幼子张仁蠡作有"后记",述其缘由:

> 许君溯伊曾佐先文襄公鄂幕。先公殁,均为编辑遗书,既竟,复纂年谱十卷,历时十余载,凡五易其稿,而始写定,尝以手稿油印,投赠好友,未广流传。传谱中于先公立身、教士、政事、文章诸大端,排比编次,详赡有法,搜罗撰述,剧费苦心。惟四十六岁以前稍病疏略,是盖与先公遗书之详于抚晋以后者,同为简编未备,故老凋零,旧闻轶事,缀拾难周也。君自序固尝言之矣。仁蠡比岁每诣溯伊,必承其出手稿相示,殷勤道其所欲损益及待谘访者,以为不如是不足以竟厥志,其致力之勤,盖如此。惜仁蠡于先公为季子,童稚之年即违色笑,而诸兄姊又多先后早世,于先公行事鲜所知闻,不能于其书有所献替商量,宁非憾事? ……今春南来鄂渚主武汉市政,固先公故治也。二三耆旧及先公门生故吏,争相踵门,以先公旧事遗闻见询,仁蠡惧未能尽道其详,乃思藉年谱以代答问,用昭征信。……爰检溯伊之稿略加校雠,亟付剞劂,以分饷是邦之贤人君子。②

是记署"中华民国二十八年十二月",张仁蠡时为汪伪武汉特别市

---

① 许同莘编:《张文襄公年谱》(民国二十八年铅印本),收入北京图书馆编:《北京图书馆藏珍本年谱丛刊》第173—174册,北京图书馆出版社,1999年。按是版为十卷,有许同莘序、总目、张仁蠡后记,无凡例,内页版心下镌"舍利函斋印于汉上"字样。

② 许同莘编:《张文襄公年谱》,《北京图书馆藏珍本年谱丛刊》第174册,第163—164页。按张仁蠡(1900—1951),字范卿,张之洞第十三子。早年毕业于北京大学,在河北大城、武清、丰润等县任县长10年。华北事变后投日,任伪冀东防共自治政府民政厅厅长。1939年4月,出任伪武汉特别市政府市长。1943年转任伪天津特别市市长。新中国建立后于1951年被判死刑,在北京处决。参见武汉地方志编纂委员会编:《武汉市志·人物志》,武汉大学出版社,1999年,第65—66页。

政府市长,在武汉将许同莘此前"投赠好友"之油印本付梓。书前许氏自序,交代此编"自草创迄于写定,凡五易其稿",并述为其所"景慕"之张文襄公作谱,无论出于公义私谊,均属责无旁贷:"考其身世、叙次其文章事业,以寄低回想往之思,虽未必合于古人,而论者有取焉。况亲炙其人,得见其行事,而怵于著书之难,不及其时,荟萃考订,以成一编,是便私图负知己,而非公义所宜出也"。①后出之商务版,文字、体例一仍前版,全书共十卷,以张之洞生平事业之段落为分卷准则②,大字提纲,小字附注③,其事不能纯以年月区别者,则附入各卷之末。许同莘自谓"此书网罗事实,兼备国史取材,所采自遗稿外,凡档册、邸钞、官书、方志及同时诸公奏议、诗文、日记之属,观览所及,咸有采摭,其得之口述者,必确凿可信,然后著之"④。当时书评家推介其书,评价不俗:"读其序例,知寝馈于斯者十五年之久矣。搜罗之富,去取之严,编纂之审,可以晚清史视之";又赞赏作者不负旧主、始终其事的专注精神:"编者之辛苦可见矣。呜呼!年谱之纂,有益于人,无利于己,非忠心敬仰者,谁为操觚。非文襄何足当许氏之椽笔哉"、"若许君者,可谓文襄之身后知己"⑤。胡钧重

---

① 许同莘编:《张文襄公年谱》,《北京图书馆藏珍本年谱丛刊》第 173 册,第 631—632 页。此序文字与商务版略有异同,篇幅亦过之。
② 各卷内容为:卷一,自始生至四十五岁以前,大事为试士浙、川,视学鄂、蜀;卷二,抚晋;卷三,督两广,规画甲申中法战役两粤防务;卷四,督湖广,筹开矿厂;卷五,甲午之役,调督两江措置江防;卷六,回湖广任,至戊戌闰三月奉旨入京陛见;卷七,行抵上海,因沙市有华洋交涉案,奉旨即日折回本任,迄江督刘忠诚出缺,奉旨署理;卷八,署江督至回湖广任;卷九,回湖广任至授大学士军机大臣;卷十,内调入直至薨逝。
③ 按武汉版附注为小字双行,商务版付印之际,因"排字不便",改小字附注为单行,"暂照正文字体而以括弧别之"。
④ 许同莘编:《张文襄公年谱》,"凡例",第 1 页。
⑤ 任楼:《新书介绍:张文襄公年谱(许同莘编)》,《国立中央图书馆馆刊》复刊第 1 号,1947 年,第 48—49 页;《图书介绍:张文襄公年谱(许同莘编)》,《图书季刊》新 5 第 4 期,1944 年,第 88—89 页。

编同名年谱,以及后世陆续新出的若干种张之洞年谱,固然可自标榜后出转精,但究其实质,仍多有取材于是书者,且"不免有掠美之嫌"①。

那么,《张文襄公全书》与《张文襄公年谱》究竟是如何编成呢? 许同莱曾经"为兄参预编书之事",亲睹两种著作成书的经过情形,对许同莘从事"文襄文字之役"的甘苦"知之最审"。他在《年谱》出版后言道:

> 予兄溯伊,早岁即入南皮张文襄幕府。……自文襄逝世,讫于其后十五六年,则搜集文襄遗稿,编次奏议、函电、公牍、文集、杂著之属,用力最勤。又其后则撰为年谱,以结编书之局,历十年而始

---

① 当世著述姑不论,即就胡钧重编同名年谱言之。该书于民国二十八年(1939)十二月由北平天华印书馆刊行,约与武汉版许编张谱同时问世。据张仁蠡为许谱所作"后记":"去年胡钧千之在旧京亦尝发愤为先公编年谱,而于许君之书初未寓目,经仁蠡出是编,供其为考订抉择之助。近已观成,颇闻其书多所增广,因待梓,未得卒读。"(许同莘编:《张文襄公年谱》,《北京图书馆藏珍本年谱丛刊》第 174 册,第163—164 页)则胡钧从张仁蠡处得见许稿,取为蓝本,加以改订,且在一年后即成重编本六卷,公开刊行,而流传尚较许谱为广。胡谱凡例表示"不敢没许君之劳,故名重编",但一则言改许稿十卷为六卷系"以救其失",再则言"兹编成稿距许君辑谱已二十余年,其间耳目所及佚文遗事足录者,补辑之"(胡钧:《清张文襄公之洞年谱》,台北:台湾商务印书馆,1978 年影印本,第 3 页),对许稿似大有改进,实则未然。许同莘本出版后,有人细校两书异同,即指出:"盖(胡钧)于同莘之稿不无微词,而吴廷燮之后序,则直称同门胡千之先生病旧稿未尽善,重为编定之语。在未见许谱之时,必以胡谱为尽善尽美矣。乃胜利以还,许谱亦ири版沪上,不胫而走。校读之下,知许谱之善,远胜胡氏,非可以道里计也。胡氏既乏新增之材,而字句亦少改动。光绪六年,王大臣续上会议折,附注陈弢庵语,胡氏全用许氏原文,彼按亦按,非有所见。许云按抱冰堂弟子记,言疏论俄约事,凡数十上,考军机处月折,公折片言俄事者几十九件,本集已备录。胡氏仅改本集一句为许同莘编辑遗书已备录其文云云,不免有掠美之嫌。"同文所作批评,对今日编谱之业亦不乏启示意义:"编纂年谱之业,非仓卒可办之事,初必对于谱主一生行事,师友往还,熟悉如数家珍;然后搜罗遗闻佚事,立辨时日,分别入谱。从事编纂之人,往往以所得之材料为不足,日盼增益,冀其无遗,与所谓重编之人,心理不同。一则不事耕耘,遽有收获,一挥稿就,指日书成,其著作之捷径也欤?"参看任楼:《新书介绍:张文襄公年谱(许同莘编)》,《国立中央图书馆刊》复刊第 1 号,1947 年,第48—49 页。

成。书成后,随时增损改定,以讫今日,为之付梓,计前后尽力于文襄文字之役者,凡三十余年。自来幕僚之对于府主,其用力之艰,历时之久,鲜有能及此者①。

众所周知,张之洞任清廷大吏凡四十余年,辗转北京、山西、广东、江南、湖北多地,"前席陈言,封章论事,枢机慎密,不得备闻,而遗草满簏,犹数百册"②,身后留存文稿不仅庞杂,各类型文档的保存状况也千差万别。张曾畴曾言,"自癸巳(1893)以后,奏稿批牍,函稿杂文,均检点齐全,分订成册,毫无遗漏,前则口取手捡,尤为整齐精密"③。此处主要就奏议、公牍而言,至于书札、电稿,情况则大不一样。许同莘自言初编张集时,"发箧中遗稿,可盈一室",欲一一厘定年月、分类整理,殊非易事。许同莱记录下当时的工作场景:

文襄遗稿,合手迹及幕僚所拟,以及各处来电,凡数十箱。余兄编辑全集之时,寓居北京东城之什方院,以东厢房三楹专储稿本。室中以木板为长几,逐次发箧,陈列几上,先排比月日,必使一无舛错。月日既已不误,则稿之重复与否,一览而知。乃去其重复

---

① 许同莱:《张文襄年谱编纂始末》,《东方杂志》1944年第40卷第7号,第49页。
② 许同莘:《〈张文襄公奏稿〉例言》(庚申四月),《张之洞全集》第12册,第10772页。
③ 按此段文字出自《张文襄公辞世日记》,收于国图藏《赵凤昌藏札》稿本第17册,原未署作者。据孔祥吉先生考订,此文出于张曾畴手笔,系"一篇有关张之洞辞世前数十日经历及其嗣后遭际的文字"。参看《出淤泥而不染的张之洞——读稿本〈张文襄公辞世日记〉》,《清人日记研究》,广州:广东人民出版社,2008年,第206—212页。张之洞任职湖广时期的公文书,张曾畴经手最多,相应保存也最出力。据许同莘所知,"太守张望屺先生(曾畴)居幕府最久,督楚公牍,皆所手订,其后复为补录"、"奏议公牍,……督楚者,则望屺先生所编为多"。参见《〈张文襄公公牍稿〉例言》(庚申八月),《张之洞全集》第12册,第10776页;《编辑〈张文襄公全书〉叙例》(庚申五月),《张之洞全集》第1册,第9—10页。

者,又去其照例之件、不应采辑而毫无疑义者,于是精华毕露。稿
本之中,有原本,有钞本。原本不可毁损,其尚未抄录副本者,则雇
书手给资抄写。前后历两三年,所写不下数十万字,随写随校,则发
见其中遗漏之处不可胜数,尤以函电为甚。盖奏折经当时幕府中人
命书吏誊出一分,随手编次,所缺尚少;电报则当时视为秘密之件,
多不发抄;书函则文襄手书者,并不留稿。若文襄早岁官京朝督学
政时,则所上奏折,所发文牍,直无一件存留。而此等文字,在全集
中不能一字不载,于是采访之劳,视排比已有之稿为尤难矣。①

由此不仅可知许同莘整理张之洞存稿的地点、工作方式,还可以归
纳几个基本的整理原则:(1)按照形成时间先后,排比文件,去除
重复和无意义的“照例之件”。(2)凡有原稿,而无录副者,皆雇
人抄写,其中尤以“电报”、“书函”两类数量最多。关于电报的情
况,详见后述,即“所缺尤多”的书札而言,就有宝熙、吴士鉴、许宝
蘅、阎迺竹(阎敬铭子)、张志潜(张佩纶子)等人“先后录副见
示”②。(3)有事可考,但无奏折、文牍保存者,必尽力采访,以求
完整。张之洞向长于奏议,撰作颇夥,然“京朝奏议,向无存稿”,
也就是说早年京官时期成了一块例外的空白,许同莘针对“遗篋无

---

① 许同莱:《张文襄年谱编纂始末》,《东方杂志》第 40 卷第 7 号,1944 年,第 49—
50 页。
② 许同莘:《编辑〈张文襄公全书〉叙例》(庚申五月),《张之洞全集》第 1 册,第 10
页。此处涉及问题很多,例如近刊《张佩纶家藏信札》(上海人民出版社,2016 年)
有一个“奇怪的问题”,便是信札中独独少见与张之洞之间的往来书信,衡诸常理,
绝不至此,而许同莘当初编谱之际,反而从丰润张家辑录若干张之洞来函,为“南皮
集外书札”,以广流布(黄濬:《花随人圣盦摭忆》,第 303—306 页)。关于张佩纶家
藏张之洞来函流传问题的讨论,可参姜鸣:《张佩纶是如何与张之洞断交的》,《文
汇报·文汇学人》2017 年 2 月 17 日;裘陈江:《张佩纶家藏张之洞来信流传线索补
证》,《文汇报·文汇学人》2017 年 3 月 31 日。

存稿者,就史馆月折、总署档案、邸钞官报,检抄增补……其数衔会奏,而确知非公主稿者,虽结衔在前,仍不编入,意在征实"①。至于其他阶段,尚有若干先期归档、可资依赖的底本,如"督粤时,奏议公牍,原本为赵竹君大令(凤昌)所编;督楚者,则望岵先生(张曾畴)所编为多,其后开局京师,先生在湖广幕府续有钞补",许同莘的工作是在此基础上继续访查,尽力增补②。许同莱记其兄在京中多年奔走,多方访史的努力情景:"北都为文献渊薮,内阁大库、军机处档案具存,中外交涉之案,则外交部所藏之总理衙门、外务部档册具存。若当时发抄之奏折,世称邸钞者,则有《谕折汇存》、《阁钞汇编》之属,琉璃厂书肆,往往可见。余兄于档案则亲往检查,属人抄写,或托管理之人代为检查。其散在书肆者,每以星期日乘小车赴各处物色,薄暮归来,则怀挟累累,家人非笑之,全不介意,如是者六七年。常于无意中得极可宝贵之资料,所收书籍,亦以是时为多,固一生乐事也。"③

据许同莘自己回忆,"同莘生晚,从文襄之日少,文襄既殁,辑遗书,始得遍观所为文字"④,此与前引"发箧而尽读之"一语意同;又说"不见于文字者,惟当日与文襄上下议论及朝夕于左右者知

---

① 许同莘:《〈张文襄公奏稿〉例言》(庚申四月),《张之洞全集》第 12 册,第 10772—10773 页。
② 以公牍为例,"机要文牍原钞本尚多遗漏。始开局时,从山西抚署补钞,衡甫中丞(丁宝铨)委四员主其事,四人者皆公旧属,函寄衔名,约列入校勘姓氏内,惜此函已佚,不得而详。太守张望岵先生(张曾畴)居幕府最久,督楚公牍,皆所手订,其后复为补录。督江公牍,旧钞只十余通,樊山方伯(樊增祥)任宁藩时,同莘托向督署检钞,方伯许诺,未几而国变作矣。……至是编义例,太守汪荃台先生(汪凤瀛)指示綦详,陈公睦微君(陈庆龢)亦多所商榷。"参见许同莘:《编辑〈张文襄公全书〉叙例》(庚申五月),《张之洞全集》第 1 册,第 9—10 页;《〈张文襄公公牍稿〉例言》(庚申八月),《张之洞全集》第 12 册,第 10776 页。
③ 许同莱:《张文襄年谱编纂始末》,《东方杂志》1944 年第 40 卷第 7 号,第 49—50 页。
④ 许同莘编:《张文襄公年谱》,"序",第 1 页。

之",则现有文字以外的"采访",除了从"枢垣史馆、京曹省署"各处借阅誊录,在"私家记录、坊刻丛残"中搜查线索,还包括向"并时人物"直接叩问请教①,主要对象有张之洞族裔及朋僚故吏如陈宝琛、梁鼎芬、赵凤昌、汪凤瀛、樊增祥等人。末一种途径最体现许同莘作为编者的特长,他的人际关系网络对于《全集》《年谱》的编纂大致有两方面意义:一是为体例商榷、材料去取、文字审订,提供内行人的意见。许同莱即言:"编书之事,初患资料之少,继患资料之多,多则去取之间,折衷至当,良非易事。余兄于此,极费苦心,编成以后,送老辈阅看,叩其意见如何,所就正者非一人,亦非一事,即此一端,可见其非贸然从事也。"②二是有助于史料的扩充,尤其是《年谱》内容,多有"得之口述者"。许同莘交代说:"(年谱)以蒐采綦难,屡作屡辍。及脱稿,则公凤昔交游与夫门生故吏,已多物化,犹幸弢庵陈公(陈宝琛)、竹君赵先生(赵凤昌)皆享有大年,得以就正。陈公并审定义例,阅定前三卷文字。赵先生多所指示而不欲著姓名。其诗文纪事,则得之云门樊先生(樊增祥)为多。早岁及晚年事实,则得之公子仁侃、公孙厚琬、从子枢、族孙宗芳为多。"③

① 许同莘固知征集口述资料终究是一件遗憾的工作,然聊胜于无,仍勉力为之,故谓"并时人物,先后物故。幸而得见其人,又皆忧伤憔悴,言之而不能尽记。……然及今不为,则他日虽有人焉,欲为之而愈不易。而数十年间朝章国故,且失坠不可考"。参见《张文襄公年谱》,"序",第1页。
② 许同莱:《张文襄年谱编纂始末》,《东方杂志》1944年第40卷第7号,第50页。
③ 许同莘:《张文襄公年谱》,"凡例",第1页。甘鹏云于民国"乙酉(1945)"记述:"忆在沪寓居时,曾于赵竹君丈(赵凤昌)处见许同莘所编文襄年谱油印本。竹君告余,许编于公在鄂督时事不详,寄请竹君补正者,十余年来遍觅不可得,实则文襄毕生政事经历所萃在鄂时也。"参见胡钧编:《张文襄公年谱》,北京图书馆编:《北京图书馆藏珍本年谱丛刊》第174册,封面识语,第165页。再,中国社会科学院近代史研究所藏《张之洞年谱史料》9册(档号:甲622—3),内容包括许同莘编纂《张文襄公年谱》时所据原件或抄件,以及许本人的抄目、批注、年谱初稿如"许同莘编张之洞年谱大事草稿"、"许同莘编张之洞年谱大事草例"等。有关《张文襄公年谱》编纂内情,尚有进一步探讨的空间。

三、"张之洞电稿"的来源、编纂与流传

《张文襄公电稿》于"戊午(民国七年,1918年)六月二十七日编迄",同年底正式刊行,封皮由张曾畴署,内封由陈宝琛题,各卷终均有"戊戌许同莘编辑"字样。这是"四稿"之中最先面世的一种,也是许同莘整理的张之洞著述中卷帙最多、最具特色、也最耗费心力的一种。他曾以亲身见闻,说明张之洞对于电稿的异常重视:

> 张文襄公电稿,始自督粤,讫于入相,先后二十三年,诸稿出自手书者十之八九,半生心血,具在于是。同莘曩以末学得奉教于幕下,窃见公端居深念,凡所规画,必穷究利弊,贯彻始终,一稿既成,反复涂改,务求事理之安而后已。庚辛之际,危疑震撼,焦心劳虑,绕室彷徨,手治文书,往往彻夜不寐。盖其尽瘁忘身如此①。

19世纪80年代初,清朝开始大规模架设电报线路,而不久即逢中法因越南问题发生冲突,为应对紧急态势,清政府进一步开放电奏,并利用电报加速地方之间信息快速②。张之洞于重要公文书,向来亲力亲为。前在山西巡抚任上,苦于文案无人,"一切笔墨皆须己出,不惟章疏,即公牍亦须费心改定,甚至自创"③。1884

---

① 许同莘:《〈张文襄公电稿〉跋》(戊午六月二十七日),《张之洞全集》第12册,第10771页。
② 参看夏维奇:《晚清电报建设与社会变迁——以有线电报为考察中心》,北京:人民出版社,2012年,第324—335页。
③ 《致张幼樵》(光绪八年五月),《张之洞全集》第12册,第10143页。

年,转任两广总督后,他即开始大量使用电报,此后近三十年的大
吏生涯中,几乎无一日无电稿,无一稿不经心,"出于手稿者十之八
九"①。1889 年,调署湖广总督,电报的重要性在其所用公牍中更
加突出,如许同莘言,"迨移三楚,历十八年,世变纷乘,忧深虑远,
见于文字者,具在电稿,而例行案牍则少简焉"。② 据张继煦
(1876—1956)亲身见闻,"公于重要文件,多亲自草,不假手于人。
余在友人处见公庚子(1900)电稿涂乙殆遍,往往一字改易数次而
后定"③。用张之洞本人的话说:"洞不能常作书,兹因差便,手布
数纸。惟有电语,尚可时相闻问。凡电报皆鄙人亲笔属稿,与手书
无异也。无论致何处之电皆然,电奏千百言,更不待言。"④张之洞
电稿跨越时段长,涉及面宽,内容信息量丰富,反映其本人的思想
观念亦更深切著明,正因如此,成为研究中国近代史不可多得的珍
贵史料。许同莘对电稿价值有充分认知:

　　公以一身系中国安危,读公文字,可以验世运之盈虚,考时政
之得失,一也。立功、立德,非言不传,章奏、文移,每为体裁所限,
惟电文初无程式,语质而事核,词约而理明,读公遗编,见公功德,
二也。公历封疆三十年,除抚晋外(时山西无电线),无一日无电

---

① 许同莱:《张文襄年谱编纂始末》,《东方杂志》1944 年第 40 卷第 7 号,第 50 页。
② 许同莘:《编辑〈张文襄公全书〉叙例》,《张之洞全集》第 1 册,第 5 页。
③ 张继煦:《张文襄公治鄂记·张文襄公轶事》,转引自秦进才:《张之洞著述的编纂
　与流传》,《张之洞全集》第 12 册,第 10795 页。
④ 张之洞:《致鹿滋轩》(光绪二十六年),《张之洞全集》第 12 册,第 10231 页。曾居
　张幕的陈衍也指出幕主有"亲笔属稿"的习惯:"奏议告教,不假手人,月脱稿数
　万言,其要者,往往闭门谢客,终夜不寝,数易稿而后成。书札有发行数百里,追还
　易数字者。"(黄濬:《花随人圣盦摭忆》,第 345 页)对这一行事风格,一些论者解释
　为张之洞以书生入仕,故习惯"以对待著述的精神来对待奏议、电稿、公牍"。参看
　秦进才、戴藏云:《张之洞著述编撰特点初探》,《河北师范大学学报(自然科学
　版)》1998 年第 2 期。

稿,无一稿不经心。按日寻绎,如日记、如年谱,忧乐之怀,顺逆之境,随处可见,三也①。

张之洞电稿因其记事系统、首尾完具的性质,在反映时政、世局以外,竟然还可有类同日记、年谱的功用。但电报形式特殊,在当时"多不发抄",原件常有失落风险,许同莘检点遗稿,即发现"其中遗漏之处不可胜数,尤以函电为甚"。他对于"电稿"这一类文献,始终全神贯注,搜求不遗余力,《张文襄公电稿》跋文叙编纂经过:

> 自公殁后,遗文未经流布,士夫皆思读之,公子君立京卿设书局,集旧日僚吏,属以编校。遭时多故,仅逾年而书局遂散。电稿一编,闽县王君孝绳实任辑录,著手方始,遽以病卒。同莘编奏议、公牍既竟,竭三载之力,始藏其事。初,公在武昌置写官十余人,录往还全稿,丁未(1907)入都,以稿自随。而督粤者犹阙,同莘求副本于粤、鄂,则辛亥之变已荡焉无存。会王法使秉恩藏副箧中,出以相示,其散佚者,又借抄方略馆、总署档册以补之,于是条理贯穿,首尾完具。中经世变,得不失落,可谓幸矣。全稿凡二百余册,今所编录不及其半②。

按照广雅书局初设时期的分工,"电稿"编纂主要由王孝绳负责,辛亥年(1911)王氏去世后,许同莘全盘接手,"三历寒暑,始克竣事,整齐贯串,几经易稿"。对于电稿的保存、补阙情况,他有所总

---

① 许同莘:《〈张文襄公电稿〉例言》(戊午十二月),《张之洞全集》第 12 册,第 10768 页。
② 许同莘:《〈张文襄公电稿〉跋》(戊午六月二十七日),《张之洞全集》第 12 册,第 10771 页。

结:"电牍自己丑(1889)以后最完,乙巳(1905)、丙午(1906)间置
掾吏十余人写之,其尤要者,或钞至数分。同莘编辑之时,稿件以
六七万计,从弟同莱助其校理,与底本合勘,又检出应补抄者二千余
件。而督粤者犹阙,展转求之粤、鄂,则辛亥之变荡焉无有。幸王雪
岑廉访(秉恩)藏副箧中,出以相示,并就方略馆、总署档册勘对,补
其阙佚。于是条理贯穿,始末粗具。"①综合以上几种说法,可知电
稿的主要来源:(1)1889年张之洞督鄂以后电稿,基本保存完整,
张本人在1907年北上之前,已命抄手按规定格式誊录副本,并携
带到京。(2)督粤时期电稿,原本已不存②,主要根据张之洞幕僚
王秉恩所藏钞本录副③,缺漏不足者据军机处方略馆、总理衙门档
册补充。(3)其他又有陆续增补,如"光绪二十三年致各省电文,
旧钞本缺一册,戊辰春得见幕府底本,依次录之,为补遗二卷"④。

① 许同莘:《编辑〈张文襄公全书〉叙例》(庚申五月),《张之洞全集》第1册,第10页。
② 按督粤时期电稿,在张之洞移督湖广后曾经整理,并交幕僚梁鼎芬"校阅",然后有
所散佚。《张文襄公电稿》编成后,梁鼎芬附识:"其十一卷,督粤时所为。后移督武
昌后,曾以全分,命鼎芬校阅一过。……自是以后,在鄂、在江所发各电,有未先示
鼎芬者,有已发后示鼎芬者。"参见《〈张文襄公电稿〉梁记》(戊午),《张之洞全集》
第12册,第10770—10771页。
③ 另有知情者记载,可补充许同莘从王秉恩处访得督粤电稿副本的详情:"文襄以光
绪十年总督两广,其时沿江沿海各省,电线已通,军国机宜之事,以电报传递,文襄
电稿,出于手稿者十之八九。然张氏藏稿独赖两广一任,总署电本仅有关涉外交之
件。余兄积年求之,初不可得,托人访之广东都督公署,则革命以后,广东督抚两署
案卷尽毁。后至沪上,见王雪岑先生,得其所藏副本,始得借抄入集。其稿盖先生
在幕府中,留心故实,随时积存者。虽缺最初之稿数十件,然当时精力,全注于法越
战事,以之与奏疏参校,大体已无遗漏。故年谱资料,半出其中。"参见许同莱:《张
文襄年谱编纂始末》,《东方杂志》1944年第40卷第7号,第50页。
④ 许同莘:《编辑〈张文襄公全书〉叙例》(庚申五月),《张之洞全集》第1册,第10
页。另据王树枏《〈张文襄公全集〉凡例》交代,"奏稿中原缺光绪十年各电稿,及光
绪二十三年致各省电文旧抄本缺一册,遍觅弗获。及全集刊就,许君始于书肆中得
之,延津之剑于是复合。……拟俟许君编公年谱告成,赓续补刊,特先识其概略,以
代左券。"(《张之洞全集》第1册,第1—2页)则光绪二十三年电文抄本的发现,已
在《张文襄公全集》刊行之后,故未及编入,后亦未补刊,今或已散佚。

张之洞电稿编成,全稿多达二百余册,在当时条件下,势必不可能悉数排版印行。许同莘经过慎重考虑,采取了"分为三编"的做法:

原稿浩博,辑录颇难,太简则失真,太多则寡要,意为取舍,尤恐于当日事情不合,审慎至再,略就事理轻重,分为三编。此六十六卷,为甲编,以待刊行,余为乙、丙两编,以备世守。丙编无关宏旨,如公牍之有例行文件。乙编稍要,而在全稿为剩义。甲编所载,则要旨宏纲,靡不赅备。虽不敢谓一无挂漏,然参互考求,可什得八九矣①。

三编的区分,以"事理轻重"为标准,这当然包涵许同莘的主观判断,从现在的史料观念出发,甲编所载固为"要旨宏纲",但绝不至于"靡不赅备",而意义稍微次要的"乙编",以及因循琐屑、视同"例行之件"的"丙编",也未必全无利用的价值。不过,无论如何,当时印行的《张文襄公电稿》即甲编66卷,32册,收录了大量富含史料价值的电奏、电牍,为后人提供了极大便利,全编起自光绪十年(1884)闰五月三十日起,迄至三十三年(1907)八月四日,收录张之洞致他人他处电文近4 400件,附录他人他处来电1 400余件,相较于原稿"不及其半",然已蔚为大观矣。梁鼎芬见此《张文襄公电稿》,赞曰:"封疆大臣忠于国家,奏稿行世者有之,电稿则未闻也。许君力勤矣,芬未见其比也。"②

---

① 许同莘:《〈张文襄公电稿〉例言》(戊午十二月),《张之洞全集》第12册,第10768页。
② 梁鼎芬:《〈张文襄公电稿〉梁记》(戊午),《张之洞全集》第12册,第10770—10771页。

电报是一种晚近才出现的、形式特殊的文书,相应有其专门的编辑体例,也即许同莘所谓"编次之法":

电稿为文书创格,编次之法,无例可征。书局初议仿纪事本末体,继虑事类太繁,议用编年体,然概以月日为断,又不见事之起讫。兹于编年之中,寓纪事之意,如第一、二卷为筹战守,第三卷为争撤兵,第四卷为图补救,余卷仿此。其他杂事,排日附见。譬如黄河,千里自成一曲,而汇纳众流,沟浍不废。大体如是,亦未易截然画分,正谬订讹,以俟大雅①。

电稿数量巨大,如何实现分类整理,采纪事本末体,抑或编年体,颇费斟酌。许同莘考量再三,最终决定将电文按年月日期先后排列,而各卷基本围绕一个主题,如上文举例,第一、二、三、四卷皆有关中法之役,而各有侧重,体现"编年之中寓纪事之意"。另有少量不涉主题的零散之件,则按日附入,亦如主流之外"沟浍不废"。电文内容庞杂,且多重复者,择别之际,则有一些更加细化的标准:一、"通问之辞,有泛应之语,有更端而旁及,有一义而重申,如斯之流,宜入别录";二、"一稿数见,则录其一,而注云并致某处";三、"若后稿视前稿加详,乙稿述甲稿大要,则存其详者、要者",四、"有事近细微而不容遗漏者,……自应巨细兼赅,方见全神贯注"。总括言之,在大框架和准则之下,多有灵活处置,这也符合许同莘"因事起例,惟义所适"的自期。

张之洞电稿的编排,还贯彻了一个极具特色、但非常实用的方

---

① 许同莘:《〈张文襄公电稿〉例言》(戊午十二月),《张之洞全集》第 12 册,第 10768—10769 页。

法,即将他人他处来电附录于张之洞相应电稿之后,以便读者把握前后脉络,同时精心择录,适量而止。许同莘特别解释了这一做法的初衷:

> 一事之起,必有由来;一端之发,必有究竟。电文既略,若不与来电参观,则如隐谜、歇后,索然无味矣。第附录过多,又虑喧宾夺主。兹编所录,只就见存来稿与去电互相发明者删繁撮要,辞达而止,其有异同,亦不偏废。盖审病用药,方知良医之苦心;持柄内凿,亦见大匠之寡合。且事理本无穷尽,论事当抒己见,公每为僚属剀切言之。窃本斯指,以为准则。惟来电大意已见于去电本文者,则不重出,藉省繁复①。

对于来件的评估取舍,其实非常考验编者眼光。许同莘定下了两条标准:一、"有去电无关重要,而来电必宜辑入者,则两存之";二、"有去电字句无多,而前后来电叙述详尽,应连类而及者,则并存之"。他也说明如此去取的理由,"此为备掌故,彰殊勋,于理宜然,不嫌变例","至并时僚友议论往还,深识远虑,往往足资考镜,间存一二,以概其余,则集思广益之义云尔"。

《张文襄公电稿》刊印时,在文本形式方面,如抬格、署名、日期、收发者官名、地名、电文结尾习语等等,有些遵循了张之洞本人"手定格式",也有相当部分按照统一原则做了删略与改动,而衍生抄本在书写格式、内容分类上同样各具特征②。值得申说的是,一些貌似只是"形式"、无足轻重的问题,实际上对于我们有针对

① 许同莘:《〈张文襄公电稿〉例言》(戊午十二月),《张之洞全集》第 12 册,第 10769 页。
② 参看秦进才:《张之洞著述版本举要》,《张之洞全集》第 12 册,10855—10857 页。

性地、有效地利用电稿,关系匪浅。例如许同莘提示发电所署日期时辰与电末韵目,会有彼此不符的异常情形,而其原因须从发电人"兴居无节"的特殊工作习惯去追究——"各电排比先后,一以时刻为准。惟公治文书,常至夜半,故电尾韵目,犹依本日,而发出已在次晨,韵、日不符以此"①;又例如电报署名有时故意隐匿或用代称,而这类文字恰可能别具"深心",须特别留意——"至署名处有用'名心泐'、'名心叩'字样者,事后与人共见,固不妨改从一律。然当日自具深心,亦仍原文,以昭核实"②。再者,"有公不便径达,由椽属具名者,以原文必经公授意,或竟手自属稿,兹一例录入,仍低一字,别于正文"、"来电或加圈,亦公手笔"③,这一类格式问题当然包含了值得探究的历史信息,但须检阅《电稿》原刊本才能抓取,在后出的横排点校诸版本中上述"形式"已不复存,相应信息自然也就流失了。这是我们现在利用《张之洞全集》时必须注意的。

1928 年(民国十七年,戊辰),王树枏在许同莘工作的基础上增补编成《张文襄公全集》,由汉冶萍公司资助,北平文华斋雕版刻印,收录 14 种 229 卷,装印成 20 函 120 册。《张文襄公全集》不

---

① 张之洞为官,以起居无恒为世所知,其乃见诸劾疏,有"兴居无节,号令不时,即其幕友亦群苦之"之言(大理寺卿徐致祥奏[光绪二十九年],许同莘编:《张文襄公年谱》,第 78 页)。陈衍《石遗室文集》卷一《书张广雅相国逸事》云:"公日凌晨兴,披阅文书,有事则迟明。余初见公,约迟即往,堂上然烛以待。寻常辰巳见客,午而罢,然后食。有事未而罢,或留客食,食必以酒,酒黄白具,看果蔬并食,一饭一粥,微醺,进内解衣寝。入夜复兴,阅文书,见客,子而罢。有事,丑而罢,然后食,悉如日中,不解衣寝,或不进内,盖分一日若两日也。"参见黄濬:《花随人圣盦摭忆》,第 344—345 页;徐凌霄、徐一士:《凌霄一士随笔》(二),太原:山西古籍出版社,1997年,第 409—411 页。
② 许同莘:《〈张文襄公电稿〉例言》(戊午十二月),《张之洞全集》第 12 册,第 10770 页。
③ 许同莘:《〈张文襄公电稿〉例言》(戊午十二月),《张之洞全集》第 12 册,第 10769、10770 页。

仅规模扩大,分类亦有改编,14 种分别为奏议(72 卷)、电奏(13
卷)、公牍(36 卷)、电牍(80 卷)、劝学篇(2 卷)、輶轩语(2 卷)、书
目问答(4 卷)、读经札记(2 卷)、古文(2 卷)、书札(8 卷)、骈体文
(2 卷)、诗集(4 卷)、抱冰堂弟子记(1 卷)、家书(1 卷)。原"电
稿"一分"电奏"、"电牍"两种,王树枏说明区分理由:"许君辑本内
列电牍一门,并未分类,兹集分列电奏、电牍两门,盖以电奏例由枢
臣代陈,仍属对扬体裁,故附诸奏稿之末。电牍多逾千字,少或数
言,繁简虽殊,究系公牍性质,故列诸公牍之后,亦各从其类也。"①
按电奏 13 卷,起自光绪十年(1884)闰五月三十日,迄至光绪三十
三年(1907)八月初四日,共 429 件;电牍 80 卷,起自光绪十年
(1884)六月初七日,迄至宣统元年(1909)六月二十日,共 6 000
余件②。1937 年(民国二十六年,丁丑),张之洞弟子甘鹏云在军人

---

① 王树枏:《〈张文襄公全集〉凡例》,《张之洞全集》第 1 册,第 1 页。
② 尚可补充的是,《张文襄公全集》编成后,许同莘仍未完全结束这方面的工作,一度
　拟刊"文襄公全集重编节本",重编之法则与王树枏略有别。前引许同莘致王嵩儒
　信札,附"文襄公全集重编节本办法",颇有价值,兹转录如下:"奏稿五十卷(此指
　同莘所编之本而言,王晋丈所编者,将此五十卷分拆为七八十卷,其大体无甚出入,
　以下言卷数者仿此)。拟删节三分之一,末有谢折四卷,拟全删。惟王本于奏稿之
　起讫(如"奏为"至"仰祈乞圣鉴事",及"所有"至"缘由伏乞圣鉴"之类)皆删去,此却
　不可,仍以补入为宜,计此稿删本,可编为三十六卷。公牍二十八卷。王本已有删
　节,兹拟删为八卷,内咨、札可多删,批牍则所删者较少。函稿六卷。此却不可
　删,王本当添入数篇,可以补入,惟家书不必刻。电稿六十六卷。此稿十之六七,皆
　文襄公亲笔,不宜多删。惟所附之各处来电,则可多删,拟编为五十卷。此稿初编
　时,因稿本不全,有缺漏处,王本亦未补入,其所缺之稿,近年已设法觅得。计应补
　入者,约有两三卷,此可包括于五十卷中。骈文三卷,不删。散文三卷,内朝考卷二
　篇,可删。王本补入一篇,仍应补入。杂著四卷,不删。金石文五卷,新增。诗集无
　卷数,不能删。弟子记一卷,不可删。年谱,现拟之稿预计约有四五卷,如此稿成
　后,别为节本,则二卷即可。以上约计一百十卷。此外有《书目答问》、《輶轩语》、
　《劝学篇》、《十六家诗钞》四种,拟不编入。如照此办法,则全书一百一十卷,可分
　订为五十卷(或四十六册),用小本印行,略如石印二十四史之式,大约每部工本须
　十五元左右,出售时定价从廉,可定为二十元(或稍加),如拟交书局(如商务印书
　馆之类)代印代销,则不须出资,尚可抽版税,每年结算,照书价收,可分之十五,但
　销售部数不能预定耳。"(http://book.kongfz.com/1087/494744800/)

徐源泉的赞助下,利用王树枏编印《张文襄公全集》书版,加以修补,又招集张之洞门生故吏石荣璋、刘远驹、刘文嘉、孙培基、李钦、胡钧、龙骥等七人分头校勘,删去伪造的《家书》一卷,附录《张文襄公全集校勘记》,印行了 13 种 228 卷的楚天精庐版《张文襄公全集》①。其中电奏、电牍两部分,均一仍文华斋版本。

前述许同莘对卷帙浩繁的张之洞电稿采取"分为三编"的整理方式,先行付梓的《张文襄公电稿》66 卷即为"甲编",而甲、乙、丙三编原稿一并归交张之洞后裔收存,后经辗转流传,现在成为了中国社科院近代史研究所档案馆藏"张之洞档案"的一部分。据茅海建先生调查,"'张之洞档案'的主体部分,是张之洞的幕僚许同莘编《张文襄公全集》时所据之原件或抄件,还留有许同莘的许多抄目和批注。20 世纪 50 年代由张之洞曾孙张遵骝赠送给近代史研究所;另有一些是近代史所图书馆历年购置,收集而入藏的,总计 492 函,内有两千余册及数以千计的散页"②。2017 年,"张之洞档案"之大部编入《近代史所藏清代名人稿本抄本》第二辑"张之洞专辑",由大象出版社影印出版,共 172 册,951 卷③。所收辑

---

① 参见甘鹏云:《校印张文襄公全集缘起》、徐源泉:《张文襄公全集题记》,王树枏编:《张文襄公全集》(楚天精庐藏版,丁丑五月印行),沈云龙主编:《近代中国史料丛刊》第 46 辑,台北:文海出版社,1963 年影印本,第 1—3 页。
② 茅海建:《戊戌变法的另面——"张之洞档案"阅读笔记》,上海:上海古籍出版社,2014 年,自序,第 2 页。
③ 据编者说明:"本辑作为张之洞专辑,由于出版计划的改变,不能将近代史研究所图书馆收藏的张之洞档案全部收辑,所收辑的主要是张之洞的电报和奏稿,包括底稿、定稿、原件、抄件。与其他已版的张之洞文集相比,其独到价值所在,一是不仅最为广泛地包含了张之洞本人的奏折、附片和电报,而且包含了张之洞所收、所存的大量他人电报,既反映了相关事项的来龙去脉,也反映了张之洞的人脉关系。二是不仅以多种文本体现了档案的生成过程和原始性,如用电报纸记录的包括密码和译文的电报原件,用折本书写的奏稿原件,而且保持了档案的完整性,如奏折所包含的附件和清单,均一仍其旧,不像一般文集那样只收正折。"参见虞和平主编:《近代史所藏清代名人稿本抄本》第二辑第一册,郑州:大象出版社,2017 年,第 2 页。

以奏议与电稿为主,前者包括"张之洞督粤奏稿钞本"、"张之洞督楚照例奏稿原件"、"张之洞督粤奏折正本"、"张之洞署江督奏折正本"、"张之洞督楚奏折正本"等,后者包括"电稿目录"、"电奏稿"、"电稿"、"张之洞收各方来电"、"张之洞致各省及外洋电稿"等。其中第2册至53册前半为"电稿",起自光绪十年(1884)闰五月三十日,迄至宣统元年(1909)七月十三日,第53册后半至110册为"张之洞收各方来电",起自光绪十年(1884)十年七月初七日,迄至光绪三十四年(1908)九月初十日,部头均十分庞大,原"张文襄公电稿"的乙、丙两编或已包含在内。

目前所知存世的张之洞电稿,除以社科院近代史所藏为大宗外,还散见于其他一些地方,例如国家图书馆藏《张文襄公电稿》抄本,108册,分装18函①,又如中国社会科学院经济研究所藏《张之洞电稿》抄本,收录从光绪十五年至三十一年张之洞与各处的来往电报,共计47册。广东省立中山图书馆藏张之洞督粤时期电稿钞本两种,《张文襄公电稿》,起自光绪十年闰五月三十日,迄至十一年三月二十六日;《张文襄公督粤收接电稿》,起自光绪十年十月二十三日,迄至十五年二月十七日。另有"东方晓白"整理《张之洞(湖广总督府)往来电稿》,刊载于《近代史资料》第109号,内容不乏史料价值,惟史源并不清楚,尚待进一步调查②。

1998年河北人民出版社出版苑书义、孙华峰、李秉新主编之

---

① 此钞本已由全国图书馆文献缩微中心2005年影印出版,题名《张文襄公(未刊)电稿》,全40册,主要收录光绪九年至十四年(1883—1888)张之洞督粤时期电报。

② 东方晓白:《张之洞(湖广总督府)往来电稿》,《近代史资料》总109号,北京:中国社会科学出版社,2004年,第1—24页。茅海建引责任编辑刘萍女士语,"这批信件属私人收藏,'东方晓白'是其笔名,且这批收藏中有价值者皆已发表",其曾试图联系收藏者,以能过目,但未获成功。参见《戊戌变法的另面——"张之洞档案"阅读笔记》,第2页注释3。

《张之洞全集》十二册,2008年武汉出版社出版赵德馨主编之《张之洞全集》十二册,均以1928年北平文华斋刊本《张文襄公全集》为底本。河北版《张之洞全集》分奏议(72卷)、电奏(13卷)、公牍(84卷)、电牍(100卷)、劝学篇(2卷)、輶轩语(2卷)、书目答问(4卷)、读经札记(2卷)、古文(2卷)、书札(8卷)、论金石札(2卷)、骈体文(2卷)、诗集(4卷)、抱冰堂弟子记(1卷)、家书(1卷),共15种,299卷,其中电牍由80卷增至100卷。① 武汉版《张之洞全集》依奏议、电奏、公牍、电牍、书札、家书、劝学篇、輶轩语、书目问答、读经札记、论金石札、古文、骈体文、诗集、弟子记等项排列,分为十二册,不分卷次。据各册"编辑说明",其中第4册收录电奏,起自光绪十年(1884)闰五月,迄至光绪三十三年(1907)八月,共469件(不含附件),较《张文襄公全集》的444件,增补25件;第7至11册收录电牍,起自光绪十年(1884)六月,迄至宣统元年(1909)六月,共7358件(不含附件),较《张文襄公全集》的4060件,增补3298件,"其中除少量外,均录自抄本《张之洞电稿》(中国社会科学院经济研究所图书馆藏)"。② 该书的增补工作以"电牍"一门尤其显著,增补各件均在目录标题上方加圈,标明与王树枏《张文襄公全集》、河北版《张之洞全集》的异同,便于已

① 据编者统计,河北版《张之洞全集》较《张文襄公全集》,"总计增加了400余万字,大致增加了一倍多"(秦进才:《张之洞全集的整理历程》,《文史精华》1999年1期,第63页)。惟增加的部分,未作具体说明,在未对两者作充分比对之前,难知其详。

② 电奏、电牍数目,系笔者据各册"编辑说明"合并统计而得。又,编者"前言"指出:"本书收录文献共14453件,比底本多7802件,比河北版多3473件。在当前阶段,它应当算是一种比较完备的本子。"(赵德馨主编:《张之洞全集》第1册,武汉:武汉出版社,2008年,前言,第1页)惟同一编者,在另外场合却又说,"本书收录文献共13600件,比底本多6900件,比河北版多2600件"。(赵德馨:《求全·求真·求准——编辑〈张之洞全集〉的做法与体会》,《中南财经政法大学学报》2008年第4期,第132页)两种说法并不一致,未知孰是?

熟悉以上二集的读者迅速确认新材料。惟其增补的部分,未包括社科院近代史研究所藏"张之洞档案"。再,据该书收录原则:"全书以张之洞著述为主,他人资料与张之洞有关者为辅。电牍中,仅有他人来电,而无相应张之洞电稿者不收。"[1]因此,其统计的《张文襄公全集》件数,均指原收录发电件而言,增补的社科院经济研究所藏《张之洞电稿》,也只是"发电"部分,而"来电"部分因非张之洞本人之作,限于体例,并未纳入。

四、《庚辛史料》的史料价值

许同莘辑《庚辛史料》,不连续揭载于《河北月刊》1935年第3卷第1期至1936年第4卷第11期。按《河北月刊》为民国时期河北省政府主办期刊,1935—1936年间河北省会曾迁转天津、保定两地[2],许同莘供职于省政府秘书处,故多向河北月刊社供稿。据他自己交代,"曩岁编张文襄全集,就往来电报,辑录成编",《庚辛史料》即出于此,应为当时编成的"张文襄公电稿"的一部分。《庚辛史料》,顾名思义,主题集中于"庚子拳匪之变",内容至少包含庚子(光绪二十六年,1900)、辛丑(光绪二十七年,1901)两年,当时应已成编,拟分卷刊载,然未刊毕,原因或与1936年后许同莘结束在河北省政府的工作,转往河南有关。目前可见《河北月刊》的连载版本,起自庚子五月初九日,迄至九月初三日,共528件,总计约7万字。据编辑体例,"已见李文忠、张文襄全书者不重出",则

---

① 赵德馨主编:《张之洞全集》第1册,"编校说明",第2页。
② 民国肇建之后,设直隶省会于天津。1928年6月改直隶省为河北省,省会仍在天津,10月即迁北平。1930年10月,再迁天津。至1935年6月,天津改为直辖市,河北省会又迁保定。

这部分资料可与《张文襄公全集》及今刊《张之洞全集》互补,另外《近代史所藏清代名人稿本抄本》第二辑所录"电稿"与"张之洞收各方来电",也可相互参照①。

据笔者整理统计,《庚辛史料》所录主要是庚子事变期间张之洞收各方来电,不录发电,而来电责任人总计近百人,涵盖范围相当广泛,除居于当时电报网络中心地位的大理寺少卿、总办电报局之盛宣怀外,大致包括以下几类:(1) 将军、督抚、藩臬等地方大吏,如两广总督李鸿章(后改直隶总督)、两江总督刘坤一、闽浙总督许应骙、福州将军善联、直隶总督裕禄、布政使廷雍(后署直隶总督)、河南巡抚裕长、陕西巡抚端方、四川总督奎俊、成都将军绰哈布、云南总督丁振铎、山东巡抚袁世凯、江苏巡抚鹿传霖、护理江苏巡抚聂缉椝、安徽巡抚王之春、浙江巡抚刘树堂、布政使恽祖翼、广东巡抚德寿、湖南巡抚俞廉三、布政司锡良(后改山西巡抚)、布政使湍多布,署按察使夏献铭、江西巡抚松寿、广西巡抚黄槐森、贵州巡抚积诚、云南矿务督办唐炯;(2) 各海关道,如上海道余联沅、厦门道延年、江汉关道陈夔麟、重庆关道夏时;(3) 各地重要武官,如长江水师提督黄少春、贵州提督梅东益、云南提督冯子材、广东碣石镇总兵刘永福、前南韶连镇总兵方友升;(4) 京官,如许景澄(以吏部侍郎充总理衙门大臣)、袁昶(以太常寺卿充总理衙门大臣);(5) 出使各国大臣,如驻日公使李盛铎、驻俄公使杨儒、驻英公使罗丰禄、驻美公使伍廷芳、驻法公使裕庚;(6) 各国领事及其他来华外国人,如日本驻沪代理总领事小田切万寿之助、法国驻沪总领事白藻泰(Georges G. S. Bezaure)、美国驻沪总领事古那(John

---

① 相应时段电文,分见《近代史所藏清代名人稿本抄本》第49—50册(卷334—339)、第79—82册(卷539—554)。

Goodnow,一译古纳)、意大利驻香港领事伏比斯礼(Z. Volpicelli)、德国亨利亲王(Prinz Heinrich);(7)湖北省内各级文武官员,如荆州将军、湖北提督、安襄郧荆道、荆宜施道、施南府、德安府、黄冈县、宜都县、江陵县、巴东厘局委员;(8)各地电局委员,如衢州电局、安徽电局、厦门电局、太原电局、赵城电局、牛杜电局;(9)湖北驻各地侦探委员,如陈公恕、巢凤冈、曾磬、章师程、程云、张华燕、李兰皋,等等。

以上各方来电,大多篇幅短小,且内容零散,头绪纷杂,初读者一时难免困惑。不过,如许同莘所指示,"一事之起,必有由来;一端之发,必有究竟。电文既略,若不与来电参观,则如隐谜、歇后,索然无味矣"[1]。电报这一类史料,实有其特殊的性质与利用方式。而《庚辛史料》所涉时段恰值庚子事变的高潮时期,各电虽多属只言片语,却反映了不少重要时事及时人观念,如将此材料置放于合适的语境,不仅与先后电文相补充,而且与同时期其他文献相印证,往往可以显现较高的史料价值。此处兹举数例,略加说明。

光绪二十六年(1900)夏,义和团事起,全局震动。在华北中外业已冲突之际,南方也不复平静,外国兵舰以护侨为由源源不断驶入上海吴淞港。五月下旬,大沽炮台陷落的消息传来,中外间弥漫了一触即发的紧张气氛。当时在长江流域拥有最多利益、并最具权势的英国,也表现出积极干预的姿态。一般认为,驻沪总领事霍必澜(Pelham Laird Warren)的策动下,英国政府最先向两江总督刘坤一、湖广总督张之洞提出派军舰至南京、汉口等口岸城市,

---

[1] 许同莘:《〈张文襄公电稿〉例言》(戊午十二月),《张之洞全集》第12册,第10769页。

帮助维持秩序,但遭抵制,后者并达成"力任保护,稳住各国"的共识,以杜绝外人军事干预的企图①。这一交涉也成为"东南互保"的前奏。不过,值得注意的是,作为前议始作俑者的霍必澜并不甘心就此罢手,他一面借口"沪上流氓欲劫制造局",示意"愿代保护"②;一面又渲染列强海军攻取吴淞炮台的风险,试探"归英代筹"的可能性,据五月二十四日(6月20日)刘坤一致张之洞电:

> 沪道电,顷英领遣翻译来谈,德、倭注意吴淞,其兵舰由北而来,恐即夺台,英必与力争,吴淞顷刻将成战地。代中国筹,与其别国占去,不如归英代筹,其地仍可还中国。临时察看情形,如其不妙,宜向英舰求救等语。与今午面商之意,忽又翻变,名为代筹,实系窥伺长江。盖吴淞为长江门户,占吴淞即长江不能越其范围,居心叵测。但德、倭果否意在吴淞,殊难窥测。今英领既派员预告,似尚讲情,可否密与约定,如有意外之虞,许其帮同防守,聊示笼络云。已电令照办,情商婉阻。告以如德、倭夺台,尽力抵御。若危急,再求英助。一面密致班统领严备。又分电各出使大臣,请告各政府,长江教商,敝处与公力任保护,毋调舰入江,致滋惊扰。未知有济否? 坤③。

按,"沪道",即上海道余联沅。他在与霍必澜的交涉过程中,已意识到

---

① 张海鹏主编,马勇著:《中国近代通史第四卷·从戊戌维新到义和团(1895—1900)》,江苏人民出版社,2006年,第468—482页。
② 《刘制台来电》,光绪二十六年五月二十三日申刻到,《张之洞全集》第10册,第7999页。
③ 《江督致鄂督电》,庚子五月二十四日亥刻发,《庚辛史料》,《河北月刊》1935年第3卷第1期,第2页。

英国"窥伺长江"的用心,但出于"以夷制夷"的思路,仍不得不有所借重,故建议上司刘坤一与之"密约",必要时由两国军队共同防守炮台。这一意见受到重视,批复"如德、倭夺台,尽力抵御,若危急,再求英助",上海地方相应加强了军力部署①,约与同时,霍必澜的冒险行为也遭到其他国家领事的非议。余联沅续电证实:

各国领事均言无争吴淞意,皆英领一人播弄②。

再结合盛宣怀电报,可知他正是得到"英领事要我请其保护,是其伪术。若为所愚,各国必不服"的情报后,因势利导,向刘坤一、张之洞建议"自吴淞以迄长江内地,公应饬沪道告知各国领事,自认保护,勿任干预"③。随后,在赵凤昌、何焜嗣等幕僚协助下,盛宣怀正式提出"上海租界准归各国保护,长江内地均归督抚保护"的中外互保办法,并得到刘、张的积极回应,长江流域局势迅速朝向"互保"轨道滑行。但就英国对华政而言,既有自我节制的一面,也不断暴露出诉诸单边行动的冲动,同年七月中旬,超过2 000名英军以"保护租界"为名登陆上海,中方尽管多方商阻④,最终也只

① 《余联沅致盛宣怀函》,光绪二十六年五月二十一日,王尔敏、吴伦霞合编:《清季外交因应函电资料》,台北:中央研究院近代史研究所,1993年,第349页。
② 《江督致鄂督电》,庚子五月二十五日午刻发,《庚辛史料》,《河北月刊》1935年第3卷第1期,第2页。
③ 《寄刘岘帅电》,光绪二十六年五月二十四日,《愚斋存稿》卷35,沈云龙主编《近代中国史料丛刊》续编第13辑,台北:文海出版社,1975年影印本,总第837页。
④ 刘坤一致电驻英公使罗丰禄,令向英国政府商阻派兵:"英提西摩面商,调兵保沪租界,当嘱以勿多调,免地方疑虑。现闻调二千兵,十八到。法、美亦拟照办。商民甚惧,纷纷迁徙。我既力任保护,彼又有多舰在淞,安用如许陆兵,启各国猜忌。倘有意外,各商埠必糜烂,整复不易。军事一起,商务大坏,英尤受亏,两有所损,何如彼此安静,共保和平之局。闻西摩有立功长江意。祈婉讽外部,详告利害,立沮其谋,勿为武员所愚。切祷。"(《江督致鄂督电》,庚子七月十六日申刻发,《庚(转下页)

能无奈接受：

  西摩面交余道节略，谓三千兵港已行，难改，余不续调。霍必澜谓江浙如有匪动，官兵不足，洋兵即可助剿。武员喜事可想。但求土匪不起，即起即灭，方免枝节①。

这一事件不仅对"中外保护"局面造成冲击，而且激起一系列连锁反应，导致各国联合驻兵上海的结果，这也是我们不能忽视的"东南互保"之"另面"②。

  七月二十二日（8 月 16 日），通州城破，八国联军进逼北京。张之洞连夜拟电，与刘坤一联衔急致各国驻上海领事，要求联军"勿攻京城、勿惊两宫"，并以"南方保护之局"可能发生"激变"为要挟，限时 24 小时答复，语意决绝③。限时答复之要求已具"最后

  （接上页）辛史料》，《河北月刊》1935 年第 3 卷第 4 期，第 4—5 页）随后，李鸿章、刘坤一、张之洞联衔致电各驻外公使，"请速商外部劝止"。参见《寄英罗使杨俄使美伍使日李使法裕使（粤江鄂会电）》，光绪二十六年七月十六日，《愚斋存稿》卷三十九，第 908 页；《李鸿章等致罗丰禄电》，1900.8.10, *British Documents on Foreign Affairs: Reports and Papers from the Foreign Office Confidential Print*. Part I, Series E, Vol.24, University Publications of America, 1989, p.157.

① 《盛京堂致江鄂苏浙督抚电》，庚子七月十七日亥刻发，《庚辛史料》，《河北月刊》1935 年第 3 卷第 4 期，第 5 页。按，"西摩"，英国海军中军西摩尔（Edward Hobart Seymour），时由津抵沪，为英军登陆上海做实地考察，并以"巡江"为名，赴南京面见刘坤一。其面交上海道余联沅节略十三条，参见（日）佐原笃介、浙西沤隐辑：《拳匪纪事·各省防卫志》，沈云龙主编《近代中国史料丛刊》第 83 辑，台北：文海出版社，1972 年影印本，第 526—527 页。

② 参详戴海斌：《"东南互保"之另面——1900 年英军登陆上海事件考释》，《史林》2010 年第 4 期。

③ 电文见《万急致上海英法俄德美日各国总领事》，庚子七月二十三日丑刻发，《张之洞电稿乙编》第十三函，中国社科院近代史研究所藏，档号：甲 182—73。按，其事过程中还有一段插曲。该电虽然江、鄂联衔，实际上张之洞以事态紧迫，发电前并未知会刘坤一，只是次日晨才将电文示知（《致江宁刘制台》，光绪二十六（转下页）

通牒"的性质,由此引起上海领事团的恐慌。《庚辛史料》存录多
通各国领事的回电,从"已飞电本国政府,并电天津领事"、"已照
转敝国政府,暨在北京统兵大员"等答语来看,可知其多例行公事,
将该电照转本国政府或经天津转前线军事将领,但不保证能在规
定时限内回复,如美国总领事古那(John Goodnow)就以"现在北方
电线多处已为拳匪所毁,以致信息迟滞"作为托词①。各国领事
中,尤其特别的是日本领事小田切万寿之助的表现,他在第一时间
明确予以肯定性答复:

　　二十二日电悉。闻本国外部大臣告李木斋钦差,电达贵国政
府,此次本国军队进京,专为救护使臣起见,并无他意,已经电饬统
兵大员保护两宫,等因。足见本国政府顾念大局之意,幸勿见
虑。切②。

前一电系张之洞一时情急之举,事后已生悔意,二十三日(8月17

（接上页）年七月二十三日辰刻发,《张之洞全集》,第十册,第8217页)。这引起刘
的不快,复电表示:"此后如有会敝衔之电,仍祈先行电示,以便商酌为荷"(《江督
致鄂督电》,庚子七月二十三日,《庚辛史料》,《河北月刊》1935年第3卷第5期)。
这是庚子时期二人之间发生的为数不多的"微嫌"之一。刘虽然对张先斩后奏略
有微词,但对外仍采取自觉维护的姿态,解释说:"香帅限时急促,无怪各领生疑,而
其意实无他,不过欲速得回信"(《刘岘帅来电》,光绪二十六年七月二十四日,《愚
斋存稿》卷三九,第916页)。

① 《驻沪法总领事致江鄂督电》,《驻沪美总领事致江鄂督电》,庚子七月二十三日未
刻发、戌刻发,《庚辛史料》,《河北月刊》1935年第3卷第5期,第3页。

② 《驻沪日本总领事致鄂督电》,庚子七月二十三日午刻发,《庚辛史料》,《河北月刊》
1935年第3卷第5期,第2页。另参看《上海在勤小田切総領事代理ヨリ青木外務
大臣宛・皇后及皇太后ノ安全ヲ懇請スル劉張兩總督連署電報ノ件》,明治三十三
年八月十六日,(日)外務省編纂:《日本外交文書・第三十三巻　別冊二・北清事
変中》,日本國際連合協會,1957年,第276页。

日）他据盛宣怀拟稿①再致一电,仍与刘坤一联衔发出,电内专述日本政府"保护两宫"之意,并向各领事保证"东南保护之约,各督抚必当尽力自任"②。同时,单衔致电日领小田切,表示"贵国政府已饬统兵大员保护两宫,闻之万分感慰。昨电请两日速复,不过系臣民盼望恳切之忱,但恐有人误会,指为恫喝,致启猜疑,殊于大局有关。顷又电致各总领事,申明并无他意。务望阁下速与上海各国总领事代为解释,勿启猜疑,免致牵动东南大局,至为感祷"③。张之洞拜托日本人居中调解,为补救前电做足功夫。至二十七日（8 月 21 日）,联军入京、宫廷西逃的消息已经证实,小田切来电称:

各国领事接二十二电,即电外部请示回复。翌再接电,尊意明白,想必不致于另生枝节。两宫在京,议事容易,顷闻西迁,事局不知如何收拾,鄙人实为贵国叹之,并为亚洲大局悲之④。

庚子事变时期,日本政府一面与西方各国协调,大量对华派兵,一面与张之洞等清朝大吏密切联系,刻意以"同洲休戚"的姿态区别于欧美列强。为安抚东南督抚对于日本在华北增兵的疑虑,小田切曾专程前赴上海道衙署,向中方做出解释:"一为保护使馆,弹压

---

① 《寄刘岘帅张香帅》,光绪二十六年七月二十三日,《愚斋存稿》卷三九,总第915 页。
② 《致上海英、法、俄、德、美、日本各国总领事》,光绪二十六年七月二十三日亥刻发,《张之洞全集》第 10 册,第 8232 页。
③ 《张香帅来电(兼致刘岘帅)》,光绪二十六年七月二十三日,《愚斋存稿》卷三九,总第 914—915 页。
④ 《驻沪日本总领事致鄂督电》,庚子七月二十七日未刻发,《庚辛史料》,《河北月刊》1935 年第 3 卷第 6 期,第 3 页。

匪徒,二为便于调停。缘西例派兵多者,可多发议论,实顾大局,并无他意。……务电达宪聪,以免误会。"①北京使馆区被围,上海已成为中外交涉的重心,素以勇于任事、擅长交际著称的小田切,在出兵外交、东南互保、停战斡旋、战后谈判诸方面均有突出表现,甚而凭借与张之洞公私兼及的交情,径以"贵制军去留与东南局面大有关系"为言②。《庚辛史料》辑录不少有关他与中方交涉的资料,不仅可以体现以小田切为代表的"领事外交"的特色,也反映了庚子前后张之洞对日交涉的主要管道及其效用③。

《庚辛史料》保存的一些来电,譬如各地电局、湖北派往各地侦探委员来电,其实也是构筑张之洞情报网络的基石。李宗侗曾以杨锐致张之洞函为例,谈及张之洞的"坐京",功能类同后世"各省驻京办事处","其职务以向省中报告京中政府的动态为主"④。茅海建利用张之洞档案,详细爬梳了戊戌变法期间张氏与京、津、沪之间的往来密电,指出大量信息来自其门生、亲戚及清流党人,乃至专门雇用的情报委员⑤。与戊戌时期类似,庚子事变中张之洞收到的情报是一个很大的数字,我们今天能看到的也只是其中少数,但具有深度利用的价值。如孔祥吉曾提出新说,认为庚子年政局动荡之际,张之洞一面公开表示拥护两宫,而内心深处却存有"独立称王之念",其中一条证据即"暗中默许自立军人物在他的

① 《沪道致江鄂督抚电》,庚子七月初二日戌刻发,《庚辛史料》,《河北月刊》1935年第3卷第3期,第2页。
② 《日总领事电》,庚子闰八月二十五日申刻发,《庚辛史料》,《河北月刊》1936年第4卷第6期,第3页。
③ 参详戴海斌:《庚子事变时期张之洞的对日交涉》,《历史研究》2010年第4期。
④ 李宗侗:《杨叔峤光绪戊戌致张文襄函跋》《杨锐致张文襄密函跋》,原载《大陆杂志》第19卷第5期、第22卷第4期,收入《李宗侗文史论集》,中华书局,2011年,第485—495页。
⑤ 茅海建:《戊戌变法的另面——"张之洞档案"阅读笔记》,第188—233页。

管辖范围内大肆活动",心存侥幸心理,直至八国联军攻占北京,获悉慈禧政权尚存,才放弃组织新政府的念头,下令镇压自立军①。姑不论张之洞对唐才常自立军采取"若即若离、模棱两可"态度,本系心证,原可见仁见智,此处只据《庚辛史料》对一处关键史实做出订正。七月十五日(8 月 10 日),秦力山在安徽境内率先起事,事发次日(8 月 11 日)湖北就已得到消息②,此后一直处在"派兵防护"的严密监视状态,及起义被镇压,张之洞得知结果后大感"欣慰"③。不晚于七月二十四日(8 月 18 日),张之洞已在其湘、鄂辖境内广泛布防,"设法掩捕"牵涉保皇会之"匪党"④。至二十七日(8 月 21 日)晚,唐才常在汉口的起义机关被破获,自立军起义失败。此处不应忽略的是当时信息传递条件。七月二十一日(8 月 15 日)晨,两宫由京出逃后,在很长一段时间内,南北隔阂,中枢消息完全中断,南方督抚只能通过间接途径追踪两宫行迹,而北来探报往往捕风捉影,虚实莫辨。张之洞决定镇压自立会之时,并未确悉慈禧政权安然与否。七月二十六日(8 月 20 日),驻在京城外围的侦探委员巢凤冈最早发回有关宫廷出逃的消息:

　　两宫二十日离都,团匪护驾,向道口已达五台山。庆邸留京,余随行。各军一败涂地。陈泽霖、张春发军溃。董、宋伤亡甚多。

---

① 孔祥吉:《张之洞在庚子年的帝王梦——以宇都宫太郎的日记为线索》,《学术月刊》2005 年第 8 期。
② 《安庆电局致盛督办电》、《盛京堂致江鄂督皖赣抚电》,庚子七月十六日午刻发、酉刻发,《庚辛史料》,《河北月刊》1935 年第 3 卷第 4 期,第 4、5 页。
③ 《致江宁刘制台、镇江黄提台、安庆王抚台》、《致安庆王抚台》,光绪二十六年七月十七日亥刻发、二十四日巳刻发,《张之洞全集》第 10 册,第 8217、8233 页。
④ 《致长沙俞抚台》,光绪二十六年七月二十四日亥刻发,《张之洞全集》第 10 册,第 8236 页。

夏辛酉退扎南苑,亦难久持。接十四静海函称,尚有团匪横行。冈明日赴德。冈禀①。

关于两宫"离都"的确切时间,以及由"团匪护驾"逃亡五台山的说法,均不甚确实。事实上,要到由京逃出的荣禄、崇绮抵达保定,才证实"两宫廿一启行",将奔太原,保定电局将此信电沪,再由盛宣怀转发各省。现可查实,张之洞确知那拉氏一行离京逃往太原,不早于七月二十九日(8月23日),稍后由护理直督廷雍保定来电,进一步证实此信息②。从简单的时序排比可知,孔先生所谓"杀害唐才常不迟不早,是在他刚刚获悉慈禧政权没有被摧毁的消息之后"的说法,不能成立。

再则,许景澄、袁昶为张之洞门生,位至高官,在京也经常与老师通消息,直至其遇害前,一直是湖北了解京师政治动态的重要信源。《张之洞全集》录有五月初九、十一、十二日,张之洞致许、袁电,论"'辅清灭洋'旗号乃会匪故智"、"欲恃拳匪攻逐洋人真大误也",并托将此意见"婉商云门达当轴"③。《袁忠节公手札》收入庚

① 《巢委员电》,庚子七月二十六日午刻发,《庚辛史料》,《河北月刊》1935年第3卷第6期,第2页。按,巢凤冈,江苏武进人,戊戌时期驻天津,已为张之洞提供相当多情报(参看茅海建:《戊戌变法的另面——"张之洞档案"阅读笔记》,第214—218页),发此电时,驻山东德州,并"在京(师)、静(海)、济(南)三处设探"。参见《巢委员电》,庚子七月二十三日酉刻发,《庚辛史料》,《河北月刊》1935年第3卷第6期,第3页。
② 《寄江鄂皖东督抚帅》,光绪二十六年七月二十九日,《愚斋存稿》卷三九,总第921页;《廷藩台来电》,光绪二十六年八月初六日酉刻发,《张之洞全集》第10册,第8245页。
③ 《致京许竹筼》《致京袁爽秋》,光绪二十六年五月初九日子刻发、十一日亥刻发、十二日亥刻发,苑书义等主编:《张之洞全集》第10册,河北人民出版社,1998年,第7965—7967页。"云门",樊增祥;"当轴",指大学士、军机大臣荣禄,樊时为其幕僚。

子年袁昶致张之洞三通密札,分别作于五月十三、六月初二、二十三日,亦多涉庚子政情①。《庚辛史料》存录六月二十八日(7月24日)许、袁致张之洞一电,内容如下:

> 卦电敬悉。荣相足疾已愈,董军尚屯郡中。团就抚,不甚受约束。现奉明谕,除战事外,被害洋人教士及损失物产查明核办。土匪乱民,督抚统兵大员相机剿办等因。各使均尚存。闻现筹保护使出京,未悉办法。赫德不知消息。澄、昶叩。漾②。

此电文不见于他处,现存世《袁京卿日记》、《许文肃公日记》分别迄于庚子六月二十二日、二十四日,许、袁同于七月初三日骈首弃市,所以这很可能是目前所存最晚的此二人生前文字。

另有署"八月初十日戌刻发"的《京朝官致江鄂督电》一通,文曰:

> 留守无人,事机危迫,公为国重臣,请设法挽回,并力劝合肥北来,以维大局。覆。徐郙、李端遇、曾广銮、郭曾忻、张亨嘉、黄鋆隆、朱祖谋、高枬、杜本崇、柏锦林、刘福姚、郑沅、宋育仁、黄曾源、郑叔忱、汪诒书、王鹏运、陈璧、陈懋鼎、林开章、张嘉猷、于式枚、曾广镕、高树、陈秉崧、李希圣、乔树枏、王世祺、卓孝复、许桢蕃、傅嘉

---

① 袁荣叟辑:《袁忠节公手札》,长沙商务印书馆民国二十九年石印本,收入沈云龙主编:《近代中国史料丛刊》第58辑,台北:文海出版社,1970年影印本,第28—37页。

② 《许侍郎袁太常致张制府电》,庚子六月二十八日辰刻发,《庚辛史料》,《河北月刊》1935年第3卷第4期,第1页。按:此电代日韵目为"漾",对应二十三日,此处系日姑据许同莘整理本。

年、高向瀛、劳启捷同顿首。初一日。凯谨转。灰。

按其背景，八国联军入京后，两宫皆逃，至钦命议和全权大臣庆亲王奕劻、李鸿章回京，中间将近一个月时间里，北京城实际处于"无主之国"的极端状态，当时留守诸臣为恢复秩序、打开交涉之门，各自为群，各行其是。此函于八月初一日缮写，由驿递交山东巡抚袁世凯，再用电报自济南转发各省①，其主要诉求是请刘坤一、张之洞敦促当时尚滞沪观望的全权大臣李鸿章，迅速北上主持外交，平息乱象②，联名者总计33人，以南城汉族京官为主，以吏部尚书徐郙领衔③。此名单中反映当时留守京官的主体阵容，对于研究庚子事变后一时失去重心的清朝政局以及多种政治势力的互动，多有参考价值。

《庚辛史料》收录各方电文总计528件，为便于阅读，整理时统一加了编号，其中1—29录自《河北月刊》1935年第3卷第1期，第1—4页；30—75录自1935年第3卷第2期，第1—6页；76—102录自1935年第3卷第3期，第1—4页；103—145录自1935年第3卷第4期，第1—6页；146—177录自1935年第3卷第5期，

---

① 此电韵目为"灰"，知袁世凯于八月初十日转发。
② 李鸿章本人于八月十一日接到此电报，并当日复电。(《东抚袁转电》、《寄东抚袁飞递徐尚书等》，光绪二十六年八月十一日，顾廷龙、戴逸主编：《李鸿章全集》第27册，安徽教育出版社，2008年，第260—261页)另，张之洞、刘坤一均有复电致京，参见华学澜《庚子日记》、《高枏日记》、《庚子记事》，中华书局，1978年，第127、191—192页。
③ 在翰林院编修华学澜看来，此联名函实为"福建公函"："公函系郭春宇(郭曾炘)、陈玉苍(陈璧)、黄石荪(黄曾源)三人主稿，共闽人三十二人，而以徐颂老(徐郙)列首故云三十三人也。"(华学澜：《庚子日记》、《庚子记事》，第127页)有学者曾考订此33人籍贯，只有11人为闽人，余多隶湖南、四川、广西、浙江等南方省籍(参见冯志阳：《庚子救援研究》附录三"三十三名京官籍贯"，北京师范大学出版社，2018年)。则此群人在国变之际合作发声，除省籍关系外，当别有渊源。

第 1—4 页;178—226 录自 1935 年第 3 卷第 6 期,第 1—6 页;227—258 录自 1935 年第 3 卷第 7 期,第 1—4 页;259—293 录自 1935 年第 3 卷第 8 期,第 1—4 页;294—332 录自 1935 年第 3 卷第 10 期,第 1—6 页;332—379 录自 1935 年第 3 卷第 11 期,第 1—8 页;380—405 录自 1935 年第 3 卷第 12 期,第 1—4 页;406—434 录自 1936 年第 4 卷第 2 期,第 1—4 页;435—474 录自 1936 年第 4 卷第 4 期,第 1—6 页;475—503 录自 1936 年第 4 卷第 6 期,第 1—4 页;504—528 录自 1936 年第 4 卷第 11 期,第 1—4 页。各电标题后用括注标明发电人姓名及公元纪年的发电日期,少量电文或有日期舛误者,均加注释,予以订正说明。末附韵目代日表,以供参照。

外一种《旧馆缀遗》,许同莘辑,连载于《河北月刊》1935 年第 3 卷第 11、12 期、1936 年第 4 卷第 1 期。据题记:"此编记张文襄遗事不见于年谱及采录诗文之属不载本集者。"[1]许同莱亦言:"此外遗闻轶事、未刊诗文及书札、楹联之类,不便屟入年谱者,余兄别为笔记一种,曰《旧馆缀遗》,随时掇拾,所收颇富。"[2]则此编多为许同莘搜辑的张之洞佚文,而未载于《张文襄公全集》与《张文襄公年谱》。从文字类型来看,以诗文与函札为主。按,其中光绪七年至十年张之洞与张佩纶书札 19 通,系许同莘从"丰润张氏所藏手札"节录,亦见载于黄濬《花随人圣盦摭忆》,据后者自道缘起:"比承许君溯伊以南皮集外书札见示数通,中盖有极关史料者,度

① 许同莘辑:《旧馆缀遗》,《河北月刊》1935 年第 3 卷第 11 期,第 1 页。按中国社会科学院近代史研究所藏《张之洞年谱史料》9 册(档号:甲 622—3),《旧馆缀遗》为其中一册,铅印本,版式、篇幅与《河北月刊》刊本完全一致。吉辰为核查此史料提供了帮助,谨致谢忱。
② 许同莱:《张文襄年谱编纂始末》,《东方杂志》1944 年第 40 卷第 7 号,第 51 页。

是广雅后人供编谱之资。"①经核对,可知该笔记关于张之洞信札部分,"几乎全盘收录了许氏在 1936 年初发表于《河北月刊》第 4 卷第 1 期的'旧馆缀遗'续篇的相关内容,只是局部稍微改动了一些文字而已"②。除信札部分外,《旧馆缀遗》所辑张之洞早年文字,尤其《广雅堂诗集》集外文,对于深化张之洞研究多有裨益,故予全部整理,并录于此。

许同莘撰《编辑〈张文襄公全书〉叙例》(1920 年)一文,不仅保存了张之洞"遗文"最初整理、编纂的相关故实,而且全面反映其"尽力于文襄文字之役"的经验心得,对于录入张集的不同类型(文体)文献的性质、特征及价值一一解说,平实可信,俱见功力,而就"编次之法"斟酌损益、精益求精,尤见其对"文体"的敏感,表现出醇厚的文史素养。此文非为"研究"而作,但许多内容与后起之史料学观念暗合,实为今人检阅或利用《张之洞全集》之前必读之文。故附录于此,据楚天精庐版《张文襄公全集》(《凡例》,第 50—62 叶)整理。《张文襄公电稿》于"戊午年(1918)"初刊之际,许同莘所撰例言、跋文及梁鼎芬识语,与"叙例"内容可以相互参照,一并附录。

再者,许同莱撰《张文襄年谱编纂始末》(《东方杂志》1944 年第 40 卷第 7 号,第 49—51 页),以近戚兼助手的视角,记录了不少许同莘蒐集、保存与整理张之洞资料的情况,颇有价值,附录书末,以供读者参考。

本书最后校订之际,复旦大学历史学系王艺朝同学提供了帮助,并志此谢。

---

① 黄濬:《花随人圣盦摭忆》,《中央时事周报》1936 年第 5 卷第 9 期,第 47 页。
② 参详裴陈江:《张佩纶家藏张之洞来信流传线索补证》,《文汇报·文汇学人》2017 年 3 月 31 日。

庚 辛 史 料

庚子拳匪之变，私家记载，不下数十种，或事后追述，或得之传闻，难资依据。曩岁编《张文襄全集》，就往来电报，辑录成编，虽电码译文间有脱误，然语语征实，可为信史，爰付印行，备他日修史者采焉。已见李文忠、张文襄全书者不重出。许同莘记。

1　盛京堂致鄂督电

盛宣怀，1900 年 6 月 5 日

庚电谨悉。倭松等四名已见尸，铁路我若不认保护，恐有关系。洋兵到津甚多，我军仍不进剿，恐事要闹大，奈何！宣叩。佳。（庚子五月初九日亥刻发）

2　江督致鄂督电

刘坤一，1900 年 6 月 13 日

拳匪势甚猖獗，各国纷纷征兵调舰，大局危急。政府意究主抚主剿？鄙见宣布劝谕，该匪未必遽散，散亦难保不复聚；即或遵谕解散，外人以西民及教民伤亡甚多，我未办匪，遽行了解，群相诘问，我将何辞以对？况就目下局势观之，断难就抚，若再迟疑，不自速剿，各国兵队大至，越俎代谋，祸在眉睫，此实宗社存亡所系，亟应披沥上陈，请速明降谕旨，一意痛剿，或可转危为安。盖一面宣抚，一面拳匪仍痛杀教民，各国断难忍耐。昨赫德电，亦谓大局若无速转机，各国定并力大举，危亡即在旦夕，等语。机变甚速，间不容发。敝处已电请北洋挈衔驰奏，如尚不戾尊指，亦请公迳电北洋会奏。朝廷喜纳嘉谟，冀可早邀俞允。幸甚。坤。洽。（庚子五月十七日亥刻发）

3　又

刘坤一，1900 年 6 月 14 日

顷傅相电，已据赫德言电奏云。昨电如不戾尊指，祈速电北洋为祷。坤。啸。（庚子五月十八日酉刻发）

4 又

刘坤一,1900 年 6 月 15 日

啸电悉。荩画佩甚。昨寿帅电,所见吻合,惟已发摺,嘱会公电奏云。顷已查照前电,并斧削添入等句,加急电奏。更转危为安句下,现添即此了结,将来商办善后,已属不易,若一面云云。并闻。坤。皓。(庚子五月十九日午刻发)

5 又

刘坤一,1900 年 6 月 18 日

箇电悉。北线断后,业已电檄通饬严护。坤。养。(庚子五月廿二日未刻发)

6 江督致鄂督苏皖赣各督抚电

刘坤一,1900 年 6 月 19 日

廿一,各国在大沽开仗,炮台被夺,北事决裂。顷据沪道电,风闻英领奉英廷电,自宜昌至吴淞,每口派一兵轮,上海、江宁派头等铁甲驻守。又闻俄、法、英拟截留关税,等语。已饬确探电闻。为今计,惟有力任保护,稳住各国,一面添兵自守,镇慑地方。饷源支绌,无论何款,先行挪用,事至危急,未可拘泥。若东南再有事,则全局糜烂矣。公谓何如?坤。漾。(庚子五月二十三日申刻发)

7 江督致鄂督电

刘坤一,1900 年 6 月 20 日

沪道电,遵即密商英领。渠以长江一带商务,有两制军主持保护，极为放心。英舰均聚北洋，并无另调入江之意。中英视同一家，如有不虞，彼此自当协助。惟赴汉口之脱之黎，又赴南京之恩密赫两舰，均于廿一日上驶，不便追回，等语。查看英领意甚和平，似尚就我范围。至英舰往来长江游历，本是常事，此次开赴宁汉两舰，只合听之云。再，昨英舰管带来见，问答如前。渠亦谓然。现一舰来鄂，尚拟晋谒台端。一舰赴芜。敝处并调蚊船一号至芜弹压。并闻。坤。敬。（庚子五月二十四日午刻发）

8 又

刘坤一，1900 年 6 月 20 日

沪道电，顷英领遣翻译来谈，德、倭注意吴淞，其兵舰由北而来，恐即夺台，英必与力争，吴淞顷刻将成战地。代中国筹，与其别国占去，不如归英代筹，其地仍可还中国。临时察看情形，如其不妙，宜向英舰求救等语。与今午面商之意，忽又翻变，名为代筹，实系窥伺长江。盖吴淞为长江门户，占吴淞即长江不能越其范围，居心叵测。但德、倭果否意在吴淞，殊难窥测。今英领既派员预告，似尚讲情，可否密与约定，如有意外之虞，许其帮同防守，聊示笼络云。已电令照办，情商婉阻。告以如德、倭夺台，尽力抵御。若危急，再求英助。一面密致班统领严备。又分电各出使大臣，请告各政府，长江教商，敝处与公力任保护，毋调舰入江，致滋惊扰。未知有济否？坤。敬。（庚子五月二十四日亥刻发）

9 又

刘坤一，1900 年 6 月 21 日

续据沪道电，各国领事均言无争吴淞意，皆英领一人播弄云。

已电令婉辞谢却,仍抱定力任保护办法,免致决裂。又,东抚电,内有西迁说。杏荪电,召拳匪入卫。果有迁动,则全局瓦解矣。奈何! 坤。有。(庚子五月二十五日午刻发)

10　江督致鄂苏皖赣各督抚电

刘坤一,1900 年 6 月 22 日

顷奉廿一日廷寄,匪徒烧抢,京城扰乱,着各省迅速派营,星夜驰赴京师等因。尚系失大沽前之旨。今更危急。尊处应早筹划,特先电闻。坤。宥。(庚子五月二十六日已刻发)

11　鄂省驻保定侦探委员知府陈公恕致鄂省督抚电(以下省称陈委员电)

陈公恕,1900 年 6 月 22 日

津省文报断已五日。有人自津来,述十九焚望海楼,二十劫军械局。是日,洋兵与匪战。二十一,自紫竹林战至铁桥,桥开,洋兵始止。制台及幕客戈什数十人孤守。僚属已散。飞弹及督署。廿二晨,炮声未罢。以后未悉。公恕禀。宥。(庚子五月二十六日已刻发)

12　江督致鄂督电

刘坤一,1900 年 6 月 22 日

电奏发否? 鉴帅昨赴江阴筹防,欲阻各国船。弟切实电告现在办法,未知见纳否? 意见相左,甚棘手。坤。宥。(庚子五月二十六日未刻发)

13　陈委员致鄂督电

陈公恕,1900 年 6 月 23 日

廿四日津院幕来函云:廿一洋人照会,索大沽炮台。是日,拳与兵合,获胜。廿三日,悬白旗。战未息。大沽毁敌舰三。台已失。交民巷、紫竹林均焚。津迄塘沽铁道拆尽。马玉崑七营抵芦台。宋帅九营次唐山落伐。洋兵夺民船下窜,派炮艇迎击。省附近教士教民凭砦聚守,皆乏食,出掳杀。公恕禀。沁。(庚子五月二十七日亥刻发)

14　苏抚致鄂省督抚电

鹿传霖,1900 年 6 月 23 日

廿一上谕,召各督抚派兵入卫。贵省派去若干营?统将为谁?岘帅派总兵陈凤楼马步七营,由徐州就近驰赴。苏无营可调,霖拟亲行北援,而苦无兵可带,刻正筹画,焦灼万分。顷得保定廷方伯电,京中十八以后,烧教堂,并焚前门外铺房三千余家,灾及门堞,昼夜不熄,廿一后迄无确耗。尊处得京耗,祈随时电示。霖。沁。(庚子五月二十七日亥刻发)

15　江督致鄂督电

刘坤一,1900 年 6 月 24 日

电悉:公电各国,坤愿列衔。惟顷接东抚电,竟欲招拳匪御侮,电恐无济,大事去矣。坤。勘。(庚子五月廿八日午刻发)

16　江督致鄂督电

刘坤一,1900 年 6 月 25 日

沁电悉。卓见佩甚。敝处迭次电饬各属严拿匪类,力护教堂,并示禁造谣、闹教,违即正法。至今日不得不用重典。现又加电西、皖两省,照尊指办理。昨商电奏件,万望即刻电复。坤。艳。(庚子五月二十九日发)

17 驻日本李使致粤闽江鄂各督电

李盛铎,1900 年 6 月 25 日

东报载各国连合军总统布告,文曰:谨告沿海沿江督抚。此次各国连合军前往北京,专为救在京之各国人等,及前次赴京之各国兵中途为官兵、土匪拦阻者而设,并无别意云。铎。勘。(庚子五月二十九日巳刻发)

18 陈委员电

陈公恕,1900 年 6 月 25 日

京函,廿五,西单牌楼大火,交民巷改作鸡鸣街,焚杀殆尽。津函,廿二、三之战,俄丧师最多,约四五千。公恕禀。俭。(庚子五月二十九日申刻发)

19 直督致江鄂两督及东抚电

裕禄,1900 年 6 月 26 日

大沽失守。铁路被据。东西洋八国调兵入口,日有所增,数已三四万。此间兵单饷绌,极力抵御,四五日内,恐即不支。禄微躯诚不足惜,惟天津如失,直隶京师大局即去。我公体国公忠,务望克日派兵救护。事在呼吸,不可稍迟。千万! 千万! 禄。二十七日。(庚子五月三十日午刻发)

20　陈委员电

陈公恕, 1900 年 6 月 26 日

津战九昼夜未息。彼以偏师掣我, 兵力可虑。敌前自落伐下寨, 只百数, 从教民千余, 遂据西沽武库。聂十二营攻之不拔。紫竹林仅焚法界。德使被戕。倭益兵二千。公恕禀。卅。(庚子五月三十日亥刻发)

21　江督致鄂督电

刘坤一, 1900 年 6 月 27 日

盛两卅电达否? 九条均尚妥善。昨慰亭电, 有洋兵击散兵匪语。事机已迫, 迟恐翻异, 已电饬沪道速即照会各领, 会尊衔电各使商外部矣。坤。东。(庚子六月初一日申刻发)

22　驻日本李使致李相江鄂闽督盛京堂电

李盛铎, 1900 年 6 月 27 日

外部接烟台电, 廿七日, 各国军八千至津, 英、美军在前, 他军次之。俄兵死伤千余, 他国甚少。英提督锡莫阿距津三十里被围, 军中伤病颇多。各使由中国派兵护出京, 惟未知所在云。铎。东。(庚子六月初一日戌刻发)

23　鄂省侦探委员巢凤冈自德州致鄂省督抚电(以下省称巢委员电)

巢凤冈, 1900 年 6 月 28 日

陕转箇电览否? 廿一午, 拳劫县狱, 直达内室, 阮令逾墙而出。未刻, 练军、水师营、拳民合击夷兵, 我军小胜, 夷兵炮不过火, 即占

武备学堂以驻兵。养。昨开仗，通宵达旦。俄、法兵伤亡甚多。练军、拳民亦伤数百。罗提台报击沉夷舰二艘。调马玉崐十营往沽。京函，前门东西荷包巷、西河沿、大栅栏等处，被拳烧尽。上拟西幸。漾。昨晚夺回津火车站。夷兵藏伏洋楼底层，枪炮不及。练军兵单，调聂军五营接济。又二十一起，拳民、夷兵均纵火烧民房，夜以继日，东南营门内外约去十成之九，惟夷场洋房所毁无几。拳兵始终未入英租界。冈禀。敬。（庚子六月初二日巳刻发）

24　驻俄杨使致鄂督电

杨儒，1900 年 6 月 28 日

方筹挽回时局，忽外部称，盛京有兴兵毁路之举。俄通国身家在此铁路，若满洲有警，决裂无疑。大局安危，在此一著。已两电增帅力保路工，仍祈诸公切电加劲，千万感祷。儒。沃。（庚子六月初二日申刻发）

25　驻沪日本总领事小田切万寿之助致鄂督电

小田切万寿之助，1900 年 6 月 28 日

念八电悉。会商一回，仍无成议。惟各国领事皆以平和为念，幸勿见虑。顷闻王皖抚函商阁下，联名奏请联俄，合剿团匪，并抵御各国，又电商驻沪法领事，派兵助剿等语，恐系齐东野语。现在俄、法、英、美、德所派兵数短少。本国兵路远，一时不能到，皆待敝国派兵合办。沪上西报之言，凿凿可证。此时只请俄、法合剿，固无济事。鄙人最恐事平之后，俄、法藉端滋扰，与大局有害也。敢布腹心，仍希电复，以慰下怀。切。叩。（庚子六月初二日戌刻发）

26　巢委员电

巢凤冈,1900 年 6 月 29 日

火迄未息,直至东浮桥,伤人无数。顷有献县教士率教民数百至北仓,围攻药库、武库,烧民房。津城三面受敌,朝不保夕。有拳查奸细甚严,最忌洋务。日昨两次专丁送报,至获鹿,被查折回,究及主人,几遭不测。省城、沧州均被围。拳欲得梅东益,方甘心。海口封禁,驿站不通,焦灼万分。今将各电并录送德,候电示复,恐防遗失。以后当送德转寄。冈禀。宥。(庚子六月初三日巳刻发)

27　驻日本李使致鄂督电

李盛铎,1900 年 6 月 29 日

东电祗悉。沪议九条,面达青木。据称俟得沪领详电,酌定再覆;惟第五款所言,与公法内自由之据不合,恐各国难允。铎谓议内此条最重。如此款不行,他款虽允无益。且驻日美使言,美廷已允不派水陆兵至长江。青谓美虽允,英恐难允,可否催沪领电外部,并电罗使速商英廷,乞钧夺。铎。沃。(庚子六月初三日巳刻发)

28　江督致鄂督电

刘坤一,1900 年 6 月 29 日

盛两冬电想达览。沿江办法,已会台衔电请慰帅于卅日驰奏。观荣相复电,几无可解救。公现有何策?如电奏,坤亦列衔。坤。江。(庚子六月初三日午刻发)

29 又

刘坤一,1900 年 6 月 29 日

杏荪电想达览。电外部一节,前已公电。顷木斋电,商倭,谓各国必不允,只合电傅相裁酌。至保守东南计,惟照现在办法,始终不渝而已;然非持久策,奈何! 坤。讲。(庚子六月初三日亥刻发)

30 巢委员电

巢凤冈,1900 年 6 月 29 日

闻各使出四款:一,归政;二,粮税归彼管;三,佛爷无论在宫在海,应用洋兵保护;四,各国准参谋政府事。请旨,上主和,佛主战。董军戕毙德使长安街,将开仗。感津炮声稍息。团民日见少。民亦窃破其技。绅商设法恳请停战,冀保一城,然夷兵麕集,大局已烂。勘沧州团因索梅东益,被梅击,逃泊镇,仍追剿,恐窜东。军粮城报,夷兵大队由小道迳入都。冈禀。世。(庚子六月初三日亥刻发)

31 陈委员电

陈公恕,1900 年 6 月 30 日

津时有小胜。京兵拳皆杀掠西人库物,死守。省拳受抚,惟杀教,不承官命。公恕禀。豪。(庚子六月初四日午刻发)

32 江督致鄂督电

刘坤一,1900 年 7 月 1 日

子通江电,顷外部称,六君公电,已呈俄主,益佩伟略。东电面

交。据云,领事来电,知已签押。奉俄主谕,办法甚好,当饬领事遵
照。长江一带人民商业,均惟二公是赖。俄即不另添兵增舰。俄
本极欲保护邻邦,别无他意,惟刻下满洲甚关紧要,倘铁路有失,此
约即作罢论。俄注意在此。儒已两电增帅,未接复音,焦灼万状。
尊处电阻,已得复否? 请转香帅云。坤。歌。(庚子六月初五日申
刻发)

33 德国亨利亲王致鄂督电

德国亨利亲王,1900 年 7 月 1 日

贵部堂所请之事,德国大皇帝已经照允。当此中国扰乱之际,
贵部堂尚保护欧人,闻之不胜欣喜,并愿以后无可伤碍我两人旧交
之谊。亨利,普国亲王。(庚子六月初五日申刻发)

34 江督致李相张督盛京堂电

刘坤一,1900 年 7 月 1 日

吕使电,请转军机处。国书钦遵译述。顷外部覆称,中国大皇
帝电书已到,惟未悉驻京各使馆暨在京津人被困情形。德使惨被
残杀,如何惩偿,及如何切实设法,足保将来按照公法礼法办事?
以上未经查明之先,电书未能遽代呈递云。请代奏,等语。已电东
抚转奏。坤。歌。(庚子六月初五日申刻发)

35 又

刘坤一,1900 年 7 月 1 日

支电扼要精当,弟今日亦电盛京,恐不足动。顷又电促傅相,
不审有术阻之否。增处公亦发一电,何如? 坤。微。(庚子六月初

五日酉刻发）

36 陈委员电

陈公恕,1900 年 7 月 3 日

津初一,机器局二,一炸一失,停战数日。闻初六大战,未确。曾侯孙王中堂眷至保定。兵占兵部署。省城内教堂收回。附郭美教堂二同失。臬司主抚拳,奉廷寄治兵。公恕禀。阳（庚子六月初七日酉刻发）

37 驻日本李使致鄂督电

李盛铎,1900 年 7 月 5 日

庚电祗悉。闻伊藤与傅相有信往还,或因此不复。询是日曾与伊商停兵。伊言各使无确耗,恐难允。如各使出险,或可商。又告以保长江约。伊答各国当可允办。此外无他语。乞钧夺。铎。佳。（庚子六月初九日酉刻发）

38 巢委员电

巢凤冈,1900 年 7 月 6 日

聂回芦防,其军半溃,余交徐德标徐国祥分统。制造局被洋兵烧。机器局被散勇抢。静海张杨两团格斗,杨败张胜。张团经梅击败,不克再聚。前敌兵器单弱,廿九停炮,□[①]仍接仗,虽曹团首屡报小胜,实不足信。询据乡人云,夷防严计诈,出队仅数十人,半探半诱,以逸待劳。昨调宋五梅三吕本元四夏辛酉六营,并静海张

---

① 《河北月刊》原文如此。

团往援。夷占新城、军粮城,轰断沽西万年桥。窃探我军子药有限,夷人后路无穷;况兵多与团不和,往往临阵观望;团与团不一气,得力者少,滋事者多;再有教民土匪混杂其间,更为难办。京津抢劫大行。官眷南迁,有八成,半途遇害甚多。各河浮尸纵横。冈自十九起,住无定所。发探马,马为团夺。派专差,差每折回。现住舟,候大军毕集,一役后,即请去留。冈禀。江。(庚子六月初十日巳刻发)

39　驻日本李使致江鄂两督电

李盛铎,1900 年 7 月 6 日

外部属电李傅相,德主闻杀使甚怒,派四舰、兵二千来华。匪攻使馆。如商袁抚率兵入都,救出各使,或挽危局,等语。所言自办不到。惟驻东美使、法员来谈,告以因沽口战,致兵民交愤,联匪合攻使馆。彼等颇咎舰督冒昧,致启战祸。似各国稍有悔心,且皆注重救使。如能量为设法,或拟派援北之兵,托名救使,亦足维系一二。当否?乞钧夺。铎。佳。(庚子六月初十未刻发)

40　陈委员电

陈公恕,1900 年 7 月 6 日

廷寄促合肥入都。英俄日均致国书修好。又张春发、陈泽霖两军留驻保定,会剿省城附近负隅教民。又廷杰陛见,以廷雍兼署藩司。初六马玉崑在津血战,胜负未知。恕禀。蒸。(庚子六月初十申刻发)

41　江督致鄂督电

刘坤一，1900 年 7 月 6 日

伍使电，支庚阳电悉，廷决计暂留。早复杨使告各馆，以挽和局。经费故请拨，允行。约九条。外部谓总统难依，但允如保护平靖，兵不入江。已电领事。乞转香帅。廷。青。云。坤。卦。（庚子六月初十日酉刻发）

42　陈委员电

陈公恕，1900 年 7 月 6 日

大沽失守。东局被踞。南局武库并毁。聂军相持。宋军续到。津城暂可保。团民助战并不得力，而假团所在骚扰。设洋兵调齐直入，京师可危。南省必有援师北上。德州应设转运。请早筹。广禀。公恕转。蒸。（庚子六月初十日戌刻发）

43　驻英罗使致江鄂皖督抚电

罗丰禄，1900 年 7 月 6 日

沙侯说贴，请转电北京政府。如各国使臣或他洋人被害，应将政府诸公抵偿等语。此电务乞达到，俾复沙侯。丰。佳。（庚子六月初十日戌刻发）

44　巢委员电

巢凤冈，1900 年 7 月 7 日

洋兵攻机器局，经地雷轰毙十三人。昨仍被占。支聂马梅罗四军复至，各团亦陆续麇集，街巷为塞。约定初八日合攻洋场。届期必恶战。歌洋市虽开，粮饷日绌。安肃教民故城团勇同起，烧杀

从事。冈禀。鱼。（庚子六月十一日申刻发）

45　驻日本李使致江鄂督电

李盛铎，1900 年 7 月 7 日

庚电祗悉。使馆遵示暂留。非万不得已，决不先撤。铎。真。
（庚子六月十一日亥刻发）

46　陈委员电

陈公恕，1900 年 7 月 8 日

津初六晚敌两次猛扑河东，欲断我往来要隘，马统领兵并民团
击退。自大沽新城至紫竹林，拳民匿迹。日来无京信。恕禀。侵。
（庚子六月十二日未刻发）

47　江督致鄂督电

刘坤一，1900 年 7 月 9 日

杨使电，阳电已商外部。据云，俄亟愿顾邦交，并深佩两公良
法美意。既承力任按约保护所管省内人民财产，俄即不增舰添兵，
以示酬报。惟北方消息日坏，深盼设法兼筹剿办，以保贵国危局，
等语。请转香帅云。又裕使电，外部请电政府王大臣，如各国钦差
及使馆人员并商民人等被害，定要中国政府抵命。嘱勿改一字，请
转署云。与英意同。然此电转署，于事无丝毫益，转恐激成他变，
拟概不转。或以此意密电罗裕两使，如何？坤。元。（庚子六月十
三日午刻发）

48 巢委员电

巢凤冈,1900 年 7 月 10 日

初八未恶战,因连日雨,军士苦。现马军十三营驻河东,练军驻马家口,每夜彼此遥轰,无分胜负。团民三万余,衙署、庙宇、公所、会馆悉被占住。询其何日出仗,佥称时未到,不轻举。寿帅以谭文焕、徐国祥为腹心,良言难进。近有不肖州县,拜团首为师生。京城各宅,大半被董军所劫。前门内外,死人数万。英使馆还击两旬,坚不可破。现以深沟高垒围困之。冈禀。灰。(庚子六月十四日丑刻发)

49 驻日本李使致江鄂督电

李盛铎,1900 年 7 月 10 日

外部来言,各使馆被围,请钧处商袁慰帅派兵入都,救出各使,各国极为感激盼望,等语。此事自办不到。惟乞钧覆,以便转达。铎。元。(庚子六月十四日巳刻发)

50 江督致李相及江鄂皖湘鲁省各督抚电

刘坤一,1900 年 7 月 10 日

吕使电,和外部照复,和领与各督抚商办各事,无论何项,和廷未便允准云。嘱转尊处。坤。寒。(庚子六月十四日酉刻发)

51 驻日本李使致李相江督鄂督电

李盛铎,1900 年 7 月 12 日

接沪道转直藩电,初七军机交国书一道,嘱电东。其略云:"中日相依唇齿,敦睦无嫌。月前书记被戕,正深惋惜,拿凶惩办;而各国因民教仇杀,疑朝廷袒民嫉教,致开兵衅,大局纷扰。因思东方只两国支持,彼虎视眈眈,注意岂独中国。中设不支,恐日亦难独立。望释小嫌,共维大局,排难解纷,同舟是赖。惟望设法筹维,执牛耳以挽回时局。"云云。另电谕各使,交涉事件照常办理。似局面稍转。能否设法速商袁军救各使,或筹他策,时不可失,乞钧酌。铎。咸。(庚子六月十六日午刻发)

52 德藩亨利致鄂督电

德国亨利亲王,1900 年 7 月 14 日

尊处来电已转呈敝国大皇帝。嘱转候。并致谢。(庚子六月十八日辰刻发)

53 驻日本李使致鄂督电

李盛铎,1900 年 7 月 14 日

蒸、真两电遵达伊藤。言迟日答覆。洽电遵达青木。言剿匪极是,停战甚难。近津军日日进攻,各军极力抵御,是各军乃应战,非自战。伊藤言,如中国朝廷能担保各使必无损,请由前敌派员赴连各军总统商办,或可行等语。乞钧酌。铎。啸。(庚子六月十八日申刻发)

54 驻日本李使致李相江督鄂督电

李盛铎,1900 年 7 月 15 日

昨日外部送来日主答电,大意云,中国如能平匪救使,则余事易办。各国派兵,本为救使起见,如趁早救出各使,日后议款,日本应从中出力保护中国利益云。已电直藩,转递枢廷代奏。铎。效。

（庚子六月十九日未刻发）

55　盛京堂致江鄂电

盛宣怀,1900 年 7 月 15 日

木斋效电,外部接电,庆邸十三日拜各使,晤西德言,盼傅相到京。陆军接电,英哨探队在芦沟南卅里,与我军小战。俄兵一队在南苑南面被围,调兵接应。又东报载俄已攻据北塘云。乞转刘、张两帅云。宣。叩。效。（庚子六月十九日亥刻发）

56　沪道致江鄂粤苏各督抚电

余联沅,1900 年 7 月 16 日

接杨大臣啸电,请转廷方伯,飞呈军机处代奏,照译俄主复电。俄国大皇帝与大清国光绪大皇帝友谊素敦,关念中国,最为真切;睹此友邻之谊,事机危急,甚为焦忧。北京情形,俄国使署人民,暨他国使署人民,存亡莫测,深用为大局虑。刻下尚无从措办。惟俄国意旨始终如一,当竭力帮助中国平定地方,剿办乱匪。此等乱匪,初与天下各国为难,现已蔓延满洲,与贵专使李鸿章订定密约,大相违背。如此情形,向各国设法调处,实难启口。如大皇帝政权自操,设法先将各国旅居贵国人民照约保护,一面剿平乱匪,朕深愿竭力帮助大皇帝挽回时局,不令贵国生灵涂炭,是为至盼云。外部称俄主一意敦睦,但须在京各使无恙,满洲铁路保全,方有词向各国排解。现各使情形,务乞示知等语。仍请电谕东三省将军,力保铁路,勿与俄开衅,是为至要。请代奏。再,初三电旨,十六始到,已向外部切实声明云。除照转外,合禀闻。联沅。号。（庚子六月二十日辰刻发）

57　福州善将军致鄂督电

善联,1900 年 7 月 18 日

闻各国议论,金恐德大队及其统帅到华,和局难定。驻厦英领事告陈运同书云,中国宜趁德队未到,将德使被戕,先请旨优恤云。此事如何图维,敢乞荩画。善联。养。（庚子六月二十二日酉刻发）

58　江督致鄂督电

刘坤一,1900 年 7 月 19 日

伍使箇电,钦遵初三电旨,详达外部,并将洋兵不应攻占炮台,切诘婉讽。现美廷声明,北京有警,各督抚如能认真保护各国人民,美人誓敦和好。兹定办法:一,救在京美官员、教士、商民;二,保护中国各处美国人民财产;三,保全应得权利;四,助剿扰乱。惟望中国平靖,保全疆土,共敦睦谊。经电驻各国美使转达各国政府,均无异言。但各国最重使臣,伏乞谕饬保护,以免中变。容俟随时侦探密陈。请代奏。又号电商外部,允全津城,须与各国筹商。现以得各使手函为要著。乞转总署、李相、香帅、杏荪云。除电慰帅饬递总署代奏外,合电达。傅相已起程到沪,请杏荪转交。坤。漾。（庚子六月二十三日未刻发）

59　江督致东抚及盛京堂电

刘坤一,1900 年 7 月 21 日

吕使廿四电,此间已禁止加减密码电报,以后发电,请用英文或法文,祈通知各处云。望慰帅转总署,杏翁转傅相。坤。有。

(庚子六月二十五日申刻发)

60 巢委员电

巢凤冈,1900 年 7 月 21 日

冈十七抵沧。顷探友逃来,是日夷攻南关甚危。诘朝,教民数百,假妆华兵闯入,洋兵尾随其后,城遂陷。寿帅退北仓。司道驻杨青。军溃团散。拟廿二三调集残军至北路驻阻,然饷无着落。再,以后消息恐难迅确。各探友纷散,北路更难得人。和议将开,信息沪灵,可否赏准销差,乞电示遵。冈禀。马。(庚子六月二十五日戌刻发)

61 驻美伍使致鄂督电

伍廷芳,1900 年 7 月 22 日

康电求援,美廷愿我军设法协援,乞酌示。廷。宥。(庚子六月二十六日戌刻发)

62 福州善将军致鄂督电①

善联,1900 年 8 月 20 日

闻德使复电,意在先办庇匪之人。鄙见诏旨既以知人不明罪己,是若辈之误国,固已布告中外,无论为亲为贵,究属臣下,若不先行遣责,外人必以祖庇疑及朝廷,更属为难。可否由宪台主稿,率联名遍联各帅,痛切奏陈,冀有补救。事机万紧,即乞钧裁。联。宥。(庚子六月二十六日亥刻发)

---

① 据《庚辛史料(续)》,《河北月刊》1935 年第 3 卷第 5 期末勘误,该条电报,应列入七月二十六日。

63　江督致鄂督及盛京堂电①

刘坤一,1900 年 8 月 21 日

沪两宥电悉。专电谢德,是最要著,宜速办。京晋往返需时,倘国书措词未得体要,再有周折,必误事机。杏翁急电傅相,即日办奏,并将应如何措词叙入奏内,大局危急情形尤须切实陈明,度必邀允。顷端抚电,两宫仍拟幸陕,似可谏阻,并请电傅相酌裁。穆语气可免攻保,非杏翁之力不及此。德帅将到,正在吃重之时,仍仗相机磋磨,至祷! 坤。沁。(庚子六月二十七日午刻发)

64　沪道致江鄂督苏抚电②

余联沅,1900 年 8 月 21 日

顷裕大臣寄来军机处一电,已请慰帅转电。惟法国书系密码,兹谨录裕电于下:现有回电一件,请电慰帅转。军机处鉴。奉廿三国书,即刻交外部转奏法总统,当时即送到回书,系第五十二号电码三纸,声明交钧处即送毕使,由毕使译呈,即乞速送。回书内紧要节目列后:一,中国务必保护各国使臣任便往来,并任便通电、通信;二,自端王暨此次肇祸之各大使臣应即先行革职,听候惩办;三,中国各处官兵即下令撤回,不得再与外国兵接战;四,所在拳匪,中国应尽力剿灭。再,前由南洋送上外部交毕使电,想蒙转交。现闻美国康使有回电。法廷因毕使无电,甚着急,求转告毕使速寄回电来。国书码列后。庚。有。云。沅。感。(庚子六月二十七日未刻发)

---

①　据《庚辛史料(续)》,《河北月刊》1935 年第 3 卷第 5 期末勘误,该条电报,应列入七月二十七日。
②　同上。

65　江督致鄂督电

刘坤一,1900 年 7 月 24 日

俭电悉。专使一节,已电盛转傅相酌办。顷沪德领来函,声明无扰长江意,第未言海赣。已复信,浑涵答意。德总帅今午到淞。坤。勘。(庚子六月二十八日戌刻发)

66　驻日本李使致江鄂督电

李盛铎,1900 年 7 月 24 日

宥电面商外部,据称,北方无日本教士,惟京津附近之匪,华军未剿者,联军不能不往剿,却不能限定何处。又谓中国须将旧政府大臣更换,另选大臣,立一新政府,各国方能调和,等语。乞钧夺。铎。勘。(庚子六月二十八日戌刻发)

67　盛京堂致江督鄂督东抚电

盛宣怀,1900 年 7 月 25 日

鄂感电谓措词未妥处,请电傅相追改。查有会电并无办祸首字样,故未追改。顷保定电奉旨,端庄入枢。而木斋勘电,日廷要索更换政府大臣,奈何! 宣。勘。(庚子六月二十九日子刻发)

68　福州将军致江鄂督东抚电

善联,1900 年 7 月 25 日

勘电谨悉。当轴主战,恐无一定宗主,慰帅处消息较捷,有机可乘,尚赖荩画。联。艳。(庚子六月二十九日申刻发)

69　刘永福致鄂督电

刘永福,1900 年 7 月 25 日

福奉德督宪准恩帅转电,奉谕旨,广东碣石镇刘永福,着德饬令该总兵统带得力队伍,星驰北上,毋稍刻延,将此电谕德速饬遵照,钦此,钦遵。福五中焦急,经禀请稍筹饷械,及早起行。惟事属急遽,深恐饷械缺乏,无处接济,可否仰恳宪恩,就地代筹军饷,及后膛劈山炮,七生半单响九响毛瑟各药码,以应急需。福到长江,自当趋叩崇辕,请训一切。永福叩禀。艳。(庚子六月二十九日申刻发)

70　襄阳道致督署电

朱其煊,1900 年 7 月 25 日

探明南阳城外教堂虽聚众,并未焚毁,惟教士开炮,伤一幼孩。城内教堂什物概被拆毁,实无戕官据城之事。煊禀。艳。(庚子六月二十九日申刻发)

71　襄阳道府致督署电

朱其煊、锡纶,1900 年 7 月 25 日

两奉沁电敬悉。邵教士等八人,二十七到樊,水师派船护送赴枣。兵弁二十五已往接攘分札。该县教堂共有二十余所,已严饬加意防护。奉饬录刊上谕,职道谨遵刊印,飞递各县。煊、纶禀。艳。(庚子六月二十九日酉刻发)

72　粤督致江鄂督盛京堂电

德寿,1900 年 7 月 25 日

接两帅勘电,准慰帅电称,京师满庭主战,请派傅相全权一节,

拟从缓办。又接盛京堂电,拟四不宜战,请两帅主稿会奏等因。审
机观变,痛哭直言,但期有益国是,批逆本所不避。或应缓办,或宜
急陈,惟乞权衡酌核,寿总愿附骥尾也。仍复为祷!寿。艳。(庚
子六月二十九日戌刻发)

73 盛京堂致鄂督电

盛宣怀,1900 年 7 月 26 日

十三奉旨,李鸿章已调补直隶总督,著该督自行酌量,如能借
坐俄国信船,由海道北上,尤为殷盼。否则即由陆路兼程前来,勿
稍刻延,是为至要,钦此。傅相已奏报到沪,俟腹泻愈,即由陆行。
宣。东。丑。一。(庚子七月初一日丑刻发)

74 衢州电局致盛督办电

枞来,1900 年 7 月 26 日

江山斋匪虽多,散居各乡,本难谋逆,不过勾结无赖,谣言
惑众,以图抢劫。而绅民无识,但据谣传,及喊声、炮声、火光
等,即讹为贼至,男女奔匿,乱极不堪。县主亦关闭城门,登陴
守御,已有数次,实在贼尚无踪。似此情形,恐匪徒乘间抢劫,
且有折毁电杆谣言,势将弄假成真。特此飞禀,请咨浙抚宪速
派兵保护线路,捕匪徒以靖地方,不胜盼切。再,南路线阻已有
四日,各段逃兵皆不知去向。连派工头专差出查,亦杳然不归。
测量度数,忽多忽少。传闻浦局界内九牧地方,有匪众竖旗作
乱。逃来人民,又得自传闻,均非目见。枞来谨禀。(庚子七
月初一日辰刻发)

75　盛京堂致鄂督电

盛宣怀,1900 年 7 月 26 日

英提督西摩到淞,传说将赴长江巡阅。顷询英领事,则云津沽海军无事,故来东南调度各舰,暂不入江。又闻印度兵留港四千,此皆俄与黑龙江开衅后,英乃有此举动。如能熬住三个月,内匪不动,听他预备,亦不碍事。近日西人纷纷自汉来沪,多言湘豫鄂三抚不认保护,长江上游,恐将有事,众口一词,亟盼鄂复艳电,以示各国,并请饬汉关道宽慰汉领事,即如路员停退,皆领事恫喝也。宣叩。先。(庚子七月初一日午刻发)

76　驻法裕使致鄂督电

裕庚,1900 年 7 月 26 日

奉有电,已详达外部。彼云法领事亦有电来,死者尚不止二人,务请查实严办等语。美使电已遵转。庚。东。(庚子七月初一日午刻发)[①]

77　成都将军四川总督致江鄂督电

绰哈布、奎俊,1900 年 7 月 26 日

艳电敬悉。昨接杏荪勘电,情词痛切,与此次电奏不谋而合,想公亦必谓然。弟等惟苾画是遵。哈布。俊。东。(庚子七月初一日午刻发)

[①]　编号第 76—102 电文,录自《庚辛史料(续)》,《河北月刊》1935 年第 3 卷第 3 期,第 1—4 页。

78 皖抚致江鄂督电

王之春,1900 年 7 月 26 日

奉勘电,请派李相全权拟从缓一事,袁慰帅与傅相似有夙嫌,回电恐系托词。以近日谕旨及国书考之,似朝廷未尝不欲转圜,即使袁电确实,慈圣圣明,亦断无拂谏之事。惟径请全权,似尚不免著迹。拟照原稿,李鸿章现抵上海以下,更易一段,文曰:可否饬令就近电致各国外部,告以各使实经保护无恙,现正设法送赴天津,无烦各国谋救。至内乱尤无外兵代剿之理。若尚不止兵,在各国为无名之师,在中国即易激敷天之愤。请其平心揣度,速以办法见覆。上海与各国通电,较津京为捷。但有一二国悔祸,即饬李鸿章先与议结,然后以全力攻其不率。盖群夷纵散约解,我乃得专意攻瑕,似较有把握。查同治九年,津民仇杀法领丰大业,已伤俄人及英美教堂,前督臣曾国藩秉承庙谟,先与英俄议结,法夷遂不敢大逞。此次情势虽异,理势则同,似可悉照办理,总以纾国难保京城云云。后仍同原稿。是否妥协,电由何处入告,仍乞老帅酌裁主持办发。春叩。朔。午。(庚子七月初一日未刻发)

79 驻俄杨使致军机处电

杨儒,1900 年 7 月 26 日

外部急欲各使与本国通电,别无所云。现在各国议论看法,均以津沽战事,系与乱匪对敌,并非与中国开仗,请勿误会。惟盼我军速将乱匪平定,便易办理。若俟各国兵到齐,恐有变局,可危之至。儒。艳。(庚子七月初一日酉刻发)

80　浙江恽藩司致鄂督电

恽祖翼,1900 年 7 月 27 日

漾电谨悉。遵已婉致抚帅矣。初由于误行招集义民之文，致人心浮动。嗣温州启守擅抚拳匪，伪造抚批出示，几酿大患。刻下温州、绍兴均无事，而金、衢、严三府匪徒，揭竿蜂起，势甚披猖。江山县失守，不知即能解散否。浙中营务，废弛已久，缓急难恃，深为焦虑。东南大局，蒙宪台与岘帅竭力维持，留国家之利源，缓亿万之兵劫，凡有知识，莫不钦仰。所望各省坚持此志，不启衅端，便为万幸。枪枝蒙委曲代筹，感甚! 刻下洋军火实无购处。浙中未造子弹，并以附陈。祖翼禀。东。(庚子七月初二日辰刻发)

81　苏抚致江鄂督电

聂缉椝,1900 年 7 月 27 日

昨接慰帅电传二十八日上谕，即饬关道向英、日两领传宣圣德。彼口虽言感，其意总以未接各使亲笔信，未能深信。可否宪台电致慰帅，转电总署，无论何国，令一使臣致书沪领事，以安各国之心，伏候钧酌。缉椝。冬。(庚子七月初二日申刻发)

82　驻香港义国领事致鄂督电

伏比斯礼,1900 年 7 月 27 日

意大利教士几被杀，只身逃出，禀称主教及意大利教士三人，在湖南地方被杀，又有教士四人逃入深山，请贵部堂迅饬保护，并惩办凶犯。意大利领事伏比斯礼。(庚子七月初二日申刻发)

83 沪道致江鄂督抚电

余联沅,1900 年 7 月 27 日

顷日本总领小田切来署面告,彼国派兵赴津京,一为保护使馆,弹压匪徒,二为便于调停。缘西例派兵多者,可多发议论,实顾大局,并无他意。并谓专诚为此,务电达宪聪,以免误会云。合电禀。联沅。萧。(庚子七月初二日戌刻发)

84 盛京堂致鄂督电

盛宣怀,1900 年 7 月 27 日

已照东电切责沙多,并电比京公司,声明鄂地安靖。各领均深信,独比领不然。路工有一人惊惶,如无端弃工,所有责成,张制台均不承认。又托白藻泰电法京,因惊惶者,法人也。白云,请帅自电彼,说明鄂地安靖,乃可电慰巴黎。宣叩。冬。(庚子七月初二日戌刻发)

85 盛京堂致鄂督电

盛宣怀,1900 年 7 月 28 日

昨将东电转比。接郑冬电,洋员昨均到汉,工停事简,可去之机,万望核准,等语。顷又电郑传谕沙多,仍照饬暂停信阳一段,余仍开办。乞公勉劝苏堪坚忍放胆,勿萌退志,以维全局,否则全路停,前约必变,吃亏尤钜。铁厂轨无销路,亦必停止。钧电一切须彼自认数语切要。请即专札郑道,照会沙多立案为要。宣叩。江。(庚子七月初三日未刻发)

86　江督致鄂督电

刘坤一, 1900 年 7 月 28 日

顷慰帅转总署电,尤电沁才到,美、德、法均已补有国书,盍与帅妥筹办法,电嘱伍使商之。艳。云。尤电系何事,敝处遍觅电底不得,是否尊处所发,祈查示。坤。江。(庚子七月初三日申刻发)

87　盛京堂致江鄂督东抚电

盛宣怀, 1900 年 7 月 29 日

敝稿傅相删改处如下:近有李秉衡改近日李秉衡。无以起其信,改无以示大信。尚有四端,删尚有两字。以示宽大而泯疑怨下,改如虑沿途护送为难,该使等不欲冒险,应先撤去围馆之兵,专派保护之兵,优加体恤。美廷电谓各使通信方易商办,应一面准其通信。业已激成公愤下,改若至变生不测,恐使臣亦所不顾,胁制在所不受也。此项被害之洋人教士,改迭次被害。天津一战,改天津之战,击毙拳民数万,尸横遍野。各省州县会匪蠢动下,改商民辍业,于饷项尤有关碍,应饬无论何处土匪至以清内乱而弭外衅。(按盛电原文云:应饬无论何处土匪,以及乱军散勇,均即认真剿办,以清内乱而弭外衅。一请明降谕旨,畿辅荒旱,云云。此电删改原文,疑外衅句上必有脱误;然原文如是,今仍之)畿辅荒旱下,加赤地千里四字。目前各国发兵,改添兵以救使剿匪为词,删一尚字。臣等冒死删下愚二字。仍乞三帅酌定。应会列各帅衔名,请岷帅、香帅速告慰帅。闻俄兵已踞榆关。德运兵二十四船已放洋。事机紧迫,何以济急? 宣叩。支。(庚子七月初四日戌刻发)

88 江督致鄂督电

刘坤一,1900 年 7 月 30 日

讲午电悉。非认剿匪,万难言和。非请密旨,万难剿匪。怨归于外,德归于内,诚委曲调停策。第虑患在肘腋,事机稍泄,转以速祸。且俟傅相会奏件奉准后,与各国商有端绪,再相机酌办,何如?坤。微。(庚子七月初五日午刻发)

89 东抚致鄂督电

袁世凯,1900 年 7 月 30 日

两讲电悉。茇筹精稳周密,钦佩!闻某公初一觐,共筹补救,以维大局,似内意亟欲转圜,但能利国,与人筹或自筹均可。拟电李先在日询商后,再请,甚善,亦正可稍待初三后消息。凯。微。(庚子七月初五日未刻发)

90 江督致鄂督电

刘坤一,1900 年 7 月 30 日

支电悉。送使赴津,傅相奏内已及。阅傅相支酉电,沙候、吴王语意,当不致送使后绝无办法。电各驻使探询婉讽,必不可缓。已加电傅相,约计请派全权摺明日可回东,若允,措施较易。坤。月。(庚子七月初五日未刻发)

91 江督致鄂督电

刘坤一,1900 年 7 月 30 日

江电洋款事,先致荣、王两相公函,自是稳着,已拟稿电请慰帅驰递,仅会公及袁衔,以期迅速。荣、王处似可无庸多衔。公谓如

何？坤。月。（庚子七月初五日申刻发）

92 沪道致江督鄂督电

余联沅,1900 年 7 月 30 日

奉沃电,遵转商英、日两领。据霍必兰查得同时沪报,实译
《字林报》,已将该西报馆严加申斥,嘱致意宪台,切勿介怀。职
道并商之小田切,以后各报馆每日所出之报,先由领事派人查明
底稿,方准刊布,以免再有讹言惑众。俟议定妥章,再禀闻。西
摩入江,行期未定,容探明另报。联沅。歌。（庚子七月初五日
戌刻发）

93 陕抚致鄂督电

端方,1900 年 7 月 30 日

承电询营家铺教堂被拆一节,查陕省保护教堂,禁令綦严,民
知守法,并无滋扰情事。遍查各属,亦无营家铺地名。惟有引驾卫
地方,有女教士一名,在彼侨寓,亦无教堂。因恐僻处荒村,照料难
周,遂派兵迎护至省,已于上月十二日由龙驹寨回南矣。电恳拨船
接护,即有此人在内,此外毫无事故,定系谣传,请照复为幸！端
方。歌。（庚子七月初五日亥刻发）

94 盛京堂致江督鄂督东抚电

盛宣怀,1900 年 7 月 30 日

支电拟奏,系傅相授意,宣秉笔,语病难免。阅傅相、岘师①

---

① 师,应为"帅"。

电,以事机急迫,故欲今日缮发。惟香帅尚覆电慰帅,以过激字句须加润色,皆为大局起见。顷见俄电、德电,确已动怒,关键在各使,挽回在四帅摺。但第一端系各国注意,第二端系宗慰帅剿匪之意。近日李秉衡带兵,皆系巡抚所使,其余不妥处,请慰帅润色,一面缮奏,一面电示,何如?宣叩。歌。(庚子七月初五日亥刻发)

95 东抚致鄂督电

袁世凯,1900 年 7 月 31 日

昨总署有函,不准用洋文及密码寄京电云。请嘱仍改用华文明码寄。世凯。鱼。(庚子七月初六日辰刻发)

96 沪道致鄂督东抚苏抚电

余联沅,1900 年 7 月 31 日

接驻韩徐星使致岘帅电,请转总署王大臣云,北洋海氛不靖,我师筹兵筹饷,保境安民,贤劳可想。盛夏炎暑,伏祈珍卫。寿拟电京总署王大臣云,俄发兵将攻关东,宜速与各国言和,俟天津撤兵,移师东指,专顾根本,关系至要。董军攻击使馆,为各国所深恶,并宜速令移防他处,庶天津洋兵可退,请代奏,等语。已转岘帅。合禀闻。沅。语。(庚子七月初六日巳刻发)

97 东抚致李相刘张两督盛京堂电

袁世凯,1900 年 7 月 31 日

端奏昨奉傅相电催缮发,傅相主稿,岘帅会衔,遵赶缮已就,适杏翁来电,嘱酌改,遵又僭酌数处另缮,今早已发。酌意如下：各使虽围，而名为保护，且上迭言护，在下第为围，仍有语病。海城事未久，洋人何能知其详，恐涉疑似，宜含混。焚杀教堂教士，直、晋最甚，奉天亦有，似宜笼统。追奔逐北，涉侵犯天津战，拳民退缩，阵亡无多，嗣为宋、马愤杀三万余匪，惟宜加详。京津各军，均曾与匪合，如指为乱军，恐众不自安，易为乱兵。缮发稿节电，近有数事，甚不相符。一，驻京各使，除康格通一电外，他使并无安好信据寄出，是按照国书保护使馆，恐不实也。二，近闻北上各军，沿途攻毁教堂，残杀教士、教民多人，东北各省，焚杀教堂教士无数，皆系官吏所为，是按照条约保护教士，恐不实也。又，兵薄京城，共图雪愤，俄、德尤为狠毒，讵肯留我余步。又撤去仇攻之兵，又志在抢掠，戕官劫狱，目无法纪，天津之战，击毙甚夥，尸横遍野，黠者可很①，愚亦可悯。各国竭其所至，必欲杀无遗类，自将殃及无辜。至各省州县会匪蠢动，歃盟结党，勒索杀掠，四民辍业，于饷项尤有关碍，应请严饬无论何处土匪，以及乱民散勇，等语。余照原稿，乞海政。世凯叩。鱼。（庚子七月初六日酉刻发）

98　东抚致江浙闽粤川陕各督抚电

袁世凯，1900 年 7 月 31 日

月朔会衔具奏战事方殷合词敬陈管见摺，初六日承准军机处知会，初四日奉旨留中，钦此。本日复有电旨，仍著傅相迅速北上。谨电闻。凯。鱼。（庚子七月初六日戌刻发）

---

① 很，古同"恨"。

99　浙抚致鄂督电

刘树堂,1900 年 7 月 31 日

江电读悉。明大义,释群疑,交邻保国,词意精严,钦佩之至。英领事如有回电,乞示。敝处自联约保护,即经严饬各属加意防范。月前温台稍有乱事,旋即弭平。讵闽属九牧土匪忽起,窜扰衢郡,江山、常山两邑相继被陷。衢严一带,向只练军一营,不敷分调,已陆续拨派五营,星驰前往,分头堵剿,并电闽西皖派兵会同剿办,期早扑灭。又风闻衢州府有戕害教士,县官往护,亦被杀。英领事昨亦函问此事。现在派员迅往查办。如确,除严拿首要正法外,当查明被害教士,优加抚恤。另派员查明各处西国士商,妥为护送来省,再行赴沪,如外人来询问,请先以此意告知为幸。树堂。鱼。(庚子七月初六日戌刻发)

100　东抚致李相及江浙闽粤川陕各督抚电

袁世凯,1900 年 7 月 31 日

顷接烟台英领事电称,接奥水师提督函开,各使均有信息,独奥使无信,请代索信云。是在京各使已与津通信矣。请酌告各领。凯。虞。(庚子七月初六日戌刻发)

101　东抚致鄂督电

袁世凯,1900 年 8 月 1 日

鱼电悉。驱遣教士,东省亦来奉此旨,且二十一已奉保护旨,应遵后命。凯。虞。(庚子七月初七日巳刻发)

102　江督致鄂督电

刘坤一，1900 年 8 月 1 日

鱼电悉。六月初九，有寄谕南北洋大臣：各国与中国衅端，起
于传教者居多。教民为洋人勾引，最为心腹之患。乘此事机，杜其
传教之根株，实中国一大转机。著会商各督抚，预筹办理，等因。
敝处已咨商北洋如何办理，尚未得复。旨内并无驱遣教士回国之
语。且近已屡奉谕旨照约保护，更无驱遣之理。坤。阳。（庚子七
月初七日午刻发）

103　许侍郎袁太常致张制府电[①]

许景澄、袁昶，1900 年 7 月 24 日

卦电敬悉。荣相足疾已愈。董军尚屯都中。团就抚，不甚受
约束。现奉明谕，除战事外，被害洋人教士及损失物产，查明核办。
土匪乱民，督抚统兵大员相机剿办等因。各使均尚存。闻现筹保
护使出京，未悉办法。赫德消息不知。澄、昶叩。漾。（庚子六月
二十八日辰刻发）

104　陕抚致鄂督电[②]

端方，1900 年 7 月 27 日

兹有英国师教士男女大小十人，俄国宁教士一人，将归其
国，由襄出江，此间已妥派护送，自荆紫关以下，请速电河口水

---

① 据《庚辛史料（续）》，《河北月刊》1935 年第 3 卷第 5 期末勘误，该条电报，应在六月
二十八日《江督致鄂督电》之前。

② 据《庚辛史料（续）》，《河北月刊》1935 年第 3 卷第 5 期末勘误，该条电报，应在七月
初二日《浙江藩司致鄂督电》之后。再，此电韵目为"漾"，应为二十三日，与许同莘
所系"二十八日"不符。

师,即派炮船沂江口来接。如水浅,船难上驶,并乞饬令船勇登陆,至荆关迎护抵汉为幸。端方。冬。(庚子七月初二日午刻发)

105 豫抚致鄂督电

裕长,1900 年 8 月 1 日

赊旗店民教滋事,未据禀报,现已飞札往查,俟禀覆到日,再行电闻。南阳镇总兵昨因江湖会匪,藉仇教滋事,曾督兵团围捕多名正法,力保教堂,诚如来电,断无主使焚毁之事。该领事想系误听一面之词,祈先为转复英领事为祷。长。虞。(庚子七月初七日未刻发)

106 盛京堂致江督鄂督东抚电

盛宣怀,1900 年 8 月 1 日

美领事接外部电复傅相以送使剿匪,迄无实据,各国将不认国书为实,克期北犯,无可调处,与子通、木斋电意相符。昨营口失守,俄兵由参旅调者三万余,由欧调六万,将肆兵毒,恐群视东南,不言瓜分而裂地定矣。强敌弱长,主人沉睡。傅相接初三旨催北上,仍无方略,由陆则到京在后,或端董随驾蒙尘,甚至尽歼洋人而去,恐无约可议矣。如照所请,即送出使臣,傅相不难与各国商酌,航海赴津。停兵议事,关键在此。乞密速筹酌。宣叩。遇。(庚子七月初七日未刻发)

107 滇督致鄂督电

丁振铎,1900 年 8 月 2 日

江电敬悉。英沙侯既来安定人心之电,机会可乘。尊处与岘帅联衔致驻沪英总领事转电沙侯各节,洵足昭宣大义,洞症导窍,词不迫而意透,藉以解释疑危,顾全中外大局,真救时定乱之棒喝也。彼族闻之,当可止谣息喙矣。佩慰无极！滇南防虽紧,法兵暂未进犯。近闻有津沽全复,各国大败,烧毁英船一只之耗。又云,各国陆续调兵十余万,八九月内齐集,系河口传来法电,恐未尽确。尊处得北耗较易,安危胜负如何,求稍暇电示,至深盼系。铎叩。鱼。(庚子七月初八日申刻发)

108　盛京堂致江督鄂督东抚电

盛宣怀,1900 年 8 月 2 日

小田切云：洋兵已赴杨村,与华兵拳匪战后,或回津或直赴京,未定。宣。庚。(庚子七月初八日酉刻发)

109　荆州道府江陵县致武昌督抚电

奭良、舒惠、张集庆,1900 年 8 月 2 日

会匪王经邦,审系伪军师,擅造伪印执照,谋为不轨,已于六月十三录供禀请就地斩枭。刻值外事之秋,匪党潜滋,祈迅电示祗遵。奭良。舒惠。张集庆。庚。(庚子七月初八日戌刻发)

110　豫抚致鄂督电

裕长,1900 年 8 月 2 日

讲电敬悉。浙川事已飞札往查,并檄南阳府转饬浙川南阳两厅县勒限缉犯究办。彰德教堂器具前据安阳县禀,已经封固看管,现又札饬彰德府转饬所属一体悉为收管保护。兼以尊电通饬各属,饬令恭录照常保护谕旨,出示晓谕,俾众咸知,以弭后

累。浙南两事查复至日即行电闻。长。佳。(庚子七月初九日
未刻发)

111　沪道致江鄂督抚电

余联沅,1900 年 8 月 3 日

总署致各星使歌电:驻京各使暨德馆署使臣以下,均平安无
恙。近日致送蔬果食物数次,往来甚好。现正商议保护赴津暂
避。惟天津现已开战,不便。准发密电,已告各领转报本国。希
先达外部云。除分电外,合禀闻。联沅。齐。(庚子七月初九日
戌刻发)

112　盛京堂致江鄂皖东各督抚电

盛宣怀,1900 年 8 月 4 日

英外部在议院宣示云:英国家会同各国,赶将各使救出,并报
主使关禁各使之人雠,向中国索赔,但力阻瓜分之意。中国事必仍
归中国管。深愿此次事平后,中国国家力为整顿,英国家断不会同
他国将中国照印度办法。上海无论花费若干,总当力为保护,并竭
力相助长江督抚弹压,俾得安然无事云。宣。卦。(庚子七月初十
日戌刻发)

113　盛京堂致鄂督电

盛宣怀,1900 年 8 月 4 日

竹筼、爽秋,初三午刻处斩,天下伤心。枢电竟不知何故,莘伯
已中止。傅相请病假二十天,病瘥即行。宣叩。卦。(庚子七月初
十日亥刻发)

114　川督致江鄂督电

奎俊,1900 年 8 月 5 日

据夏道电称,初九英、美两领事暨医商六十余人,由重庆乘肇通轮船东下,经夏道挽留不住,已将房产交县收管。又闻英、法、日三领事不日亦将东行。问其何意,据称川省保护极力,甚为感激,惟本国总领饬令官商教士一概同行。又在川属英、美教士三十九人俱到重庆,陆续言归。并闻其知会成都、打箭炉、保宁等处教士回国等语。查长江以内,约明各不相扰,我已力任保护,彼复何所畏惧。看此情形,恐和局棘手。不知贵属西人是否亦皆赴沪?税司能否留住?如江防吃紧,公有何高策?俊。真。(庚子七月十一日午刻发)

115　东抚致江鄂督电

袁世凯,1900 年 8 月 5 日

初四日碟笔:吏部左侍郎许景澄、太常寺卿袁昶,屡次被人奏参,声名恶劣,平日办理洋务,各存私□①,每遇召见时,任意妄奏,莠言乱政,且语多离间,有不忍言者,实属大不敬。若不严行惩办,何以整肃群僚。许景澄、袁昶均着即行正法,以昭炯戒,钦此。真。(庚子七月十一日申刻发)

116　刘永福致鄂督电

刘永福,1900 年 8 月 6 日

福带六营北上,七月十二由粤起程,望湖南进发,到鄂请训。

---

① 　□,原文如此。

永福叩禀。文。（庚子七月十二日午刻发）

117　陕抚致鄂督电

端方，1900 年 8 月 6 日

承询河南咨陕三谕，未奉部文，唯于京报中见之。鄂如检查不获，当由此间抄全电呈。但是有仍于沿途设法保护，及体察各处地方情形筹办之语，似专事驱逐，一切不复过问，究非朝廷柔远本意。矧此谕之后，复迭奉加意保护商教之谕耶？庚电，陕省以后护送洋人，谨遵宪谕，饬令弁兵到紫关后，必俟鄂省兵到交替之后，方准折回。端方。文。（庚子七月十二日午刻发）

118　盛京堂致各督抚电

盛宣怀，1900 年 8 月 6 日

津联合军约四万。闻进兵之迟，一因雨多河决，艰运饷械，一因彼此猜疑。日前大沽日俄侦探队有互击事。昨闻议定西本月二号英、日、美、俄兵北犯，余守津。本日闻改六号。又义、德、法须同进，当指在津兵言。至续派德兵，闻廿后可到。外部中人曾告如各国兵先入京，则德兵迳犯山东云。宣。文。（庚子七月十二日未刻发）

119　冯督办致鄂督电

冯子材，1900 年 8 月 6 日

蒸电敬悉。真日奉旨，云南边防亦关紧要，该提督威望素著，为外人所震慑，即著毋庸来京，以资镇守等因，现已钦遵停募矣，合电达。材叩。文。（庚子七月十二日未刻发）

120　重庆关道致江鄂督及沿江各关道电

夏时,1900 年 8 月 7 日

日本领事山崎桂函称,因英、美各领已去,日本不得不行等语。本日已开船下驶,派有炮船护送。重庆关道夏时。元。(庚子七月十三日午刻发)

121　陕抚致鄂督电

端方,1900 年 8 月 7 日

顷有摺弁回,述京城使馆廿一停攻。会奏保使一摺似甚有益,上心颇深嘉纳。荣相已派文章京亲入使馆,见各使俱无恙。廿八董军责令使馆缴械,未允,遂致攻。并闻津亦停攻数日等语。再接京官来信,俄兵大队由朗伦南犯,张家口仅有晋军数营扼守。云门及伊弟偕眷抵陕,并偕屠梅君侍御来。端方。元。(庚子七月十三日戌刻发)

122　盛京堂致江鄂督东抚电

盛宣怀,1900 年 8 月 8 日

准各使通密电,似有转机。子通要电,联合军闻有一二国未齐,故未骤进云。此好机会,蹉跎可惜! 宣。愿。(庚子七月十四日申刻发)

123　驻沪法总领事致鄂督电

白藻泰,1900 年 8 月 8 日

电悉。已告沙多。据称铁路洋匠回汉者,只自六十五法里至二百十五里较远地段。缘两湖间有险乱,如湖南教堂被焚,三教士被害,汉口北两教堂被毁。其南界第四段铁路,自一百七十五法里至二百十五法里,多有拳匪。因该处有北上兵经过,地方官怀疑,工匠惊惧。又因驻汉英领事令英商妇孺回沪,故在汉人心惶恐,理应令第二至第四段洋匠回汉,而华匠仍留作,并非停工。头段至六十五法里铁路,照常仍作。所派保护铁路工程营哨,并保护各项材料,如有疏虞,应地方官任役,工师不任役。该工师深信贵部堂力任保护一切,本总领事满望汉口无事,已将贵部堂铁路不停工可保平安之意电达本国矣。驻沪法总领事白复。(庚子七月十四日酉刻发)

124 盛京堂致各省督抚电

盛宣怀,1900 年 8 月 8 日

木斋愿电,外军大队北犯,闻因英美辎重不齐,改十五六号。闻前队在北仓战,彼此多伤,尚无确报。陆军省自津归者言,伊兵工程辎重两队最劣,故进兵迟。俄印兵无纪律,所过屠杀无遗,将来京津一带不堪设想云。宣。愿。(庚子七月十四日戌刻发)

125 福州将军致鄂督电

善联,1900 年 8 月 8 日

闻敌兵日迫,仰窥朝旨,似非坚定主战,或讳言和,或恐要挟太难,抑尚有未达至圣听者。释疑动听,荩画如何?联禀。寒。(庚子七月十四日戌刻发)

126　岳常澧道致鄂督电

颜钟骥,1900 年 8 月 8 日

愿电恭悉。初五早闻临湘聂市教堂被抢,比即专函饬县,速为查办,并商请发字旗,加派弁勇,实力弹压,去后,十三日始据该县复称,初三夜有数人由船往来,突入聂市堂中,仅将门片玻璃毁坏,女佣谢姚氏划有微伤,木器洋画稍有损痕,沙滩未成教堂,亦于前月二十七夜被人取去门片窗格等情。当因所禀情形恐有不实,立委陈令丞祖往,饬与赵令速即议结,业于昨日由五百里驰禀宪鉴在案。兹奉前因,除再飞饬营县,实力保护,严拿惩办外,谨此电复。钟骥。愿。(庚子七月十四日亥刻发)

127　刘永福致鄂督电

刘永福,1900 年 8 月 9 日

鉴电二次敬聆。卑军头队早已启程,改道湘鄂,系奉督屡次电谕。今恩帅恐与洋人生事,当俯念福前与洋人为仇,原系国家之事,并无私意。今奉旨催速北上,当由何处进发,实不知所适从,乞电商江督赐覆遵照,俾免逗留之咎。永福叩禀。删。(庚子七月十五日未刻发)

128　粤抚致江鄂督湘抚电

德寿,1900 年 8 月 9 日

各电均悉。刘镇奉旨带队入都,先经岘帅电属,勿走长江,由河南一路北上。并探闻彼族在瓜镇一带窥伺等语。是以该军于十二日拔队,即由湘鄂前进。现据报称,前队已到韶关。查九江、汉口同为长江险要,舍此两途,无由北上。惟九江为驿路正站,彼族所注意之处,权其缓急,诚如岘帅所论,取道湘鄂,总较指明邀截之地为妥。仍请三帅互相电商,飞速示复,以便转饬遵办。将来无论由汉浔,总祈严饬地方文武,妥为照料弹压。寿已谆属刘镇,约束勇丁,衔枚疾走矣。寿。删。(庚子七月十五日申刻发)

129　盛京堂致各电局电

盛宣怀,1900 年 8 月 9 日

十二函开已奉旨,准各公使各领事通密电。京线未通以先,准寄济南电局,专马递京,不论字数多寡,除电费外,加收专马费洋三元,即通知华洋一体照办。宣。翰。(庚子七月十五日亥刻发)

130　湖北提督致鄂督电

邓正峰,1900 年 8 月 9 日

茶园沟饬查并未杀教焚堂,系教造谣妄禀,已加派兵三十名往护。锡守谨饬,教士空词,似难遽信。现各堂均经力保,尚属安靖。峰叩。删。(庚子七月十五日亥刻发)

131　盛京堂致江鄂两督皖抚东抚电

盛宣怀,1900 年 8 月 10 日

木斋咸电,陆军省接仁川电,西四号联军在北仓与华军战,自寅至辰,华兵退,遂据北仓云。宣。翰。(庚子七月十六日寅刻发)

132　安庆电局致盛督办电

安庆电局,1900 年 8 月 10 日

大通匪徒起事,势甚猖獗。支线昨已不通。离长江干线仅十

五里。已请抚宪派兵顺线路保护。恐缓不济急,难保不被其毁坏。皖省向无兵轮,史安小轮刻出差,调兵不能速到。总宜速剿,易于扑灭。安。(庚子七月十六日午刻发)

133　江督致鄂督电

刘坤一,1900 年 8 月 10 日

翰电悉。坤昨致罗使一电,略云,英提西摩面商,调兵保沪租界,当嘱以勿多调,免地方疑虑。现闻调二千兵,十八到。法、美亦拟照办。商民甚惧,纷纷迁徙。我既力任保护,彼又有多舰在淞,安用如许陆兵,启各国猜忌。倘有意外,各商埠必糜烂,整复不易。军事一起,商务大坏,英尤受亏,两有所损,何如彼此安静,共保和平之局。闻西摩有立功长江意。祈婉讽外部,详告利害,立沮其谋,勿为武员所愚。切祷。希电复云。顷又照盛翰电所拟,会电杨、李、伍、裕、罗各使。德禁密电,吕使处可不电。坤。谏。(庚子七月十六日申刻发)

134　盛京堂致江鄂督赣抚电

盛宣怀,1900 年 8 月 10 日

皖局谏电,十四铜陵县禀,大通对江聚匪数千,宰牲祭旗起事。昨来电复,先有数十人至近通局抢舢舨五只。以后大通支线即断。芜湖探员过通,见两岸火烧,不能上船。顷通盐局来人发电,因兵匪合变,局毁,钱当铺抢,练军多伤,等语。查通局离干线仅十五里,匪徒往毁甚易,特此飞禀云。宣。谏。(庚子七月十六日酉刻发)

135 江督致鄂粤两督及湘抚电

刘坤一,1900 年 8 月 10 日

静帅删电极佩。浔汉同系长江商埠,设非万不得已,于彼于此,本无区别。惟刘若过浔,彼必邀截,坤确有所闻,是以沥情奉达,务请静帅转饬刘镇,取道湘鄂北上,并请香帅、仲帅分饬经过地方文武,妥为照料,不胜叩祷。坤。谏。(庚子七月十六日亥刻发)

136 盛京堂致江鄂苏浙督抚电

盛宣怀,1900 年 8 月 11 日

岷帅篠、洽谨悉。西摩面交余道节略,谓三千兵港已行,难改,余不续调。霍必澜谓江浙如有匪动,官兵不足,洋兵即可助剿。武员喜事可想。但求土匪不起,即起即灭,方免枝节。宣。霰。(庚子七月十七日亥刻发)

137 长江提督致鄂督电

黄少春,1900 年 8 月 12 日

洽电敬悉。大通匪现窜青阳,安抚已派数营,岷帅派衡字一营,敝处加派舢舨合剿。惟现闻泰兴匪亦起事,诚恐匪由青窜苏,就近合夥,敝部拟派一营由南陵、溥水一路迎剿。又以镇江防务吃重,防营难轻动,已电商岷帅矣。春叩。巧。(庚子七月十八日午刻发)

138 江督致鄂督电

刘坤一,1900 年 8 月 12 日

洽电悉。大通匪徒滋事,昨派衡字一营,乘开济赴芜,保护教堂、洋关、领署,替出原泊芜湖蚊船赴大通,会同和尚港蚊船,与皖省派往之陆军三营协剿。一面电嘱苟岩,将调防下游之裕溽等营师船,星夜回防,并续调兵轮赶速接应。今据探报,匪窜青阳,已饬四面兜剿,水路夹击,当不致蔓延。电线昨严饬认真防护。坤。巧。(庚子七月十八日申刻发)

139　黄冈县致武昌督抚电

张嘉畹,1900 年 8 月 12 日

督抚藩臬关各宪钧鉴。北方拳匪滋事后,麻邑颇不安靖。近日闻宋埠一带匪徒蠢动,谣言四起,居民惊恐非常。绅民来书告急,卑职亲带民壮四十名,星夜往宋埠弹压拿办,并出示安民。卑职张嘉畹禀。谏。(庚子七月十八日申刻发)

140　盛京堂致江鄂督电

盛宣怀,1900 年 8 月 12 日

木斋篠电,顷陆军参谋次长寺内正毅自津归,告钱监督恂云,中国须从速特派有威望重臣,曾办交涉,素为外人推服者,面承谕旨,随带员弁,亲赴前敌,与联合军总统晤商,宣布朝廷议和之意,并商办送使事件。据伊看来,各国当可允停战。然后各派全权,与傅相议款。非此办法,停战恐难。从前德法之战,亦是派大员止战,另派全权议款等语。并嘱电陈。闻战事归陆军主持,故外部不便明说。可否上陈,乞钧夺云。此与美电相合。洋兵十一日已抵杨村,到京不多时日,即使兵临城下,此着亦必应预备,能早一步,好一步。重臣之外,或添派赫德。可否即请会奏。傅相昨已将美电转陈,似可不必列衔。宣叩。啸。(庚子七月十八日戌刻发)

141 李相、盛京堂致各督抚电

李鸿章、盛宣怀,1900 年 8 月 13 日

闻有人请两宫西幸,拳匪拥护。洋兵已备截击。漼①汜之祸即见。鸿等竭诚会奏,诸帅公忠,应请列名,立即电复。事机万紧,勿迟片刻。奏稿与岘帅、香帅商妥续呈。鸿。宣。效。巳。(庚子七月十九日午刻发)

142 岳常澧道致鄂督电

颜钟骥,1900 年 8 月 13 日

督宪张钧鉴。临湘教案,现已一律议结,除将细情另行禀覆外,合先电闻。钟骥。效。(庚子七月十九日未刻发)

143 江督致鄂督湘抚电

刘坤一,1900 年 8 月 13 日

接静帅谏、铣、霰电均悉。已饬遵。刘镇到长沙后,折赴常德,由襄入豫,并面嘱沿途严束勇丁,秋毫无犯。香帅所筹各节,至为周密,并嘱刘镇相机而行。至应用夫船,虽难多雇,仍请转饬预为筹备,以利遄征为祷。嘱转尊处云。坤。效。(庚子七月十九日未刻发)

144 江海关道致江鄂督苏抚电

余联沅,1900 年 8 月 13 日

接出使法国裕星使电,请慰帅转总署如下。外部送到回电称,

————————
① 漼,应为"催",用东汉末李傕、郭汜之典。

总署商饬各使出京,查中途未能安稳以前,断难饬行。来电又称,似此推延,设有不测,咎将谁任,等语,自必中国政府独任其咎。缘保护各使,乃系中国政府应尽之分,非但理同自护,且须较之自护尤当加意。若中国政府防匪护使并自护诸事实能苦心办理,即应通饬华兵退让,以便各国之军进发。盖天津至京一路,当由各国之军疏通,以尽保护之责。此兵力必能做到,望中国政府勿再拦阻。只此一策,以表大信,而轻咎责云。除电慰帅转署外,谨闻。联沅。效。(庚子七月十九日申刻发)

145 重庆关道致鄂督电

夏时,1900 年 8 月 13 日

啸电祗悉。英领于六月朔日留驻肇通商轮,早蓄去志,嗣因宪台及两江、四川督宪有保护之约,而川东地方安谧,无可藉口,所留商轮,需费甚重,遂密约税司不辞而去。是驻沪总领所言并无他意,自是实情。日领因英领去而亦去。法领至今未行。法之教士亦无东下者。若果地方危急,职道具有责成,岂能深讳。城中稍有谣言,不过愚民诋词侮弄,一经查拿,即已渐息,并无期约滋闹之情。奎宪殷念川东,屡饬职道添兵镇守。计城内驻防之勇,初镇所部练军四百人,职道所部亲军百人,立字中营三百人,保甲勇二百人;民团勇二百人,皆昼夜巡防,若有别故,亦可无虞,此川东城内筹防情形也。各属教堂林立,惟以大足、永川、铜梁、璧山、荣昌五县为要。于交界之地驻有职道所部立字左右两营。职道前于六月初旬禀请亲巡五县,相机设防,往返不过六日,而美领张皇惊怪,电督阻行,是其疑怯之情已可概见。职道现将立字两营请督宪改委刘守朝宗统领,亲驻五县之间,以资调遣。刘守去年曾于其地剿匪

立威,情形熟悉,必可得力。其余各属,均严饬保护,又由藩司传有
剀切晓谕之文,饬守令劝导民教,共敦和睦,此川东各属保护之情
形也。职道仍当仰遵宪训,加意筹防。至汉口英领所言危急之情,
毫无实据,望宪台将实在情形传告,令勿轻听谣言,不胜感激。职
道夏时霖。效。(庚子七月十九日申刻发)

146　江督致鄂督盛京堂电

刘坤一,1900 年 8 月 13 日

香帅效电,杏翁啸电均悉。鄂论甚佩,即请杏翁商傅相办理。
坤。皓。(庚子七月十九日戌刻发)

147　李相、盛京堂致各督抚电

李鸿章、盛宣怀,1900 年 8 月 14 日

效会奏稿,李鸿章、刘坤一、绰哈布、善联、奎俊、许应骙、德寿、
刘树堂、王之春、袁世凯、端方、聂缉椝、盛宣怀均列名。请慰帅立
刻缮发。香帅效电不列名,宣又力劝,如摺成而鄂无续电,只可请
发。闻赴蔡村无日兵,已由间道分截。君父急难,岂忍迟延。鸿。
宣。号。午。(庚子七月二十日午刻发)

148　巢委员电

巢凤冈,1900 年 8 月 14 日

济局不发官电,熟商未准,乞速电咨孝章转饬,以免留难。寿
帅十二阵亡,或云自尽,鉴帅权署督帅。前敌夷探至河西务,倭有
进抄保定之说。端刚后悔,然不回头。上亟求停战。大内太监拳
教居多,互相谋害。京都保定城门尚有团民盘查,如议论团民,祸

遂至。青静聚二万余,索饷无应。各教民闻夷胜,均欲揭竿报仇。冈禀。巧。(庚子七月二十日午刻发)

149 浙抚致李相江鄂督电

刘树堂,1900 年 8 月 14 日

顷接宁波诚道电,接英领事函,本国政府于中国通商口岸各派武职一员,凡有设法防护之处,会同地方文武及领事商酌办理。今派驻宁波武职任立克都戎乘普椑发兵轮抵宁。并称据管带顽参将云,本国一等兵舰格来歇司日内可抵定海暂泊,并不久留等语。浙省口岸,各国不派兵干预,已蒙订约奏明。今英美舰两只分泊甬定,并派武职来宁,与条款不符。职道现以未奉明文,难与武职会商,函复领事。仍恐其固执,究应如何办,倘再来舰,可否不令进口,未敢擅专,理合驰禀,仰恳迅赐电示等因。英政府此举,若并未商明台端,径行办理,是直视我东南各省并无一人,上海新约已渐露毁弃之意矣。敝处覆以遇有商办之事,只能与领事一人商办。政府新派武员,地方官不能认有商酌办理之权也。兵轮一二艘听其入口,但约束兵丁不可登岸云云。此事各省办法,似宜一律,且派员即派兵之渐,英国如此,他国难免效尤,不可不防。能婉阻为要。是否,祈酌复。树堂。号。(庚子七月二十日午刻发)

150 东抚致李相江鄂两督电

袁世凯,1900 年 8 月 14 日

恭读十五电旨,似可乘此进言。罪在朕躬,悔何可及,而其实罪在臣下。如联名痛劾诸祸首,不但可谢各国,谢臣民,尤可为两

宫剖白,以昭圣德。前拟会奏件,已酌就否,甚盼。凯。号。(庚子七月二十日申刻发)

151 盛京堂致江鄂督东抚电

盛宣怀,1900 年 8 月 14 日

洋兵过河西务,已抵安定,只得照英美日电,即派重臣赴敌军,声明援使剿匪,请京外停战,送出各使,与全权大臣商议办法,兵勿入城,免惊两宫,致伤天下臣民之心。除由傅相电各国外,效电会奏,关系颇重。岘师号电痛切,至矣尽矣!究竟慰帅已发否,香帅列衔否,念极!急极!宣叩。号。(庚子七月二十日酉刻发)

152 湘省藩臬致鄂督电

湍多布、夏献铭,1900 年 8 月 14 日

督宪张钧鉴。衡州教案,经陈道家述查,已禀复钧座。实毙董范安三教士,一毙于堂,二毙于清泉县之港子口,尸均无存。理应将陈令撤任,惟现以缉凶为最紧要,陈令撤任,转令置身事外。如何办理,伏候裁夺示遵。职道湍多布、夏献铭禀。哿。(庚子七月二十日戌刻发)

153 东抚致鄂督苏抚电

袁世凯,1900 年 8 月 14 日

傅相效电奏稿系谏阻西幸,已缮发。未列台衔。贱名亦未附。凯。号。(庚子七月二十日戌刻发)

154　盛京堂致各省电

盛宣怀,1900 年 8 月 14 日

洋报,洋兵十四过河西务,一路无阻,日内到京云。补救无及。奈何! 宣。号。(庚子七月二十日亥刻发)

155　李相致鄂督电

李鸿章,1900 年 8 月 15 日

号电悉。吕使速离危机之语未闻,只续电谓保护两宫耳。拳匪与圣驾离开,无人能说,亦必不听。诸帅列名者,皆有复电矣。莱公孤注,究竟得失何如。公自有见,已未会衔。鸿。马。(庚子七月二十一日午刻发)

156　江督致鄂督电

刘坤一,1900 年 8 月 15 日

两箇电悉。通匪现已击散,斩获三十余人,仍饬认真搜捕,以绝根株。富有票系长方式,上写富有两字,中间写取钱一千文,下书年月,盖有立大字号、日新其德各图章,用石印法,纸张刻印均极精致,当另文咨送。滋帅事无所闻。坤。马。(庚子七月二十一日申刻发)

157　陕抚致鄂督电

端方,1900 年 8 月 15 日

昨领阅傅相会稿,知为阻驾西幸立议。陕为地主,于分不当言阻,已电请慰帅将贱名删去。惟两宫危迫万分,如何设策,钧处必有卓议,祈示知遵行,为祷。方。箇。(庚子七月二十一日戌

刻发)

158　东抚致鄂督电

袁世凯,1900 年 8 月 15 日

济距京近千里,直境多匪,专与东省为难,不能设拨,故探报难详速,据十六日探报,河西务即海城所部张陈夏万。又陕军及中军五营,接仗不久。至冲散情形,未详闻。后路无重兵。董军十四日出京迎敌,似难得力。十六日两圣均在内。余无所闻。凯。箇。(庚子七月二十一日亥刻发)

159　盛京堂致各省电

盛宣怀,1900 年 8 月 16 日

十五京探报,董军已出京迎敌。护馆有中军五营。荣相令不准擅击洋人。驾尚未动云。宣。箇。(庚子七月二十二日丑刻发)

160　东抚致鄂督电

袁世凯,1900 年 8 月 16 日

祃电悉。抄战报,曾由京传来,自无须入告。东至京近千里,北道多匪,常与东省员弁为难,屡设拨不能达。现仅由驿递塘拨通报,故难确速。凯。祃。(庚子七月二十二日申刻发)

161　江苏湖北侦探委员章师程电(以下称章委员电)

章师程,1900 年 8 月 16 日

养接虞檄,谢侦探差。近日杨村、河西务、张家湾、通州均失。

鉴帅十四甫到郎坊，值前敌交绥，次晨短衣徒步，亲率夏辛酉军冲锋直入，遂尔阵亡。张陈两军溃。宋帅退辛店。马受重伤。寿帅出缺，未获正命。印缴内阁。廷藩司护院，尚未任事。闻慈圣十七西幸。朝官分扈从、随扈二等。董军护驾。今上未迁。留守仅派庄邸。九门皆闭。现省赴京津文报，至涿而止。散勇在辛店良乡一带肆扰不堪。保定尚安。营口初十失。沈阳告警。章师程叩。养。（庚子七月二十二日酉刻发）

162　驻沪日本总领事致鄂督电

小田切万寿之助，1900 年 8 月 17 日

二十二日电悉。闻本国外部大臣告李木斋钦差，电达贵国政府，此次本国军队进京，专为救护使臣起见，并无他意，已经电饬统兵大员保护两宫，等因。足见本国政府顾念大局之意，幸勿见虑。已电外部。切。（庚子七月二十三日午刻发）

163　驻沪法总领事致江督鄂督电

白藻泰，1900 年 8 月 17 日

电悉。已飞电本国政府，并电天津领事矣。驻沪法总领事白藻泰复。（庚子七月二十三日未刻发）

164　川督致鄂督电

奎俊，1900 年 8 月 17 日

据重庆夏道电称，闻汉口英领派副领乘肇通商轮来渝，带有洋兵枪炮，现到宜昌，该道已电禀尊处等语。川省添募防营，剿匪保教，业已不遗余力，为各国领教所共知。渝城尚无洋兵，现值人心浮动,若其突以兵来,不特致背长江条约,且恐共生猜忌,必致立起变端。蜀如有事,鄂亦不安,务乞我公设法力阻,全川受赐,不胜感祷。俊。漾。(庚子七月二十三日未刻发)

165 皖抚致鄂督电

王之春,1900 年 8 月 17 日

前此大通匪扰,已将剿办情形电陈尊听。嗣接各路捷报,李统领定明一军,带同营官傅永贵,于十七八两日夜由青阳洛家潭起,追逐百有余里,擒获头裹黄巾余周等三首犯,并阵毙匪党二百二十余名,夺回炮船十四号,及船中火药枪械。又生擒匪目余老五,暨陈英士、李梅盛、周得方等,皆系著名悍贼,各有伪号,均即立予正法,并夺获骡马、伪印、黄旗、票布及富有伪票、洋枪子药多件,现尚留会匪七名,拟带回大通,斩首示徽。李桂馨一军,会同铜陵县,于十七九等日在丁家洲等处生擒朱炳荣等十人,枪毙匪首何广源,并羽党十余名,夺回火药三十余桶,毛瑟枪子两箱,并马匹、票布、银洋等件。又生擒匪首朱则徐等十二名,讯供大头目系萧紫云,潜匿长江一带。现经迭次痛剿,该匪势已穷蹙。除仍饬各营会同地方文武搜拿余匪,及密缉萧紫云,务获严办,以绝根株外,知关苈系,特再电闻。春扣。漾。(庚子七月二十三日未刻发)

166 巢委员电

巢凤冈,1900 年 8 月 17 日

闻徐用仪、廖寿恒、那桐,何乃莹收禁。京官三品以下逃去九成。刑部员司骤出十四缺。鉴帅督帅务关,身受重伤。夷兵十六进占安定,探达丰台。冈禀。养。(庚子七月二十三日酉刻发)

167　巢委员电

巢凤冈,1900 年 8 月 17 日

日抄保定,查系青县探报,据称杨青独流有日兵雇船赴保等语。冈二十七赴德,现拟在京、静、济三处设探。吴挚甫收清苑监,因议论团民。冈禀。漾。(庚子七月二十三日酉刻发)

168　江督致鄂督电

刘坤一,1900 年 8 月 17 日

此后如有会衔之电,仍祈先行电示,以便商酌为荷。坤。漾。(庚子七月二十三日戌刻发)

169　驻沪美国总领事致江鄂督电

古那,1900 年 8 月 17 日

今日接来电,已照转敝国政府,暨在北京统兵大员。一俟接到复电,当即电达,不稍延搁。贵部堂须知现在北方电线多处已为拳匪所毁,以致信息迟滞。古那。(庚子七月二十三日戌刻发)

170　陕抚致鄂督电

端方,1900 年 8 月 17 日

顷据汉中府禀,有英美瑞各国常住郡城教士医士,与新来平凉福音之男女两起,共三十余人,即日由水路起行,转赴上海等语,已径电老河口水师张,光化县梁,襄阳道朱,派拨炮船,上溯兴郧交界一带接护下汉,仍恳钧处飞饬遵办,愈形周密。端方。漾。(庚子七月二十三日戌刻发)

171 侦探委员程云致湖北督抚藩臬电

程云,1900 年 8 月 17 日

云附青岛轮船至大沽,但不准华人登岸。见有英日俄四人来船查察,与船主叙话。探据船主云,各国联军连日交战,十八已抵通州,京城危险,日兵已截西路,奉天海城盖平均失守,被俄兵占踞,现攻复州辽阳。云禀。(庚子七月二十三日亥刻发)

172 江督致鄂督电

刘坤一,1900 年 8 月 18 日

杏荪漾电,代拟致各领电稿,如公谓然,请由尊处速挈贱名电沪。坤。敬。(庚子七月二十四日巳刻发)

173 成都将军四川总督致鄂督电

绰哈布、奎俊,1900 年 8 月 18 日

李相请阻西幸,因恐朝廷有催泹之变,遂不觉有孤注之危。弟等初以为已与公及岘帅商妥,故允列衔,迨见奏稿过激,曾电嘱慰帅愔易数语,惜已不及。窃谓事势至此,乘舆行止,均难计出万全。在京之险,诚如尊论,节节可危。若西巡有预定之谋,则扈驾一切,必均已密有部署,此行似尚无虞。否则就道仓皇,卫单路远,外惧敌人之追截,内防肘腋之生心,其情形亦大可虑。第事关安危大计,或动或静,朝廷必早有成算,当非外臣一疏所能转移。公既未会奏,未审有无单衔入告。顷闻洋兵十六后分两路进迫,一据通州攻东直,一由务关犯安定。果尔,敌骑四塞,李相奏件到京,恐未必能上达。究竟圣驾已否出都,或本无西狩之意,事机呼吸,北望舰棱,心惕神惊。公如有确闻,望速电示。哈布。俊。敬。(庚子七

月二十四日未刻发）

174 东抚致鄂督电

袁世凯,1900 年 8 月 18 日

滋文自定兴发,伊十八抵芦沟桥,闻西狩即回,定将觅道赴晋,余俟得确报即达。凯。敬。（庚子七月二十四日申刻发）

175 陕抚致鄂督电

端方,1900 年 8 月 18 日

漾电敬悉。此次衅端猝起,陕省民教,亦颇不相安。本省仰体皇太后皇上怀柔远人之意,百计维持,实心保护,陕省侨居教士,及邻省避地之西人,皆已妥送南归,并经鄂省协心妥护,悉保平安。法国教堂,以高陵城固两处为最大。高陵因土客仇教倡乱,立斩数人。城固则派兵一旗驻守,均保无虞。宁羌广平河燕子坪,地居陇蜀秦三省交界,向无教堂,只有教民畸零居住。郭教士只身前往,适当谣言四起之时,遂构此变。据该署牧禀称,宁羌民情素悍,仇教最深,郭教士误听教民怂恿,苛罚民财不遂,辄坐堂问事,土人又因教士留虢姓母女二人未放,疑团莫释,遂招乱萌。地去州治百八十里,该牧闻风驰往,势已无及等语。查本省之认真保教,仰体圣慈,懔遵条约,该牧事前既疏于防范,事后尚未获正凶,揆之中国章程,定予严谴。本省早已严饬汉中府密拿首要,从重惩治。并由省派员前往妥筹抚恤。此案变生仓猝,致郭教士有意外之惨,寸心实深抱歉。正欲电致法国领事深道歉忱,适由宪帅转到照会,语多体谅,感愧尤深。现已一面弹压解散,一面严密查拿。惟因彼间密迩城固,百姓愚顽,仇教最

甚,操之过急,诚恐此拿彼窜,扰及城固教堂。已不动声色,设法访缉,期于罪人斯得。本省办理交涉事宜,体念远人,从无意见,为各国教士所素知,必当竭力图维,以副远念。以上各情,请宪帅缮具照会先行答复。如有未妥之处,并请删改,感激无量。端方。敬。(庚子七月二十四日酉刻发)

176　皖抚致鄂督电

王之春,1900 年 8 月 18 日

敬电谨悉。匪刊告示,全系康逆口吻,有保皇会字样。旗票等件,则会匪悖逆俚语。春叩。敬。(庚子七月二十四日酉刻发)

177　粤督致鄂督电

德寿,1900 年 8 月 18 日

顷接刘镇电称,该军已行抵排江,改换统名,必须更换旗号,未免耽搁。该镇拟轻骑先行,各营掩旗息鼓,随后前进。除由该镇到韶迳电外,谨先电闻。寿。敬。(庚子七月二十四日戌刻发)

178　盛京堂致江鄂苏皖川浙各督抚电

盛宣怀,1900 年 8 月 18 日

济南电,洋兵二十一入京。两宫先已西行。闻庆邸留守。有照庚申恭邸成案与李相会筹议约,并令督抚保守疆土之说。查庚申北狩,曾文正诸公,在东南激励将士,外示镇定,内筹措置,今诸帅必迈前贤,凡土匪窃发,不难弹压平靖。惟在将领兵律严肃,勿致与匪串合,终无大碍。洋兵虎视,辄谓我兵难恃,若一闻匪警,舟师立至,东南又难收拾,乞格外留意。宣。敬。(庚子七月二十四

日戌刻发）

179　盛京堂致江鄂督电

盛宣怀,1900 年 8 月 18 日

漾、敬电谨悉。昨已遍告各领,谓帅电无非情急,请速电复,别无他意,故俄发洋电在后,允删二十四钟句。顷晤小田切,据称各领接今电,或可释疑。然各外部接昨电,难免疑诧,请小电驻使径告外部云。代拟电罗使李使,昨因联军入京,电沪领转请各国勿惊两宫,急望日内电复,以慰天下臣民,别无他意。现闻两宫先行,当与留京全权大臣筹商,一面议约,一面剿匪迎驾回銮。东南保护之约,各督抚仍当尽力自任,请达外部云。罗电末加"并转杨、吕、裕、伍使"七字。洋电由英转各国,可省费,乞酌。宣。敬。（庚子七月二十四日戌刻发）

180　巢委员电

巢凤冈,1900 年 8 月 18 日

十九夷至通州、丰台等处,各军不敢迎击,而西什库、交民巷洋兵教民连日出队,内外夹攻。二十一进围京城,团民均解带而遁。闻佛已行。健帅因伤逝世。夷愿保护今上,惟索交统带团民之王大臣。冈禀。敬。（庚子七月二十四日戌刻发）

181　江督致鄂督电

刘坤一,1900 年 8 月 19 日

盛敬电代拟致罗、李两使电稿,请尊处挈衔,速发。坤。有。（庚子七月二十五日巳刻发）

182　江督致鄂督电

刘坤一,1900 年 8 月 19 日

敬电具仰谦光。续致各领电极妥,可无须改。敝处先已发电致盛,转告各领释疑,与尊指同。坤。有。(庚子七月二十五日申刻发)

183　驻日本李使致李相及江鄂闽督电

李盛铎,1900 年 8 月 19 日

烟台电,京城二十一亥刻陷,我军退守皇城,敌尚进攻云。铎。有。(庚子七月二十五日申刻发)

184　驻日本李使致鄂督电

李盛铎,1900 年 8 月 19 日

保全分割,各国之谋未定;若俄全据东三省,则势不得不分。救济之策,惟以战俄保东省为要著,且可得英、日、美之助,藉以图存。可否从速会奏,请拒俄,明旨决战,并饬北援之军直趋奉、吉。英、日喜有同志,合从当立解,款或易定。此邦举国意见皆同。前效电四百余言,专陈此义,由杏荪转,未审达钧览否。乞钧夺,并密转岘帅为叩。铎。径。(庚子七月二十五日酉刻发)

185　盛京堂致鄂督电

盛宣怀,1900 年 8 月 19 日

敬电询事,京城行在皆无消息。昨托领事由津行军线寄庆邸电,得信再达。俄、法、德仍添兵,祸未艾。或谓须督抚任剿匪迎扈,方有办法,惜无人倡此议也。宣叩。径。(庚子七月二十五

戌刻发）

186　直藩致各省电

廷雍，1900 年 8 月 19 日

津城于六月十八失陷，我军退守北仓，支持两旬余，至七月十一北仓不守，屡战屡败。旬日间外人直逼通州。寿、鉴帅先后身殉。各军半多溃散。銮舆于二十一西幸。世变至此，愧悚忧愤，难安寝馈。收复京师，请还两宫，二事为最先要著，诸公当急图之。再以后奏报各摺，请探投行在，万勿递京为要。廷雍叩。径。（庚子七月二十五日亥刻发）

187　川督致江鄂皖赣各督抚电

奎俊，1900 年 8 月 19 日

闻二十一日洋兵到京，各使已救解。驾已预幸晋阳，度必取道居庸、宣、大。果尔，鄙见宜先请各省速激勤王之师，无论行抵何处，星夜抄取捷径，沿路探明迎扈，一面电京军务处。是否，乞酌裁。俊。有。（庚子七月二十五日亥刻发）

188　豫抚致鄂督电

裕长，1900 年 8 月 19 日

箇、养两电均悉。前据南汝光道禀，奉尊札设立转运局，接运北上军械，当经批饬遵办去后；昨据沿途禀报，锡藩司督率劲字五营，已于二十日过郑州，敝处业已咨报军务处，兹复六百里飞札北上经过各州县，多备车辆，应付续到各军趱进。南阳育婴堂教士、贞女亦札该府查明，委员派勇，护至界楚州县，交替接护。并此电

复。长。有。(庚子七月二十五日亥刻发)

189　岳州关道致鄂督电

颜钟骥,1900 年 8 月 19 日

顷闻蒲圻之新店,临湘之滩头,均有匪首放飘,谋为不轨情事,经发字旗弁勇往拿,胆敢恃众抗拒,致伤勇丁多名。除商请信字旗添拨两哨驰往搜捕外,理合电请迅饬蒲圻营县协同兜拿,以绝根株。钟骥。有。(庚子七月二十五日亥刻发)

190　陕督致鄂督电

魏光焘,1900 年 8 月 20 日

敬电悉。兰有英教士胡近洁等五名,女教士牧如贞等四名,均由甘取道四川赴汉,已饬沿途加意保护,无由河口者,恳覆之。光焘。宥。(庚子七月二十六日巳刻发)

191　巢委员电

巢凤冈,1900 年 8 月 20 日

两宫二十日离都,团匪护驾,向道口已达五台山。庆邸留京,余随行。各军一败涂地。陈泽霖、张春发军溃。董、宋伤亡甚多。夏辛酉退扎南苑,亦难久持。接十四静海函称,尚有团匪横行。冈明日赴德。冈禀。宥。(庚子七月二十六日午刻发)

192　江督致鄂督电

刘坤一,1900 年 8 月 20 日

昨闻富有党有将新式东洋两截枪装洋油箱内,由轮船运入长江情事,当饬镇关密行查办。兹据该关电覆,遵商税司搜查,据云此等禁物,沉装入洋油箱,必藏船底;如在镇起岸,尚可查获,若运往上江,必须由起岸各关认真严查,方可杜漏,嘱转请通电上游各关一体查办云。此事关系甚大,装枪与装油轻重悬殊,请通饬各关密商税司严行搜查。沿江上下搭客之处,应由各关就近密饬该处厘局及地方官一体严查为盼。坤。宥。(庚子七月二十六日西刻发)

193　重庆关道致鄂督电

夏时,1900 年 8 月 20 日

前闻肇通商轮暗运洋兵入川,曾电禀宪台在案。旋接江汉关道电称,只带兵头一人,洋兵十人等语。职道顷探询肇通船东立德洋行,据称带有大快炮四尊,快枪甚多。又宜昌商电称肇通已改作兵轮,今日上驶。似此情形,则英人答复江汉关道之言颇有未实。职道伏念川东情势,久在宪鉴之中,当此谣言四起,兵轮忽来,必致人心惶惑,谨再禀陈宪鉴。职道夏时谨禀。宥。(庚子七月二十六日西刻发)

194　江督致鄂督电

刘坤一,1900 年 8 月 20 日

宥已电悉。尊处所删盛代拟致各使外部敬电,敝处业经照删照发。至盛径电云云,未电敝处,无从删改,想系专电尊处,亦不知其用意谓何。可否,统祈裁夺。坤。宥。亥。(庚子七月二十六日亥刻发)

195　盛京堂致江鄂督院抚电

盛宣怀,1900 年 8 月 20 日

杨运司保定漾电,十七徐小云、立玉山、联仙衡弃市,荣相乃逮系云。名叩。宥。(庚子七月二十六日亥刻发)

196　巴东厘局委员叶丙勋致鄂省督抚电

叶丙勋,1900 年 8 月 21 日

敬电饬禀情形,现匪约五六百人,小塘及小麦田两处教民,烧杀数十家,并闻教民避洞被围,兵少难救。巡检谢鼎督饬各团严防要隘,宜防已到一哨。遍地皆会,顾此失彼。又电请宜镇添派一哨,到后相机剿抚。卑职虽当局差,焉敢膜视,专候县讯,随时悉心商筹会督办理。惟巴东民情强悍,入会日多,人心思乱,非严加整顿,恐难民教相安。以后如何情形,再当电禀。卑职丙勋禀。宥。(庚子七月二十七日巳刻发)

197　江督致李相盛京堂鄂督东抚电

刘坤一,1900 年 8 月 21 日

鄂宥、感,东感均悉。香帅卓见名论,极佩,惟未得确耗,自应缓办。坤。沁。(庚子七月二十七日午刻发)

198　浙抚致江鄂督电

刘树堂,1900 年 8 月 21 日

阅有、敬两电,焦痛万分。留守议约,亦大转机。第要挟过甚,恐难应付。拟请先电德法俄政府,宣明所议,请回收发遣在途之兵,以期省费。奉天之役,宜为政府引咎,无力压制外臣,

允酌惩擅开兵衅之员,以敦和好。一面派员止战,商令统归北京议约。仍认定联合宗旨,任推举一国出头开议。若各国各派全权,则款议殊难允协,甚且另起波澜。各省旁出教案亦复不少。若能归并定议,尤妙。并宜婉商各政府,为中国宽留地步。若强以过难,则终始不能立国,虽和无益,势难允从。愚昧所见,聊备采择,赐教是幸。树堂。沁。(庚子七月二十七日未刻发)

199　浙抚致鄂督电

刘树堂,1900 年 8 月 21 日

午刻奉宥电奏稿,荩筹极佩,已电慰帅请列贱名,并电告傅相。惟电各国驻使电告外部一层,鄙意外部无止战议和之权,不如电各驻使自行进见君主,面陈一切。公谓如何?请裁夺。树堂。感。午。(庚子七月二十七日未刻发)

200　驻沪日本总领事致鄂督电

小田切万寿之助,1900 年 8 月 21 日

二十二日三电悉。各国领事接二十二电,即电外部请示回复。翌再接电,尊意明白,想必不致于另生枝节。两宫在京,议事容易,顷闻西迁,事局不知如何收拾,鄙人实为贵国叹之,并为亚洲大局悲之。齐。切。(庚子七月二十七日未刻发)

201　云南唐督办致鄂督电

唐炯,1900 年 8 月 21 日

日与我同洲,英重商务,均为俄忌,公何不与傅相设法,说英日

以援之,此盟回纥退吐蕃策也,以为如何? 炯。感。(庚子七月二十七日申刻发)

202　襄阳道等致鄂督电

朱其煊、刘水金、李福田,1900 年 8 月 21 日

遵啸电,煊即饬刘、李两营官十九率马步队星夜驰往。顷据该营管带等回称,行抵浮明铺,值随州金牧在该处勘验,面称堂系草房,未毁,牵去耕牛是实,刻已安静。管带等复查无异,当同金牧巡至随属之唐县镇驻商一日。恐闹教匪徒,难保不时散时聚,特留步队哨官金和前并勇丁二十名、马勇十名驻镇防护。管带等随时查看襄、枣、随各处边界,以便扼要分防等情。其煊、水金①、福田禀。沁。(庚子七月二十七日申刻发)

203　云南唐督办致鄂督电

唐炯,1900 年 8 月 21 日

京师危逼,公与傅相作何解救,请速电示。炯欲赴难,苦无凭藉,徒自忧懑。奈何! 炯。感。(庚子七月二十七日申刻发)

204　江督致鄂督电

刘坤一,1900 年 8 月 21 日

枢有电,想达览。事未商定,我先自办,恐有异词。现既嘱商,自宜分电罗、吕,转商外部,一面并电英、德两使,冀免异议。惟此电非椽笔不可,请公主稿挈衔径发,缓则无及,不必再商。祷甚。

---

① 水金,原作"永金",应即本书 249 条"刘水金"。

坤。感。未。（庚子七月二十七日申刻发）

205　湘抚致鄂督电

俞廉三,1900 年 8 月 21 日

蒲圻新店有会匪屯聚,与临湘滩头隔黄盖湖,请饬威旗速往捕治。湘已派水陆各营会击矣。汉口电各节,另函邮寄。廉。感。（庚子七月二十七日亥刻发）

206　江汉关道致湖北督抚电

岑春蓂、陈夔麟,1900 年 8 月 21 日

今日下午,陈都司闻督销局附近有匪徒潜匿,密往拿获邓永才等,现经卑职夔麟审据供称,头目名向联陞。匪党甚多,武昌、汉阳、汉口均有藏匿。向联陞说,今晚发军火,明日听省中号炮,三处同时起事,等语。现由陈都司带线往捕向联陞,除俟该犯拿获讯供再行电请惩办外,合先禀闻,应请宪台密饬省城文武各员一体设法查拿,以期破获。职道岑春蓂、卑职陈夔麟谨禀。（庚子七月二十七日亥刻发）

207　江海关道致江鄂督苏抚电

余联沅,1900 年 8 月 21 日

申刻接杨大臣致傅相电,除转呈外,谨将原电录呈宪鉴。联沅。感。有遵悉。外部称诸统领尚未禀报抵京情形,须俟接报,见俄主,再定办法维持,亟盼公北上。亲笔电文录下。（庚子七月二十七日亥刻发。按亲笔电文,谓俄主电也,原钞稿缺）

208　宜昌镇道等致湖北督抚电

傅廷臣、陈其璋、刘保林，1900 年 8 月 21 日

敬电悉。顷据野关有电，队到仅能防野。匪五六百未散，请再派一哨速来，当派营官李相名带勇六十星驰前往矣。守备吴俊生带新勇二百到宜，余另电。职镇廷臣、卑府其璋、职道保林禀。感。（庚子七月二十七日亥刻发）

209　东抚致李相江鄂督盛京堂电

袁世凯，1900 年 8 月 22 日

京来人云，各军不堪再战，均退京西。浦军在良、涿一路肆行抢掠，甚乱。海城吞鸦片自尽，犹劾陈泽霖，奉旨革职效力。凯。勘。（庚子七月二十八日卯刻发）

210　江督致鄂督电

刘坤一，1900 年 8 月 22 日

德领电，本月二十三、二十四等日，接准来电，均已转电本国外部，兹奉电复，现在德国于中国举事，仅照保护德人暨防北京占权之臣，并其同党，盖因此次开衅，系伊等之罪，本国与平民并无异心。南方各督抚若不开端失和，本国亦敦睦谊等语。合将此电转致，以慰贵大臣、贵部堂廑念也。七月廿七云。坤。勘。（庚子七月二十八日午刻发）

211　陕督致鄂督电

魏光焘，1900 年 8 月 22 日

感电敬悉。尊意目以拳方拥驾，恐激生变，但不离拳，势难止

兵停战,可否圆活其辞,留董率拳,防守晋边,以关陇所派升、岑两军飐驾,俟拳离后,再行区处。何如? 乞钧夺。倘或可行,悬即主稿联奏。其原奏前后两条仍不可易。焘。俭。午。(庚子七月二十八日午刻发)

212 江督致鄂督电

刘坤一,1900 年 8 月 22 日

沪转邸相宥电,想达览。决绝至此,似宜将尊处与敝处前商英、德各领不复不允势难再商实情,会挈敝衔复枢,以免悬盼延误。坤。勘。申。(庚子七月二十八日申刻发)

213 盛京堂致江鄂督皖抚电

盛宣怀,1900 年 8 月 22 日

济南勘电,十九两宫在京,是否廿日出都,尚待续报。宥奏只可仍缓。宣。勘。(庚子七月二十八日酉刻发)

214 荆州道致鄂督电

奭良,1900 年 8 月 22 日

宜都李令电,巴东匪徒滋事,入长乐境,已请宜镇派兵弹压,祈饬沙防右营速来沙。奭良。勘。(庚子七月二十八日酉刻发)

215 盛京堂致各省电

盛宣怀,1900 年 8 月 22 日

保定有电,两宫廿一仓猝西幸,由易州。礼、庆两邸,王、赵、启三枢随扈。荣相、崇公、董提督即可到保,与前电端、庄两邸,刚、徐

两相留守似相符。宣。勘。亥。(庚子七月二十八日亥刻发)

216　东抚致李相江鄂督电

袁世凯,1900 年 8 月 22 日

洋兵廿一入京,是日两宫西狩,仓卒可想。原议荣、董随扈,顷保定电局员称,荣、董到保,想系相失。且行期迄今已八日,尚未奉行在只字,究竟行抵何处,是否已离京畿,尚无确信。已派人并函电各处确探,未知何时得覆。上海洋人消息较捷,可否乞中堂、杏兄探询。世凯叩。勘。(庚子七月二十八日亥刻发)

217　江督致鄂督电

刘坤一,1900 年 8 月 23 日

罗使电,宥电已达外部。伍使电,宥电达外部。据复,闻力任保护。欣慰。云。坤。艳。(庚子七月二十九日午刻发)

218　又

刘坤一,1900 年 8 月 23 日

顷驻宁英领函,准上海总领事电内开,奉外政大臣电称,目下北方失和,嗣后停战议和时,他国非我所知;我英凤重两江总督及湖广总督,自专恃二人主议,威重望隆,智深虑远,得不唯命是听耶。合奉闻云。驻汉英领有无此函致尊处,全权系傅相,此电恐别有用意。应如何答复,请速急电示教。坤。艳。(庚子七月二十九日未刻发)

219　又

刘坤一，1900 年 8 月 23 日

据鄂局李道勘电，由武营在该局后获四匪，供匪党甚多，武昌、汉阳皆有，并欲抢盐局关署以及枪炮厂等处，再与羊楼峒匪合各等语。现虽拿获二十余匪，而匪徒散藏，到处皆有，务祈严饬各地方文武严密查拿惩办，以遏乱萌为盼。坤。艳。（庚子七月二十九日未刻发）

220　荆州道府致湖北督抚电

奭良、舒惠、张集庆，1900 年 8 月 23 日

勘电敬悉。遵即侦访掩捕。荆沙五方杂处，人心不靖，现在巴东有闹教事，谣言日滋，洋教士在境，虽加意保护，终恐百密一疏，仓卒生变，请饬江汉关照会法、美领事，谕令洋教士暂回汉、沪，房产交官看守，俟地方安静再来。是否，祈电示。奭良、舒惠、张集庆。艳。（庚子七月二十九日戌刻发）

221　盛京堂致鄂督电

盛宣怀，1900 年 8 月 23 日

沙多顷接地亚电，黄孝乡人工人械斗，行车中止。土工乡人肆扰，勒令停工。若地方官不能严办，首段必须停工。又闻近有会匪聚议，焚烧英租界，行刺总督，经拿获三十余人，内有日本人一名，已正法三名云。首段能否不停，乞钧酌，并示。宣。艳。（庚子七月二十九日亥刻发）

222　盛京堂致江鄂督东抚电

盛宣怀,1900 年 8 月 23 日

烟局勘电,顷阅阿立司登致德京电云,廿二日,军已占据王宫。两宫于十七带各大员行,由董带兵三千护卫,约往西安。京内现极扰乱,已为各国分占,并由五大国公举董事数人议事,以便彼此遵守。是役日军死伤约二百人,华兵约死六百名云。宣。艳。(庚子七月二十九日亥刻发)

223　又

盛宣怀,1900 年 8 月 23 日

杨运司保定宥电称,漾电误。今早荣相、崇公到保,濂因创未迎。顷得确探,两宫廿一启行,出居庸,由宣大至太原,庄马扈云。宣。艳。(庚子七月二十九日亥刻发)

224　李相致江鄂督电

李鸿章,1900 年 8 月 24 日

顷接驻德吕使艳电称,德外部面告,京内情形,尚未查明。中堂所授全权,各国均难遽认云。鸿。卅。(庚子七月三十日午刻发)

225　盛京堂致鄂督电

盛宣怀,1900 年 8 月 24 日

岘帅转英外部电,顷将英总领语傅相语复宁矣。各国似不能速停战,以兵到禁城尚战,使馆始终攻打,拳匪始终未剿,留守者不能议事。傅相全权不在京,且有请旨遵行字样,不得为任事秉权者。乘舆既出居庸关,廷旨尚难速来。公所拟三事,似尚可奏。宣

叩。卅。(庚子七月三十日申刻发)

226 江督致鄂督电

刘坤一,1900 年 8 月 24 日

艳电想达览。傅相接罗使电,英须得窦使电后,方有办法,推宕可疑。兹事体大,非傅相莫能主持。究应如何作答,使彼不致异议,请速赐教。坤。卅。(庚子七月三十日酉刻发)

227 成都将军四川总督致江鄂督电

绰哈布、奎俊,1900 年 8 月 23 日

勘电敬悉。廷议既合力主战,自非外间所能争,亦恐和局有万难应允之处,前件只好缓办,仍祈电致慰帅,确探内耗,随时电知,再行相机会商。哈布、俊。艳。(庚子七月二十九日酉刻发)

228 程委员电

程云,1900 年 8 月 24 日

密探登、莱各境,有拳匪数千,在利津招远设坛。黄县华兵开仗,已获匪首李宝库,余匪各有伤亡。烟台亦多谣言。烟沽海线刻已通报。从此消息难探,拟赴济南德州,因水陆多匪难行,只得仍回上海,信息较灵,是否驻沪,抑或他往,均祈示遵。云禀。(庚子七月三十日酉刻发)

229 盛京堂致鄂督电

盛宣怀,1900 年 8 月 24 日

先闻江楚有康党煽惑会匪事,昨尊处拿获案内,有无康党,乞

示。宣叩。卅。(庚子七月三十日亥刻发)

230 桂抚致江鄂滇湘黔各督抚电

黄槐森,1900 年 8 月 24 日

昨接保定电报,两宫西巡,闻之焦急万分,海疆难保无事。邻封各省,应如何联为一气,互相策应之处,请指示机宜,盼切。槐森。卅。(庚子七月三十日亥刻发)

231 江督致鄂督电

刘坤一,1900 年 8 月 25 日

卅电悉。富有票匪甚多,敝处已刊示晓谕,并通饬严拿,迭获匪目正法。现人心不靖,谣诼繁兴,亟宜速缉速办,方资镇摄。闻匪党有密运东洋军械之说,昨商小田切,允电外部查禁。坤。东。(庚子八月初一日巳刻发)

232 侦探委员张华燕、李兰皋致鄂省督抚电

张华燕、李兰皋,1900 年 8 月 25 日

裕帅阵亡,洋兵犯京师,傅相奉召授全权。华燕、兰皋禀。(庚子八月初一日巳刻发)

233 上海道致江鄂督电

余联沅,1900 年 8 月 25 日

德领函,水师督本乘斯阿得雷炮船抵沪,察看情形,两日后拟与新放钦差暨总领事会商要公。炮船不久入江,意在修睦,已将细情分函宪台云,谨闻。联沅。东。(庚子八月初一日未刻发)

234　皖抚致江鄂督赣抚电

王之春,1900 年 8 月 25 日

顷接西安端护院卅电,恭悉两宫圣驾廿七至阳高县。既知行在,各督抚如何驰摺慰问,应否派员携带方物,以作曝献,从前并无成案,祈指示遵行。春。东。(庚子八月初一日申刻发)

235　皖抚致鄂督电

王之春,1900 年 8 月 25 日

卅电谨悉。富有票匪沿江散布,自大通击散,纷纷上窜,相约起事,幸随时发觉,获匪多名,兼获渠魁,长江数省之福,实荩画弭患之功。此间又已飞饬各属文武严密防范查拿矣。春叩。东。(庚子八月初一日申刻发)

236　盛京堂致鄂督电

盛宣怀,1900 年 8 月 25 日

已飞饬武汉两局,速接线至新堤、蒲圻、羊楼峒三处,请饬地方官照料。宣叩。东。(庚子八月初一日酉刻发)

237　巢委员电

巢凤冈,1900 年 8 月 25 日

俭谕谨悉。乘舆廿日离园之说,非冈所报。冈昨晚抵德,闻荣、崇、宋、董退保定,端、刚留守京城,庆邸仍随扈。宫殿大半被焚,系教民纵火。溃勇陆续到德,沿途抢掠。直属拳匪不散,东省离城一二百里外,遍地皆是。明日派探至保定、青、静。冈禀。东。(庚子八月初一亥刻发)

238 盛京堂致江鄂督东抚电

盛宣怀,1900 年 8 月 26 日

木斋东电。陆军报,洋兵廿晚入京,廿一在东安门战,廿二皇城陷。现美军守大清门,日兵守东安、西安、地安三门,禁人出入。据赴万寿山马队称,两宫廿晚出城,至园小憩,向北西幸,似往宣大一带。随扈董军马队一营、车廿辆。廿四有官兵及义和团九千至南苑。闻廿七进攻南城云。宣。冬。(庚子八月初二日子刻发)

239 东抚致江鄂督电

袁世凯,1900 年 8 月 26 日

接端午帅卅电,两宫西巡,尚未知驻跸何处。应否派员奔问行在,具摺请安,拨饷接济,并尊处如何办法,统希详示。凯叩。冬。(庚子八月初二日戌刻发)

240 又

袁世凯,1900 年 8 月 27 日

京陷已十余日,如再无办法,恐东南亦难保,务请会商各省,从速设法,共图补救。迄今未奉行在片纸,而北道梗阻,消息隔绝,万分焦灼。昨有人自保定来,称荣相、崇公廿九仍在保,方布置防守。凯叩。江。(庚子八月初三日已刻发)

241 黔抚致鄂督电

邵积诚,1900 年 8 月 27 日

西安电,两宫圣驾已到阳高,危甚,亦幸甚。回首觚棱,徒深饮泣。现在是否驻跸太原,定都关中,江海各省,是否仍照前约互相保护,两不相扰,中外事宜,已由全权大臣开议否,能早结否,该如何早定大局,以安宵旰而镇人心之处,万祈电复。积诚叩。(庚子八月初三日巳刻发)

242　盛京堂致江鄂督电

盛宣怀,1900 年 8 月 27 日

自北方匪乱以来,长江各省,商货停滞,市面败坏,于今几及三月,不独中国商民吃亏,即各国商民亦受其害。现在北京失陷,人心震动,各处会匪,多有藉保国为名,乘机窃发,虽经两帅严行惩办,而和局一日不定不宁,商务愈难振作。英在我中华通商五十余年,长江各埠,始有此鼎盛局面,若英不出头联同美日两国赶早调停,设或到处匪徒滋扰,不独各督抚疲于驰剿,而各处商埠搅攘,如天津情形,恐非数十年不能规复。揆之英国,亦属失算。且甲午中东之役,英不肯早作调停,致落人后。曾经英人密议,英领事既称外部欲请两帅主议和局,似可将以上情形电致该领事,力劝英外部主持,两有裨益,乞速赐酌行。宣叩。江。(庚子八月初三日酉刻发)

243　江督致鄂督电

刘坤一,1900 年 8 月 27 日

洋兵至京已旬日,如何举动,迄无所闻,愈久愈难收拾,万分焦闷。傅相虽派全权,各国至今推宕,英既有前函,日又有是语,恐非随同列衔会议不可。公望倾中外,忠爱最笃,如奉俞(谕)旨,万望共担危局,至祷。坤。江。(庚子八月初三日酉刻发)

244　东抚致李相江鄂督盛京堂电

袁世凯,1900 年 8 月 27 日

顷有人传说,两宫微服出京后,旨调马玉崑随扈。马集残兵三百余追赴。荣相廿八在保定奉旨,令荣、徐守京都,董军现移扎获鹿,兵皆满载,不能成伍云。说似有因。凯。江。(庚子八月初三日酉刻发)

245　岳常澧道致鄂督电

颜钟骥,1900 年 8 月 27 日

此次匪徒滋事,在新店者,先经蒲令捕治。在滩头者,续经张镇解散。在杨梅山、黄盖湖者,南北军会拿,悉皆遁迹。在新堤者,恺营一到,亦即惊匿。各路已平,足慰荩念。钟骥。江。(庚子八月初三日酉刻发)

246　巢委员电

巢凤冈,1900 年 8 月 27 日

津城屯有夷募华勇数百。洋兵并无多人,现以杨青为界。独流胜芳拳民尚多。溃兵自德以北,约有万余。董军自京至保,沿途抢劫。张春发,陈泽霖两军溃卒到德,不过千人,幸饷银尚运出卅六箱。冈禀。江。(庚子八月初三日酉刻发)

247　粤督致鄂督湘抚电

德寿,1900 年 8 月 27 日

刘镇初三抵韶州,微服先行,改为广东入卫军,请饬地方官预备船车为祷。寿。江。(庚子八月初三日亥刻发)

248　荆州道府江陵县致鄂督电

奭良、舒惠、张集庆,1900 年 8 月 27 日

江电敬悉。荆沙洋教士不多,因气焰日张,昼夜开讲,故拟令暂去,现仍尽力保护。奭良、舒惠、张集庆。豪。(庚子八月初三日亥刻发)

249　游击刘水金致鄂督电

刘水金,1900 年 8 月 27 日

襄属安静,并无拳匪来襄之谣。嗣后加意防范,祈释厪念。水金禀。江。(庚子八月初三日亥刻发)

250　江督致鄂督电

刘坤一,1900 年 8 月 28 日

盛江电请会电英领,似可照办,祈速示,以便由敝处发电。日有踞厦门意,瓜分已萌芽。两宫仓皇西幸,一时未必即有谕旨,若再迁延,坐以待毙,急迫之至。坤。支。辰。(庚子八月初四日巳刻发)

251　宜昌府致鄂省督抚电

陈其璋,1900 年 8 月 28 日

长乐翁令廿九来禀,匪聚中溪三四百人,据言来城。该县与前典史集团四五百人,四城分堵,拟卅进剿。惟有钱者均远避,团丁口粮,久难为继,恳转禀拨款接济,宜防弁勇,于初一二抵渔关,约初二三均可到乐,卑府已饬翁令俟勇到即令进剿,并派团择要防堵,勿使外窜。其璋谨禀。支。(庚子八月初四日申刻发)

252 施南府致鄂省督抚藩臬电

额勒恒额,1900 年 8 月 28 日

顷据建始王令禀,巴匪黄兰亭等,聚众有杀教民,要焚该县麻扎坪教堂之说,请兵防堵,已商杨副将派练兵六十四名前往,并饬该县会督兵团扼要堵击。额勒恒额禀。江。(庚子八月初四日申刻发)

253 陕抚致鄂督电

端方,1900 年 8 月 28 日

冬电敬悉。当询西安福音堂中人,据云并未发电,亦未知山西教士有被困情事,等语。惟前据靖边县禀,小河畔向有洋人堡寨,地属蒙管,有蒙兵与之为难,等情。已不分畛域,专派马步队及榆林镇道前往设法解救矣。是否即此一事,并以奉闻。端方。支。(庚子八月初四日酉刻发)

254 又

端方,1900 年 8 月 28 日

奉卅电,即饬潼商道查复,顷据道禀,询据潼关同知文丞称,六月廿七,准山西永济县牒临汾县英教士陆义全夫妇,女教士葛保和、冯贵珠、谷蕙英、和秀兰、和思义,女小孩二,丁良才夫妇,女教士巴莫,瑞国女教士周珍琴,瑙国女教士麦小姐,男妇一十四名,查收接递前进,当即知会潼营,于廿八拣派兵役护送,至河南阌乡县交替,取有回照,等语。该道廿六因公晋省,并未阻其入陕,且系山西挨站转递,自以豫省河南、南阳二府入湖北樊城为正站,该丞及潼关协照牒拨护,亦是循照护送成例办理,并未禀省。但既收有回

照,沿途当无他虞。现在饬令该丞行文挨查,不久当得确耗,先此电闻。又此起英教士仅九名,与英领事所称十一人之数不符,是否即是此起,抑或另有他起,并祈照会。端方。支。(庚子八月初四日酉刻发)

255　江督致李相盛京堂鄂督电

刘坤一,1900 年 8 月 28 日

香帅支二电悉。顷请中堂参酌。昨奏电陕具折递晋,与香帅意同。此商各国小候,亦是救急法,请中堂妥筹。此外如有良策,应行会衔,坤当列名。质。(庚子八月初四日戌刻发)

256　厦门电局致各局电

厦门电局,1900 年 8 月 28 日

厦因日本教堂欠人房租,廿九日自行搬空放火,初一日水兵上岸,据云要保护他商民,不知何意。厦此几天纷纷搬走,危乱极。镴。(庚子八月初四日戌刻发)

257　盛京堂致江鄂督电

盛宣怀,1900 年 8 月 28 日

顷接小田切急函云,闻厦门文武大官,送书敝国兵船云,请速向口外开去等语,此事甚不可,诚恐南方局面,从此破烂,恳即与诸帅密商,急电厦门文武官员,以免启衅。若迟一日,必有意外之变。敝国政府之意,为贵国大官所熟悉。倘不以此小事误大局,则幸云。乞飞电许制台,延道台,宜镇静,暂候调处,勿开衅端。宣叩。支。(庚子八月初四日亥刻发)

258 盛京堂致闽粤江鄂督福州将军电

盛宣怀,1900 年 8 月 29 日

顷小田切函开,确闻廿九匪徒烧毁敝国本愿寺,经兵船派兵保护领事府,讵民情汹汹,再有酿事之状,兵船不得已,迭派兵丁登岸保护商民等语。查敝国商民,在厦不少,地方官不能保护周到,致匪徒放火烧寺,派兵登岸,实不得已。此时贵国文武官员,如硬求退兵,恐开衅端,务请阁下速电闽省大员,并达李、刘、张三帅,退兵一节,相机办理,此时无须硬求,方能维持局面。以上系弟私见,未知外部之意若何云。乞速酌,飞电厦门提道,暂以镇静处之,恐一开衅,不仅全闽有碍。宣叩。支。(庚子八月初五日丑刻发)

259 盛京堂致江鄂督浙抚电

盛宣怀,1900 年 8 月 29 日

顷据小田切云,厦事已电外部,候复到再闻。并云,此间各省之事,由该领事办理,必保无事,属达尊处,等语。已一面电请筠帅派员驰往确查商办,仍严饬厦道照常保护厦领商民,并属小田速电厦领放心,候外部示。宣叩。微。丑。(庚子八月初五日丑刻发)

260 宜都知县翁守范致鄂督电

翁守范,1900 年 8 月 29 日

巴匪扰及长乐,通禀请兵,至今未到,该匪距城六十里,事在危急,一面饬前典史随团保卫监卡,卑职督团进剿,昨晚遇敌,格杀七人,拿获八人,首匪伤窜,卑职派团跟踪追拿。翁守范禀。冬。(庚子八月初五日辰刻发)

261　岳州镇道致鄂督电

鲁洪达、颜钟骥,1900 年 8 月 29 日

据探,临湘之沅潭初三夜有匪纵火,延烧铺户,戕害局绅,正在拨勇赴剿间,奉宪台豪电,当即恭录飞致南北各军一体遵办。查岳郡防营,共有三旗,曰信右旗,驻城陵矶,专护洋关,曰发字旗,分布外属,保护教堂,均难抽动,驻郡者仅信左一旗,添募发字一旗,尚未成军,似此处处告警,实属不敷策应,除请中丞暂留张提督所部会同拿办外,谨此电复。洪达、钟骥。歌。(庚子八月初五日未刻发)

262　章委员电

章师程,1900 年 8 月 29 日

行在幸太原,得晋抚信,傅相有初五起程说。都已稍安,无战争。崇公缢于莲池。荣相将西行。师程叩。真。(庚子八月初五日巳刻发)

263　巢委员电

巢凤冈,1900 年 8 月 29 日

谭文帅旋南。吴廷芬住德。天津夷已设官安民,避居青静沧皮者,纷纷而返。和议上无主见,下何适从?溃勇到德境,现有六千余。冈禀。微。(庚子八月初五日午刻发)

264　上海道致鄂督电

余联沅,1900 年 8 月 29 日

法领言,初六派小兵轮名洗而泼利斯,由驻汉副领陆功德乘赴

汉,保护商务,无他意云。谨闻。联沅。歌。(庚子八月初五日未
刻发)

265 施南杨副将等致鄂省督抚电

杨通纯、额勒恒额,1900 年 8 月 29 日

巴匪聚众闹教,施郡戒严,已派兵八十名赴建,扼要防守。府
城防兵无多,不敷调遣,来凤保商勇,可否将驻来操防兵拨回五十
名,以资保卫,祈示遵。杨通纯、额勒恒额禀。歌。(庚子八月初五
日未刻发)

266 陕抚致各省将军督抚电

端方,1900 年 8 月 29 日

顷接陕驻太原廿八探禀,今日怀来县发来准单,扈跸王公大臣
系端庄庆肃四王,泽溥定三公,伦肃二贝子,刚相,赵尚书,英侍郎,
晋护抚李廿九起节迎銮。又陕顷接荣崇咨,出省恭迎圣驾,随带米
面暨各种食物,并雇办洁净肩舆驼轿多乘,敬供从用,且恐内帑不
敷,暂将陕解京饷等银十一万两尽解行在,各等语。谨先电闻。端
方。歌。(庚子八月初五日申刻发)

267 章委员电

章师程,1900 年 8 月 29 日

两宫西行长安,闻抵太原,再继发。芝帅由晋,祝帅由汴,分赴
行在。荣相崇公未起节。溃卒西南行,将尽,沿途如织。省北有
驿,州县无官。北塘芦台榆关,不加一矢,近日为敌有。廿五青野
大三县团二万余赴津,与战,毙擒共五千余,都城蹂躏,内逼甚于

外。大沽乱。然傅相将航海来津,与各使议一切,官民望若云霓。师程叩。东。(庚子八月初五日酉刻发)

268　岳常澧道致鄂督电

颜钟骥,1900 年 8 月 29 日

据滩头信旗报称,初三夜,望见西北火光,立约水师驰救,翌晨抵沅潭,获一匪,威旗由岛口赴援,获匪十余名。除饬实力搜捕外,合先电慰。钟骥。歌。(庚子八月初五日酉刻发)

269　章委员电

章师程,1900 年 8 月 29 日

两宫廿六过阳高县,现派荣徐两相暨崇公会合肥议和。荣止行。师程叩。微。(庚子八月初五日戌刻发)

270　江督致鄂督电

刘坤一,1900 年 8 月 29 日

盛江电请会电英领一事,昨奉商未赐复,祈速示为盼。坤。微。(庚子八月初五日戌刻发)

271　盛京堂致江鄂督电

盛宣怀,1900 年 8 月 30 日

奉香帅歌语鱼电,德使未与傅相订晤,恐难商议。傅相先认办地主事,极是,拟竭力赞成,似可于会折中叙及。夔相是否留守,候保定复电再达。宣叩。鱼。亥。(庚子八月初六日丑刻发)

272 东抚致江鄂督盛京堂电

袁世凯,1900 年 8 月 30 日

杏翁歌电悉,均为切实办法。总之,我无办法,人必不能停兵,请两帅拟稿,约会各省速奏,以期补救。凯。齐。(庚子八月初六日辰刻发)

273 巢委员电

巢凤冈,1900 年 8 月 30 日

夷兵官踞宫外城,各国分段驻扎,每城派盘查二百人,见银洋便扣留。英日德极盼两宫回京。闻崇爷已自缢。荣相当不日西行。冈禀。鱼。(庚子八月初六日未刻发)

274 江督致鄂督电

刘坤一,1900 年 8 月 30 日

杏翁歌电、慰帅鱼电均悉。傅相昨奏,准否难必,若再由各疆吏切实会奏,或冀动听,即请香帅主稿,应列何省衔,并请香帅酌定。一面将奏稿电陕驰递,一面电知各省。另片虽可谢各国,然必激怒,于事有碍,祈香帅再酌。坤。鱼。(庚子八月初六日申刻发)

275 巢委员电

巢凤冈,1900 年 8 月 30 日

遵查陈枭司明日可抵德。溃卒现到一千三百。张春发在任丘。溃卒现到二百余,又养病一百二人,余四散,俟陈张到德点名后,再探报实数。冈即与若辈同居。冈禀。鱼。(庚子八月初六日戌刻发)

276 陕抚致各省电

端方,1900 年 8 月 30 日

廿六日,荣相崇公来保,始悉两宫廿一日西幸出居庸,往五台,在晋省少停,再幸陕,乞就近速迎护。扈从系庆礼端庄各邸,刚相及王赵二尚书。董马两军门留守,闻此二人亦复出京。崇公于昨宵自缢。荣相拟即赴行在。升吉甫经荣相派统本军五营,西折赶护仪仗,现留三营扼扎白沟河。李傅相不日来津。现在已否开议,未闻。方。御。(庚子八月初六日戌刻发)

277 陕抚致鄂督电

端方,1900 年 8 月 30 日

顷接汉中道府禀,有英教士马殿成等男女大小一行七人,由甘省到郡,定于八月初一均回上海,该道府等选派妥勇护送,并移兴定镇府一体照办,送至鄂省老河口交替,等语。除已径电老河口水师张、光化县梁、襄阳道朱饬拨炮船,认真接护外,仰恳电饬遵照办理,愈形周密。端方。御。(庚子八月初六日亥刻发)

278 江督致鄂督电

刘坤一,1900 年 8 月 31 日

袁慰帅电,傅相奏既切实,自当稍待,但彼徒尚在肘腋,虑其畏罪自固,力持幸陕偏安说,纵允添派全权,仍不免掣肘于后,至贻误到底。如能联衔痛陈,偏安必不可成。邪匪必须禁剿,宗社陵寝八旗生灵必不可弃,等语。庶偏安绝望,匪平势孤,又足以感动慈圣,当可坚持和议。彼徒见各省齐力一心,难违众志,亦可敛戢。杏公另片意似可缓。如将邪匪误国殃民挑

衅召侮各情形切实缕叙,自可寓意云。所论甚切实。其论另片事,与公鱼电意指相合,尚乞酌裁。坤。阳。(庚子八月初七日午刻发)

279　上海道致江鄂督抚电

余联沅,1900 年 8 月 31 日

接杨大臣致傅相电,勘遵悉。维称情形至此,俟德派瓦统帅到华,定有办法,伊复电录下云。查复电系洋文密码,计一百八十字,谨闻。联沅。虞。(庚子八月初七日未刻发)

280　湘抚致鄂督电

俞廉三,1900 年 8 月 31 日

语电敬悉,已严饬设法保护矣。归咎知府一层,另函缕覆。蒲圻之匪,兼毁教堂,似与新堤匪党行径不同,兵至则散,颇难着手。愚见非派大员清保甲不可。湘拟派直隶州陈国仲赴临湘,请派员赴蒲圻,联合办理。新堤则请专派有权变慎密大员,督同地方官清团清族,互出保结,责令捆送匪徒,讯明严办,著名匪首,亦责令交出,务使外匪无从托足。然此举非摄以兵力,断办不动。此正其时,钧意如以为然,即求电覆,俟查竣两省,方可撤兵也。廉。阳。(庚子八月初七日未刻发)

281　赣抚致鄂督电

松寿,1900 年 8 月 31 日

鱼电悉。江西援军王德怀四营,六月廿一日启行,现抵东境,已饬赴晋迎扈。寿。虞。(庚子八月初七日申刻发)

282 皖抚致鄂督电

王之春，1900 年 8 月 31 日

麻电敬悉。皖省兵力本单，不敷分布，春到任后，筹添练兵十五营，以五营北援，五营兼顾下游，五营驻省，六月招齐，七月初四，派记名提督吴隆海统领马步五营拔队，廿日行至清江，月杪至兖沂一带暂驻，已奏请候旨，改道扈跸西行。春叩。阳。（庚子八月初七日申刻发）

283 陕抚致各省将军督抚电

端方，1900 年 8 月 31 日

陕省库空如洗，天旱成灾，饷粮两缺，圣驾不日西幸，用款浩繁，米粮短少，请速筹款协助，并采购粮石，源源运解，以资接济。道远运艰，不能先期告乞，万望援手，并祈电复。端方。遇。（庚子八月初七日酉刻发）

284 陕抚致各省将军督抚电

端方，1900 年 8 月 31 日

晋臬恩电，两宫于廿六到鸡鸣驿，月朔可入晋境。扈闻系端莊庆肃四邸，伦肃两贝子，泽溥定三公，刚赵英三大臣。行宫备在抚署。毓帅守固关。李护院往北迎驾。等语。谨电闻。端方。阳。（庚子八月初七日戌刻发）

285 宜都县致鄂督抚电

李天柱，1900 年 8 月 31 日

语电立送乐。拨款即筹寄。再，查长阳担子山天主堂现在筑堡,建炮台,造军械,聚教民于内,以防民扰,虽有宜镇派兵保护,然已深招物议,恐终有事。该处界连阜县,不敢隐默。除函商长阳钱令外,合并禀闻。卑职李天柱叩。遇。(庚子八月初七日亥刻发)

286 盛京堂致各省将军督抚电

盛宣怀,1900 年 9 月 1 日

东京虞使虞电,陆军省接初一电,有朝官十五人与各使通函。初三电,据苏拉等称,咸同两朝主位尚在京,现按日进膳。联军初五后,请敬子斋尚书等派人守护禁城云。宣。庚。(庚子八月初八日申刻发)

287 江督致各省督抚关道电

刘坤一,1900 年 9 月 1 日

据江海关道电称,八月洋款,还期在即,各省关派款未解者甚多,沪关税收减色,万难筹垫。际此时局艰危,更不宜失信,再滋口实,乞迅电各省起解凑拨,共维大局,等语。务祈迅赐解沪,免致藉口,另生枝节。切祷! 盼电复。坤。庚。(庚子八月初八日申刻发)

288 章委员电

章师程,1900 年 9 月 1 日

行在于宣府途次颁罪己诏,求直言,免所过州县一半粮租,饬由保定刊刷邸报,行查在京都院暨西赴行在堂司各官。慈舆一路甚安。京津现无战事。荣相今早西行。芦沟桥有

洋马放哨,厅营仍守拱极城。师程叩。齐。(庚子八月初八
日戌刻发)

289　德州巢委员电

巢凤冈,1900 年 9 月 1 日

廷寄:派庆邸、荣徐两相国驰赴保定,候合肥北上,会商和议。
此间溃勇日多,抢来衣饰骡驴,沿街叫卖。冈禀。齐。(庚子八月
初八日亥刻发)

290　江督致沿江各督抚各关道电

刘坤一,1900 年 9 月 2 日

沿江一带,富有票匪日多,前有在海赣盐阜密运军火之说。又
有以东洋两截枪装洋油箱私运之说。均随时密行查拿在案。近闻
该匪自知奸谋已破,改用棺木装枪,绍酒坛装子。偷运多用民船装
载。轮船闻亦有之。祈各帅速行转饬各属各道,速商领事税司,及
就近厘局,并严饬常关局司,地方官吏,密速查拿,以弭隐患。好在
轻重之间,当易辨别,第须饬令慎密,勿孟浪、勿宣泄为要。盼电
复。坤。青。(庚子八月初九日午刻发)

291　李相致江鄂督电

李鸿章、盛宣怀,1900 年 9 月 2 日

香帅两庚电,属将通谕各省,保疆安民、交涉照常一节附奏,已
照来电添入。本日未刻发讫。摺长,已抄稿由轮船咨达矣。鸿。
佳。宣附叩。(庚子八月初九日申刻发)

292 巢委员电

巢凤冈,1900 年 9 月 3 日

卅上驻跸太原。德索东省。慰帅覆以全权在。俄即议撤京兵,寸土不占。沧州以上拳匪以查溃勇为名,又在沿河掳掠。冈禀。佳。(庚子八月初十日辰刻发)

293 盛京堂致江鄂督电

盛宣怀,1900 年 9 月 3 日

岘帅佳电,以开议为亟。顷日本外部电,仍询添派全权允否,深恐庆邸不愿承当。各国以傅相权力不足,诿为不合例,仍难开议。各帅能趁此时,会请得派庆、荣,事乃有清,否则恐专添两帅耳。宣。卦。(庚子八月初十日未刻发)

294 锡藩司致湖北督抚电

锡良,1900 年 9 月 1 日

接晋首府许守禀,两宫圣驾,已幸大同,初十前可临太原。本司督同崧副将选拔精锐,星驰赴晋扈跸,留方镇、张道,率大队赴防正定。惟顺德以北州县,车马奇缺,节节阻滞,实深焦灼。锡良叩。阳。顷又奉荣相札饬驻扎固关。查固关已有旨派佐帅扼守,宜何适从,乞迅示遵。(庚子八月初八日酉刻发)

295 京朝官致江鄂督电

1900 年 9 月 3 日

留守无人,事机危迫,公为国重臣,请设法挽回,并力劝合肥北来,以维大局。覆。徐郙、李端遇、曾广銮、郭曾炘、张亨嘉、黄鋆隆、朱祖谋、高枬、杜本崇、柏锦林、刘福姚、郑沅、宋育仁、黄曾源、郑叔忱、汪诒书、王鹏运、陈璧、陈懋鼎、林开章、张嘉猷、于式枚、曾广镕、高树、陈秉崧、李希圣、乔树枏、王世祺、卓孝复、许桂蕃、傅嘉年、高向瀛、劳启捷同顿首。初一日。凯谨转。灰。（庚子八月初十日戌刻发）

296　东抚致李相江鄂督电

袁世凯，1900 年 9 月 3 日

顷接徐尚书等朔函开，廿一慈圣出居庸西幸，未知皇上驻跸何所，或云在宫。乾清门坚闭。庙社宫阙，尚未震动，未派留守，危甚。请催中堂北上挽于内，宫保香丈维于外，天下幸甚云。上在宫，当系疑揣。近日有自京来者，述京内外安堵，并无蹂躏。凯叩。蒸。（庚子八月初十日亥刻发）

297　李相致江鄂督电

李鸿章，1900 年 9 月 4 日

昨接杨使佳电，外部面告，已电格使及统带，速撤俄兵队官民赴天津，业遍告各国政府。并询傅相回电云何。此事具详歌电，到否乞复，以便转达，当即电复。庚电计达。顷接佳电，乞转告外部，谢撤兵回津，并遍告各国政府美意。昨已将歌电及户部艳电全钞驰奏，并电陕抚，就近另缮代奏。东省违旨肇衅之将军寿山、副都统晋昌，已奏参斥革治罪，不敢空言塞责。并告户部。至请太后回京，日本亦力劝，恐惊魂初定，须在太原稍息再议。阅西报，法、美、日均以退兵为然，惟英、德不允。英惑于商谣，不认全权，不欲开议，亦必不肯退兵。顷方电罗使诘

问,希即转罗令出力。鸿。蒸申云。真。辰。(庚子八月十一日辰刻发)

298　曾委员电

曾馨,1900 年 9 月 4 日

津电,初六俄军与华兵在通州近处接战,俄统领阵亡。又美京电,美政府已转意,不从俄议,当与英同志。俄政府先电美政府,谓俄并无占据华地,进兵东三省为防范,非欲攻击占地也。至牛庄,俟民情太平,必将大军撤回俄地。惟倘有他国乘势与俄滋事,逼俄先退出东三省,则俄必抗拒。该举贵国不宜责敝政府,是幸。美初信之,故从其议,今看出俄奸计,故现转意从英云。电又云:俄已电谕驻北京俄军、公使等,即撤回津。他国则尚无举动云。馨禀。蒸。(庚子八月十一日午刻发)

299　江督致鄂督电

刘坤一,1900 年 9 月 4 日

蒸电承示。致德使电,恳切委婉,极佩! 如有复电,祈速示知。坤。真。(庚子八月十一日酉刻发)

300　盛京堂致江鄂督电

盛宣怀,1900 年 9 月 4 日

保、德马拨迟速不定,因河间拳匪甚炽,时须绕道。现与各国商拟重造津京线,筹款极难。德、保即能设线,亦为拳毁。宣。真。(庚子八月十一日酉刻发)

301　东抚致鄂督电

袁世凯,1900 年 9 月 4 日

蒸电敬悉。读致德国穆钦差电,词婉义正,不激不随,仰见苦心苦口,力维全局,荩谋硕画,感佩万分! 穆使如有覆电,仍希详示为盼。凯。真。(庚子八月十一日戌刻发)

302　苏抚致鄂督电

聂缉椝,1900 年 9 月 4 日

保定侦探来电,董提督添募七营,裁武卫中军十营饷济之,行在各军均归节制云。谨闻。缉。真。(庚子闰①八月十一日亥刻发)

303　盛京堂致鄂督电

盛宣怀,1900 年 9 月 5 日

奉卦电,又晤葛云,穆使接钧电,尚未全译。讽与傅相相见,则云须候旨,必可见。二万兵两礼拜可到。明日有四百五十兵驻沪。宣。真。(庚子八月十二日子刻发)

304　巢委员电

巢凤冈,1900 年 9 月 5 日

保报,白沟河拳又蚁聚二万余。又闻夷欲犯者,官迁移,商收业。青报,静海有教民勾串洋兵进击各村。津市东糜烂未复,西照旧开市。济报,高密德兵数千,以监造铁路为名。慰帅备贡车百七

---

① 闰,应为衍文。

十辆,派吉道解赴行在。张、陈两统已到。德大队将齐,探得实数再闻。冈禀。文。(庚子八月十二日午刻发)

305 盛京堂致江鄂督电

盛宣怀,1900 年 9 月 5 日

德允只派陆兵四百五十名上岸,只派一二小兵船赴汉,其余大舰,均泊吴淞,以防制他国。谣言均可勿信。宣叩。真。(庚子八月十二日午刻发)

306 盛京堂致鄂督湘抚电

盛宣怀,1900 年 9 月 5 日

岳州局谈长康电,临湘八月初,又有焚掠案。近日谣言,将不利于电线,乞电饬文武竭力保护,以免阻报。宣叩。真。(庚子八月十二日未刻发)

307 陕抚致鄂督电

端方,1900 年 9 月 5 日

卦电敬悉。陕线现通至山西候(侯)马镇为止。顷已函商晋中大吏,赶紧修复巡护矣。端方。文。(庚子八月十二日酉刻发)

308 东抚致鄂督电

袁世凯,1900 年 9 月 5 日

文电悉。徐公函由信局专足来询,称:出京,洋兵搜;在途,土匪扰,甚艰险。今午已加差,令回京送复。尊函即缮追交,如追不

及,另专送,并告安圃。凯。文。(庚子八月十二日亥刻发)

309　荆州道致鄂督电

奭良,1900 年 9 月 5 日

顷监利刘令禀,匪徒宋世河等,自岳州、新隄窜至朱河,聚党造械,日来数十人,络绎不绝,求派沙防营赴朱查拿。又续据禀,朱河已聚千余人,逆势颇张。职道先已派沙左营百名往剿,兵力甚单,右营甫成军,难以续拨,拟请由省拨一营勇,或饬朱道改道赴朱迎剿,由尺八口登陆,只三十里,祈速核施行。奭良叩。文。(庚子八月十二日亥刻发)

310　巢委员电

巢凤冈,1900 年 9 月 6 日

陈、张两军队已收齐。伤兵实数不满四千。谨密闻。保定报,西信隔膜。冈今午亲赴获鹿,密设探友,德仍留人。冈禀。元。(庚子八月十三日辰刻发)

311　章委员电

章师程,1900 年 9 月 6 日

各国请崑相、崇、敬、裕、阿诸尚书议和,敬候庆邸,并至夔相宅,面嘱少公子,速作书,请回,由宣化令送投。现已授庆邸为全权大臣,日内可抵都。傅相亦奉便宜行事朝廷不为遥制之寄谕。京城各国分界,前门左右归俄、德,英、法系后门,奥、比南城至永定门,日则朝阳门至阜城(成)门北城一带。府尹署,日人在内办事。銮舆月朔由宣郡启跸。禧圣深恶团众,沿途驱散。宣化李守面参刚相为罪魁,圣意滋不悦。奏事太监索费,复加呵斥,并在端、庄两邸前,掌责骡夫,旁观惊骇。芦沟桥上,洋人已设重门稽查,有探马十人赴良乡县,为团毙二人,虑恐召祸,护院布定分路剿拿办捕。师程叩。元。(庚子八月十三日巳刻发)

312　浙抚致江鄂闽督电

刘树堂,1900 年 9 月 6 日

钦奉七月廿六日电谕谕旨,敝处以乘舆西幸,卫扈无从,臣罪滋深,恭摺披沥自陈具奏。尊处如何条奏? 二十八日明发一道,令直言毋隐。公等倘有会奏之举,均乞示遵。中堂处另有廷寄否? 大局岌岌,刻不容缓,目前有无转机,不胜焦盼待覆之至。树堂。元。(庚子八月十三日申刻发)

313　江陵县文武各员致鄂督电

1900 年 9 月 6 日

风闻朱河匪势日张,左营昨已派队前往,右营新军未及操练,若再匀调,沙防愈单,务恳速调专营,乘商轮由尺八口永车湾登岸,直捣朱河,庶立扑灭,荆沙幸甚! 万震、集庆、国栋、运淇、贞福、声煌禀。元。(庚子八月十三日戌刻发)

314　锡藩司致湖北督抚电

锡良,1900 年 9 月 7 日

本司十三抵太原。闻圣驾约二十前可以临幸。两奉廷寄,鄂湘两军,调赴行在,已飞咨方镇、张道,迅速督队西行。锡良禀。愿。(庚子八月十四日巳刻发)

315　厦门道致鄂督电

延年,1900 年 9 月 7 日

泊厦日兵,本早全退,英兵亦撤,商民渐集,市面安堵。年。寒。(庚子八月十四日午刻发)

316　江督致鄂督电

刘坤一,1900 年 9 月 7 日

杨使真电、宥电面达外部,极承许可。兹接复文,称已奏明俄主备案,乞转香帅云。坤。缉。(庚子八月十四日午刻发)

317　荆州将军致湖北督抚电

济禄,1900 年 9 月 7 日

顷据道府禀称,现有匪徒宋世河等,在监利朱河地方,聚众千余人,造械滋事,已电禀台端,拨兵迎剿等情。惟现在伏莽甚多,此股匪徒,亟应早为扑灭,如堵剿尚须兵力,尊处勇营,一时不敷派拨,可否由敝营就近添派兵队,协同剿办,以免蔓延为要,并候示覆。寒。(庚子八月十四日酉刻发)

318　清江转运司道员恽祖祁致湖北督抚电

恽祖祁,1900 年 9 月 7 日

读元电,宪台精心筹运,顾全大局,钦仰无似。职道职司转运,自闻西幸之信,即禀陈岘帅,集宁、苏、浙、广东、江西头批汇解京饷柒拾伍万两,上用白米四百石,自备江浙贡物,募勇护行,由汴探赴行在交纳;二批七十余万,月底可行,此职道急筹接济之办法也。至采办拾万石,本拟八月朔开行,头批报明在案。事局变后,浙江监兑委员报称,采办米已收万石,鄂米来壹万四千石,后无续到,是否受兑,开行何所,职道告以七月廿六,已六百里请山西抚宪代奏,候旨遵行。十二日奉岷帅转饬,初八山西恩臬司电称,初七接恽道禀,所拟转运粮饷粮台,移驻汉口、襄阳各节,办法极是,已飞禀护院,转商枢廷,据情代奏,侯(候)奉旨再行电禀,转饬恽道遵办等语。职道开局四十日,办法如此。现若拟由陆运,取道中州,应走清桃、宿睢、铜碣,入汴境归德、陈留,至祥符,共八百余里,请旨饬各州县备车倒换;若由水运,取道中州,应由洪泽湖直至周家口,聚车该处起旱到汴梁,两路相等;若至汉口,则镇船即可开行,只须镇米续兑不断耳。细绎晋臬来电语气,似有当国大臣,已到太原,故能下此断语。应否候旨,抑由浦水陆兼行,总候宪台与岷帅、泉帅商定,由岷帅饬局遵行。职道祖祁禀。盐。(庚子八月十四日西刻发)

319　盛京堂致江鄂督电

盛宣怀,1900 年 9 月 8 日

延道电,厦门日兵已退尽,英兵亦撤云。宣。翰。(庚子八月十四日①亥刻发)

320　盛京堂致江鄂督电

盛宣怀,1900 年 9 月 7 日

顷小田切函称,厦门一事,顷奉外部电,已饬一律撤回。闻外人进言岷帅,敝国有意占厦门等语。岷帅素明两国大势,岂信此谣

---

① 八月十四日,系日有误,韵目为"翰",应为八月十五日。

言,恐积羽沉船,与局面有碍,祈阁下速电江督,勿信外间谗言,鄂督处一并电咨为幸云。宣叩。愿。(庚子八月十四日亥刻发)

321　章委员电

章师程,1900 年 9 月 8 日

太原以棘闱为行宫。前跸经怀来,吴永恭办差得宜,上叨慈眷,赏三品衔,现奉派行在前站。初三,留守恭、礼两邸,溎贝勒,松、崇两尚书,齐赴英使馆会议款事。大内洋兵驻守。都市间开。不安分之洋兵教民,经各国惩办数人。东间教匪,昨复窜出滋扰,现拟相机击散,并分路剿拳。保垣市面居户,十空六七。收合余烬,主客各军四十余营,除分布外,省防不及十营。获鹿、德州均设局通运。山东真曹老师在省拿获正法。师程叩。真。(庚子八月十五日子刻发)

322　又

章师程,1900 年 9 月 8 日

庆邸初八到京,十一开议,内有万不能允一款,未知其详,俟李相到后,赫德愿居调停。此据京曹函述,甚确。师程叩。删。(庚子八月十五日酉刻发)

323　陕抚致各省电

端方,1900 年 9 月 8 日

陕省自春徂秋,雨泽缺乏,被旱四十余州县,灾重且广,库储奇绌,赈务为日方长,万分棘手。现已奏请开办赈捐,务乞大力维持,设法借助,先筹若干,以救数十万垂毙饥民,功德无量,随后劝捐归

款,情势迫切,不得不为将伯之呼,万望俯允电复。端方。合。(庚子八月十五日酉刻发)

324 李相致江鄂督电

李鸿章,1900 年 9 月 9 日

顷接东抚删电称,顷接初六自大同发枢咨,转电谕旨曰:军机大臣字寄全权大臣大学士直隶总督李,光绪二十六年八月初三日,奉上谕,全权大臣便宜行事大学士李鸿章,著即乘轮船来京,会同庆亲王商办一切事宜,毋延。钦此。遵旨寄信前来。又枢文曰:前奉谕旨,命赫德向各国借轮船赴沪,接李鸿章迅速来京,会同庆亲王商办事宜,并有寄李鸿章谕旨一道,着该税司派员赍送,业已分别字寄在案。惟事经展转,尤恐或有错误,谨恭录前次谕旨列后,即希贵抚迅速转电李大臣可也,等语。奉旨催令北上,应即料理,不日启程。庆邸想亦在途。初一所发摺片,至今未奉批谕,或有后命耶?鸿。谏。(庚子八月十六日午刻发)

325 又

李鸿章,1900 年 9 月 9 日

顷据日本领事小田密称,探闻德国欲窥伺长江。请将北洋快船收入内港,勿令挑衅被掳,并严密防备为要。鸿。谏。(庚子八月十六日未刻发)

326 江海关道致江鄂督电

余联沅,1900 年 9 月 9 日

日本小田切照会,奉外部派兵六百驻沪,专护租界,无他意云。

当嘱约束,不准游行界外。再,法兵来八百,驻新界八仙桥。谨闻。联沅。铣。(庚子八月十六日酉刻发)

327 江督致鄂督皖抚电

刘坤一,1900 年 9 月 9 日

傅相谏电,想达览。德欲窥伺长江,亦有所闻,已迭饬严防。顷又加饬各炮台防军,密为戒备,北洋各船,均泊江阴,并饬格外慎重,切勿先启衅端。保护已三月,北事将定,讵可坏于一旦。长江英商最重,德未必轻动,第有此说,不可不备。已电沪道,向各领密探,劝阻德谋,未知有济否。坤。铣。(庚子八月十六日戌刻发)

328 晋抚致各省电

李廷箫,1900 年 9 月 10 日

两宫十七日安抵太原,圣躬均万安。贵省京协饷,请速解行在,盼切! 廷箫叩。篠。(庚子八月十七日戌刻发)

329 东抚致李相盛京堂江鄂督电

袁世凯,1900 年 9 月 10 日

顷据杨运司电称,闻庆邸初八到京,十一开议,有四条:一,东三省公共;一,天津公共;一,内地驻兵数处;一,须交拳会大头目。未知确否云。似不确。凯。篠。(庚子八月十七日亥刻发)

330 驻沪日本总领事致鄂督电

小田切万寿之助,1900 年 9 月 3 日

洽电悉。顷确闻德皇亲告英使,无窥伺长江之意,等语。请放

心。切。蒸。(庚子八月十七日①亥刻发)

331 章委员电

章师程,1900 年 9 月 10 日

随扈王公大臣确单,计庆、端、庄、肃、那五王,伦、㰙两贝子,桂、泽、溥、定、志、澜六公,王、刚两相,刑尚赵,户左英,神机营苏,神虎营②溥,内务府、乾清门各大臣,太医院,甘军岑、武卫左军马。庆邸已回京。载删电,徐中堂近缢武英殿内,及其公子眷属。又王祭酒懿荣,并妾与媳,均自裁于宅。洋兵掳妇女,有居天坛者。午门内安静,外则洞开,直至大清门间驰车马,日来尚到处括财。师程叩。篠。(庚子八月十七日亥刻发)

332 章委员电

章师程,1900 年 9 月 11 日

十一日,庆邸,崑相,崇、敬、裕三尚书,那阁学桐,舒达文,在广慧寺,与各国商办。十二日,在贤良寺会议。本日奉上谕,严剿拳匪,李相未到任以前,责成护院办理。师程叩。巧。(庚子八月十八日午刻发)

333 江督致鄂督电

刘坤一,1900 年 9 月 11 日

江宁恩藩司刊印《拳教析疑说》,昨交文报局寄呈。义和拳为白莲支派,曾经饬禁,见仁庙《圣训》九十九卷,及《那文毅奏疏》,

---

① 八月十七日,系日有误,韵目为"蒸",应为八月初十日。
② 神虎营,应为虎神营。

如请剿匪,似可引用,祈酌。坤。巧。(庚子八月十八日午刻发)

334　重庆关道致鄂督电

夏时,1900 年 9 月 11 日

啸电敬悉。前据巫山县斯令庚电禀,县属兔儿坪有匪,欲藉闹教滋事,已集练团防缉。当经职道商同重庆初镇发祥,电属夔府,由英副将秀就近派兵百名,速诣助捕,并由职道拣派所部纬武军营勇两哨,由渝驶往,限两日到巫剿办。随据斯令电禀,匪闻兵勇四集,尽行逃散,职道适奉乐帅电谕,切属府县文武,暂留营勇驻防,严密巡缉。兹遵宪谕,复行转饬,务令遇事会同邻营妥办,以靖地方。职道夏时禀。巧。(庚子八月十八日酉刻发)

335　汴抚致湖北督抚电

裕长,1900 年 9 月 11 日

鉴电敬悉。两宫西幸,中州为各省转运枢纽,络绎于道,官民交困,正思筹画运费,以资津贴,乃蒙代筹协济,心感无既,除录电行司,将运晋运秦路程分别查明详咨外,合先电谢!电线材料由豫南陆运赴晋,已飞饬经过地方文武,妥为护送矣。开封电线,断至曹县,仅二百余里,线料无存,难以修复,顷由盛京卿派员来此,以便修补。长。巧。(庚子八月十八戌刻发)

336　巢委员电

巢凤冈,1900 年 9 月 12 日

闻胶州德兵陆续见增,意图进占,沧州以北团民,盘查船只,聚散无定。冈禀。巧。(庚子八月十九日戌刻发)

337 东抚致各省电

袁世凯,1900 年 9 月 12 日

昨接山西恩署臬台函称,两宫初五、六抵大同,驻跸太原,当在中秋左右。晋垣行宫,及王大臣行馆,仓皇预备,大致就绪,惟用款阙如,乞筹粮饷,赶速协济,并转电东南各省等情,谨转达。凯。效。(庚子八月十九日亥刻发)

338 锡藩司致湖北督抚电

锡良,1900 年 9 月 14 日

庚电谨悉。鄂军抵顺德、赵州,湘军抵栾城、正定,因无车阻滞。本司选精锐三百,驰赴太原。圣驾十七临幸,蒙召见,面陈车辆为难情形。荣相又札调驻军固关,廷旨调赴行在,顷毓佐帅奏准酌札覃、怀,局面屡易,进止两难,饬两军暂驻直境,趁闲训练,以俟确信。行在需款甚切,鄂饷二十万,正可先到,已禀请佐帅,咨明宪台及豫抚,赶催解运前来。昨方镇来函,饷至许州,为豫抚扣留,请飞咨饬解,实为要著。锡良谨禀。箇。(庚子八月二十日①申刻发)

339 盛京堂致江鄂督东抚电

盛宣怀,1900 年 9 月 13 日

岘帅号电谨悉。傅相廿一上船时,与德使约在铁路公司相见,且盼如何议论,再电达。宣。号。(庚子八月二十日戌刻发)

---

① 八月二十日,系日有误,韵目为"箇",应为八月二十一日。

340　章委员电

章师程,1900 年 9 月 14 日

圣驾十六抵太原。荣相有旨饬回京,会同李相议款,廿四五可到保。晋抚请由德转潘行在,陆运颇难。洋人欲分兵来保剿拳,庆邸力阻,由直督自办。但京东西拳势猖獗。京津铁路,英修将竣。师程叩。马。(庚子八月二十一日午刻发)

341　上海道致江鄂督苏抚电

余联沅,1900 年 9 月 14 日

傅相廿一乘安平北上。联沅。马。(庚子八月二十一日未刻发)

342　上海道致江鄂督电

余联沅,1900 年 9 月 14 日

德水师督本乘新阿咽雷炮船入江,前经电禀,顷德领函,该船损坏回沪修理,另派舒阿里贝炮船赴汉云,谨闻。联沅禀。马。(庚子八月二十一日未刻发)

343　盛京堂致江鄂督苏抚电

盛宣怀,1900 年 9 月 14 日

傅相申初开轮。穆使语言不着边际,战事推提督,和局推外部。瓦约八九日到沪,询其何往,云俟面商再定。此后寄相电,请交敝处代转。烟、津由水线,津、京暂由行军洋线,字数宜简。宣。箇。(庚子八月二十一日亥刻发)

344　巢委员电

巢凤冈,1900 年 9 月 14 日

初八起,大沽续到德兵一万五,俄五千。拳集直东之庆盐利滨等处,现定两省夹击。两宫深悔,亦沿途斥逐,奈随从多拳,不易遣散。冈禀。马。(庚子八月二十一日亥刻发)

345　江督致鄂督芜湖九江两关道电

刘坤一,1900 年 9 月 15 日

俄总领事电,本国兵舰格里墨奚拟于日内前往汉口,请速行知照云。坤。养。(庚子八月二十二日酉刻发)

346　陕抚致鄂督电

端方,1900 年 9 月 15 日

顷据汉中府报,有英教士聂曜庭、胡进洁等男女大小十三人,由甘省到郡,定于八月十三均回上海,该府选派妥勇护送,并移札安镇府一体照办,护至鄂省老河口交替,等语。除已径电老河口水师张、光化县梁、襄阳道朱,饬拨炮船认真接护外,仰恳电饬遵照办理,愈形周密。端方。养。(庚子八月二十二日酉刻发)

347　盛京堂致鄂督电

盛宣怀,1900 年 9 月 16 日

汴线,裕帅奏明不能保护,只可缓造。宣。养。(庚子八月二十三日辰刻发)

348　东抚致鄂督电

袁世凯,1900 年 9 月 16 日

养电拜悉。匪徒以盐庆为老窠,人数甚多,持有枪械,必须先除。吴桥境内亦有两股,逼近东境。前商合肥,已遣兵越境剿办,节节清理,遵饬派去各营依次进剿,天下惟一,断无畛域,但海防吃紧,不敢多遣兵远出耳。凯。漾。(庚子八月二十三日巳刻发)

349　巢委员电

巢凤冈,1900 年 9 月 16 日

庆邸回京,谓各使署惟德不请见,各使深以罪己诏太轻。津河东北设巡捕,准举绅商六人襄办,名曰汉文司员。冈禀。漾。(庚子八月二十三日未刻发)

350　又

巢凤冈,1900 年 9 月 16 日

荣相廿二由平定途次回保,俟李相入都再赴议。沪传洋报,英探俄兵在芦沟桥暨南苑地方,为我军小战被围,实无其事。李相有旨令在津接篆,顷来电以洋界未便,到京开议时接篆。师程叩。梗。(庚子八月二十三日亥刻发)

351　东抚致江鄂督盛京堂电

袁世凯,1900 年 9 月 17 日

庆邸由北京日本督理军务局转来一电,调廮昌越京到东,只一日,尊处如有寄庆邸电,可托日局转送,或嘱小田电托该局更妥。凯。敬。(庚子八月二十四日巳刻发)

352　厦门道致鄂督电

延年,1900 年 9 月 7 日

泊厦日兵,本早全退,英兵亦撤,商民渐集,市面安堵,请纾宪厪。寒。(庚子八月二十四日①午刻发)

353　太原电报局致各局电

太原电报局,1900 年 9 月 17 日

本日上谕:此次衅端,实由拳民无故肇祸,教民因而疑惧,以致两不相下,扰攘非常。不知教民、拳民均我赤子,朝廷视民如伤,该教民等但能各安本业,自应照常保护,无所用其疑虑。著各直省督抚谆饬各该地方官,开诚布公,切实劝导,俾各教民咸知一视同仁之意,坦然无疑,如常安处。至拳民多系拳匪迫胁,亦何忍不分良莠,概加诛戮?并著各该地方官明白晓谕,即令解散归农。倘仍敢纠众麕聚,不知感悟,一旦大兵所指,不分玉石,后悔莫及,勿谓不教而诛也。特此通谕知之。钦此。廿四日。太。(庚子八月二十四申刻发)

354　盛京堂致鄂督电

盛宣怀,1900 年 9 月 17 日

沙多面禀:新黄陂县甚好,汉信稍平靖,拟即令第二段开工,但防护一切,须照第一段办法,等语。候示复,即饬遵。沙多因洋兵将到保定,日内即北上。宣。敬。(庚子八月二十四日亥刻发)

---

① 八月二十四日,系日有误,韵目为"寒",应为八月十四日。

355　盛京堂致江鄂督东抚电

盛宣怀，1900 年 9 月 18 日

岷帅、慰帅敬电，所商保定事，昨电庆邸、李相云：闻洋兵将赴保，以剿拳匪、迎教士为名，匪已遵旨派兵三路分剿，保定教士，已电廷护院妥送长辛店或芦沟桥，交洋兵接收。和局即将开议，保定为直督省会，尚有吕本元数十营，迎拒两难，免生枝节，等语。可否请岷帅、香帅会电各使，设法阻止。俄先允撤兵，然非停战不可，想必须于停战期内开议。庆邸来电，急待开议，迟则生变，盖以德师①数日即到也。宣。敬。（庚子八月二十五日丑刻发）

356　滇督致湖北督抚电

丁振铎，1900 年 9 月 18 日

滇省强邻迫处，觊觎正深，自北事披离，教案未结，边民震惧，各不自保，仓猝增兵筹械，布置边防，日来西南防务吃紧，需用饷械，为数繁多，本省虽竭力筹画，实有左支右绌、顾此失彼之势。滇为受协省份，兵单饷弱，久在洞鉴，每一举动，罗掘俱穷。铎与李藩司仰屋焦筹，无补毫末。前次奏奉谕旨，令川、鄂、湘、粤四省先行筹济军火，随拨饷银协助，尊处奉到此旨，当早代为熟筹矣。查滇省据长江上游，由川黔而达鄂汉，均属建瓴之势，关系利害，最为切至。况此时关中既建行在，则凡屏蔽西南，保障内地，胥惟滇省是赖，必滇省无恙而后川黔安枕，陕楚乃保无虞，陕安则天下胥安。而本省饷械缺乏，为各省所未有，一旦有事，岂能责诸军以枵腹从

---

① 师，应为"帅"。

戎,徒手搏战? 奉旨协助饷械,务望我公推唇齿之厚爱,念大局之险危,祈将锡帅面恳蒙允拨济之小口径毛瑟无烟枪,多配子码,克日发交此间所委任驻鄂委员任丞亮标,星速飞解回滇外,并祈推爱,再行筹拨,接续起解,以便此间委员迎提。其历年欠解滇中协饷银七十一万两,尤望饬司设法速筹汇解,移缓救急,俾得战守有具,士马饱腾,公义私情,至深感荷。此外倘能饬局再代滇省搭造军火,依时解济,及将贵省存储不用铜帽枪暨前膛旧式洋枪,但未十分锈坏,可以修理备用者,祈饬提擦整配,带枪码铜帽分起运滇,多多益善,以备发给各属团练,防守本境之需。滇省此时,急何暇择? 在他省素视为钝器不适用、不肯用者,一拨滇省,都为利器。此项枪枝连代造暨前允济之枪炮,应需价值若干? 统祈饬属核明价值,开示清单,或即抵算协饷,或由欠饷扣除,无不唯命是听。总之,滇省居黔楚上游,为川陕屏障,关系至重,但得靖内攘外,何分畛域? 矧台端公忠体国,宏济艰难,以天下大局为己任,必能联合一气,力保危疆,共卫行在。谨率全滇亿万生灵同声呼吁,伏乞谅鉴允行,迅赐电复。除函牍咨达外,谨先电恳。铎叩。敬。(庚子八月二十五日巳刻发)

357　陕抚致鄂督电

端方,1900 年 9 月 18 日

前奉啸电,保护曲沃土匪扣留英教士二人,当经派委姚丞汝桢前往解救。廿四,姚丞由潼关来电称,曲沃一事,曾电嘱俟邓委员往探。据复称,实无勒赎情事,惟闻曲沃、闻喜交界之双牌县地方,本月初曾有路劫洋人并被戕之事,拟俟到该处时,即为查明电复。再,韩岭游勇甚不安静,等语。除饬速查禀复后再电冰鉴外,谨先

电闻,转达。端方。有。(庚子八月二十五日午刻发)

358　巢委员电

巢凤冈,1900 年 9 月 19 日

闻静海到洋兵三千,安州之新安团匪仍聚。冈禀。宥。(庚子八月二十五日①酉刻发)

359　江督致鄂督皖抚东抚电

刘坤一,1900 年 9 月 18 日

鄂敬电悉。已照四要义拟电,会鄂、东、皖衔,电由盛设法,转电庆邸、两相矣。都城洋兵分守,若由东驿递,恐不能达。十九旨依议各节,亦未悉。昨询盛,尚未接复。坤。有。(庚子八月二十五日戌刻发)

360　皖抚致鄂督电

王之春,1900 年 9 月 18 日

敬电四条谨悉。救时要图,关系大局,已电请岘帅挈衔电致矣。春叩。有。(庚子八月二十五日戌刻发)

361　东抚致江督鄂督盛京堂电

袁世凯,1900 年 9 月 18 日

顷接太原信,礼邸在京病,新添端、那两邸入枢廷。凯。有。(庚子八月二十五日戌刻发)

---

①　八月二十五日,系日有误,韵目为"宥",应为八月二十六日。

362　盛京堂致江鄂东皖各督抚电

盛宣怀,1900 年 9 月 18 日

有公电四条,已转天津李相,再转庆邸荣相。宜。径。(庚子八月二十六日丑刻发)

363　章委员电

章师程,1900 年 9 月 19 日

西安将作陪都,寄谕陕抚,从俭恭办。李鉴帅、崇公赐祭,饬直督躬代。庇拳之谭道文焕,奉旨革拿,已在沧州拿获,将解省审办。其旧沧州地方拳匪,经梅提督痛剿,毙匪千余。该处一带,渠魁林立,竟敢挖壕结寨,现会同东抚合击。安肃匪众剿办就绪。定兴各团闻大兵来,有散者。涿州城中阳改民团,听官约束,城外犹抗拒,将与盘踞白沟河之匪一律剿洗,以清省北驿道。京兆署日人退出,尹宪檄大、宛两县速回办公。洋兵仍有来保信。沙多、普意雅将同来勘铁路,护院已力请庆邸阻止,一面派警至正定、安肃,将各堂洋教士及羁旅洋工,尽数加护赴京,冀免来保蹂躏。省市居民,十空八九。武卫甘军去而复返,骚扰民间,畏甚于敌。南漕因黄浅滞渡。畿疆大秋颇丰。端、庄两邸奉旨人主枢廷,澜公充御前大臣。师程叩。宥。(庚子八月二十六日酉刻发)

364　护理直隶总督廷藩司致鄂督电

廷雍,1900 年 9 月 19 日

养电悉。直属拳匪猖獗,已奏请剿办,奉有明旨,当派吕道生、梅如云两军会办天河一带之匪,署天津镇徐得标、范游击天贵分办涿州白沟河一带之匪,均已开拔前进。梅军向驻沧州,昨于八月十五夜,乘匪不备,于冀州地方毙匪千余,夺获绘龙伪纛器械甚夥。现匪窜至王程家林及南三路灌镇,开濠筑垒,纠众聚粮,以作负嵎之计。惟梅军仅有三营,兵力太单,青、沧西北一带,拳匪遍地,吕军不能与合,正拟请山东慰帅,就近拨兵,协同夹击,自可一举济事。将来天河一带肃清之后,常留分扼要隘,以防余烬再燃。傅相航海北上,日内计可抵津,即赴京会议。荣相仍来保,候傅相抵津后情形,再定行止。惟洋情狡诈,尚有到保剿匪之谣,不得不备耳。廷雍覆。宥。(庚子八月二十六日酉刻发)

365 江督致鄂督电

刘坤一,1900 年 9 月 20 日

沁电悉。敝处前见匪帖,语极鄙俚,不值一笑,因贴首确有各国允立康王有为之语,故商请英领照会敝署出示,藉靖人心。目下谣已息。坤。感。(庚子八月二十七日戌刻发)

366 章委员电

章师程,1900 年 9 月 20 日

十七日,英提督乘小火轮,率兵二千,赴独流,搜拳老巢,屠戮一空,随遣兵官至县城,王令树泰与婉商自办余党,犒以食品,洋弁忻然,互具结约而返,旋折向胜芳一带,中途即回津。文、永、东三县,匪势颇炽,兵队苦不敷剿。李相无到京信。电驿皆阻。护院现请庆邸与各使商,转饬守门与芦沟桥洋兵听送公文出入。师程叩。沁。(庚子八月二十七日亥刻发)

367　盛京堂致江鄂督电

盛宣怀,1900 年 9 月 12 日

前传德兵犯长江,即知不确。现闻德舰拟至海州青口一带,欲踞徐海,是与日照、胶州毗连,不为无因。若一开仗,便弃其地。瓦提督十余日即到沪。穆使似候瓦相见。宣叩。效。(庚子八月二十九日[1]寅刻发)

368　巢委员电

巢凤冈,1900 年 9 月 22 日

昨回德,获设转运贡差局。两宫仅有随身衣履,随从约二万余,亟盼南漕接济。岑春煊护驾,马军留驻居庸关。宣化陈令,本赏道府用。怀来县吴令永,开缺以知府用,在行在前站照料。荣相廿二回保。夷拟分两路进兵剿匪,庆邸力阻,尚未允。护院派队分剿,并拿谭文焕。现涿州城内及杨青、静海、唐官屯均改民团,静海所到之兵,经王令出具全境无拳切结,兵即去。夷坚请两宫回京,并愿京津印官速回办公。甘军溃勇,又至保骚扰。冈禀。感。(庚子八月二十九日午刻发)

369　驻上海法国总领事致鄂督电

白藻泰,1900 年 9 月 22 日

电悉。蕲州教案,本总领事不知其详,现札玛领事与贵大臣商量兵轮可否前去。驻沪法总领事白复。(庚子八月二十九日未刻发)

---

① 八月二十九日,系日有误,韵目为"效",应为八月十九日。

370　章委员电

章师程,1900 年 9 月 23 日

行在改抚署,闻允回銮请,将发明诏。端直枢垣,庄讹。肃邸日昨领神机二营至省,往西陵安置。洋兵近率炮车百余辆赴西山剿拳,以四平台地方避暑,洋房早被匪焚。总署已让出,允给洋牌赴沪购米。徐大司马查奏各部院寺堂司在京者,共八十余员。李相二十六到津。洋兵允不犯保。正定教士暨铁路洋工,以未奉该国使知会,不愿赴都,该教士等已函询京使遵办。盐庆一带,东抚派七营越境助剿,津南指可荡清。师程叩。晦。(庚子八月三十日午刻发)

371　盛京堂致荣相及江鄂闽督东抚电

盛宣怀,1900 年 9 月 24 日

日本李使卅电称,伦敦电,德廷商各国,欲中国先交出主谋之人,方可开议,美廷甚不以为然,复称不能照办云。宣转。卅。(庚子闰八月初一日子刻发)

372　盛京堂致李相江鄂督东抚电

盛宣怀,1900 年 9 月 25 日

午帅电,端邸入值枢垣,已见抄报,乘舆幸陕,尚无定期云。宣。东。(庚子闰八月初二日丑刻发)

373　巢委员电

巢凤冈,1900 年 9 月 25 日

合肥二十七到津,拟进京接印,俄领晋见,余未往。闻两宫已离太原,令董统十营,仍招旧部。胶德进兵,廮昌婉商,允俟匪静再修

道工。文、永、东匪势炽。冈禀。冬。（庚子闰八月初二日未刻发）

374　晋抚致湖北督抚电

锡良，1900 年 9 月 27 日

上谕，王大臣纵庇拳匪，启衅友邦，庄、怡邸、濂、滢贝勒革爵，端邸撤差严议，澜公、英总宪严议，刚相、赵尚书议处。鹿滋帅入政府，毓佐帅开缺。本司升晋抚，叩谢。张曾敫调湘藩。锡良禀。江。（庚子闰八月初四日巳刻发）

375　巢委员电

巢凤冈，1900 年 9 月 27 日

津探，俄日许撤兵，德忿未泄，坚索罪臣，仍欲犯保，拟将藩库款移河间或定州。拳匪独流洗平，沧州剿散，安州解散。两宫移驻晋抚署。各使密议请回宫，如不允，即兵迎。冈禀。支。（庚子闰八月初四日午刻发）

376　章委员电

章师程，1900 年 9 月 28 日

傅相初三、四入都，住安徽馆，初八出京。德王已饬德总统兵不犯保。朝事消息颇佳。师程叩。微。（庚子闰八月初五日辰刻发）

377　东抚致鄂督盛京堂电

袁世凯，1900 年 9 月 28 日

支电悉。设电泡为要务，但直境余匪尚多，似必须派兵巡护。凯。微。（庚子闰八月初五日午刻发）

378　江督致鄂督东抚盛京堂电

刘坤一,1900 年 9 月 28 日

东微电悉。事至此,何能再战?诸人殆自为计耳。此后事益棘手,全局危甚,祈慰帅多发晋探,杏翁饬太原电局随时探报,一面将东两微电速转傅相。坤。歌。(庚子闰八月初五日未刻发)

379　章委员电

章师程,1900 年 9 月 28 日

初二上谕,端开一切差,停俸;庄、怡暨泽、澜等爵均夺;刚相、英、赵两尚书,皆严议。相辕在津,外人监守,接印无定期。荣相暂不入都。霸州匪踞城,已派援。固安同急。黄村洋兵自剿。津南、直东合击。师程叩。歌。(庚子闰八月初五日酉刻发)

380　江督致鄂督东抚盛京堂电

刘坤一,1900 年 9 月 29 日

东、歌电悉。具见苦心补救,佩甚!处分王大臣,已见明谕,尤冀暂不幸陕,已电询午桥,如确已定期,当请傅相体察情形,酌量会奏谏阻。至直、东两省剿拳、抚回,则傅相、慰帅优为之也。坤。鱼。(庚子闰八月初六日午刻发)

381　晋抚致湖北督抚电

锡良,1900 年 9 月 29 日

圣驾初八西巡。锡良禀。鱼。(庚子闰八月初六日戌刻发)

382 盛京堂致江鄂闽督东抚皖抚电

盛宣怀,1900 年 9 月 29 日

奉鲁歌、鄂语电,谏阻幸陕一节,午帅电王大臣及何乃莹、彭述已奏暂缓。顷德总领事面称,两宫回京,和局易定,答以洋兵不退,臣下断不敢请。彼又称赴陕确否,答以我前告贵国钦差,如攻保定,幸陕必速。闻各国均愿驾回,以此可挟制退兵。目前局势,似可暂驻太原为稳慎,如欲经营陪都,亦宜俟诸异日。倘蒙尘不返,中外人心不安,恐迫成分裂偏安之局,慰帅借回部立言,香帅主不可近回、不可再战,应请岘帅、香帅主稿,领衔会奏。傅相在津,似立言应稍殊,拟请傅相单衔电奏,以免延误。宣。鱼。(庚子闰八月初六日亥刻发)

383 东抚致鄂督电

袁世凯,1900 年 9 月 30 日

歌语三电均拜悉。长者公忠体国,通筹全局,感佩莫名!昨已电请傅相,告德使以东境可保平安,倘有匪扰,定能尽力剿平,现与在东德员均甚友睦,等语。现要计在认全权,认地主,始可开议。顷接探报,有仁和未出京,启秀无下落之说。凯。虞。(庚子闰八月初七日巳刻发)

384 章委员电

章师程,1900 年 9 月 30 日

傅相改在津接篆再入都,督印初六送往,华官往谒,不准衣冠,文报送税务司转递。德使奉旨赐奠。其总统瓦尔到津,闻索办首祸四,余党数人。各国重兵咸屯唐沽。北塘于廿八失。洋兵至霸州信安镇,绅民犒迎而去。师程叩。虞。(庚子闰八月初七日午刻发)

385　德安知府廖正华致湖北督抚电

廖正华,1900 年 9 月 30 日

语电敬悉。七月初二日,安陆县被游勇拥入英国医院,仅损门窗玻璃,并无伤人、毁屋、抢劫情事,早经王令赔整寝事,禀奉关道照会核销在案。云梦县胡福涛,因该县饬照向章发价,帮办秋祭猪只,抗违被责,讯非迎神赛会,勒派钱文,经祝令开导,自愿领价帮办完案,并无抢毁教堂情事,已禀复关道查核在案。随州边境,并无匪扰。姜参将初六赴随。该州各教案,已据金牧勘报,起获多赃给领,获犯讯办。昨金牧过郡,询据称,尚易了,惟牧师已赴上海,呈报失物,多寡不无虚诬,办结尚须时日,业已飞饬新任徐牧赶紧依限了结,并督饬绅士,联络员弁,妥为保护,毋再生事,以纾宪厪。德安。正华。阳。(庚子闰八月初七日午刻发)

386　江督致鄂督电

刘坤一,1900 年 9 月 30 日

盛鱼电想达览。尊电俟各国见冬电旨语气,酌量措词,实为卓见。宁、鄂既奉旨随时函电商办,似不必另行具奏,致有歧异,观端电亦未必遽幸陕。仍祈裁酌。坤。阳。(庚子闰八月初七日申刻发)

387　护直督致鄂督电

廷雍,1900 年 9 月 30 日

直匪剿办,幸能得手,得东军相助,津属匪焰亦衰,殄灭当易。保德电线极应早设,奈无线杆钩盔可购,倘盛京卿有料运德,则安设事宜,自当竭力赶办。既经电商东沪,专候另饬遵办。廷雍

复。阳。(庚子闰八月初七日酉刻发)

388　盛京堂致江鄂督东抚电

盛宣怀,1900 年 10 月 1 日

奉宁阳、济虞、鄂虞电疏稿,痛快淋漓,不参董而自警怵,不阻幸陕而自可缓,朝廷虽无再战之意,而不妨痛论,以坚圣意。鄙见不必傅相领衔,徒多耽搁,即请刘、张两帅领衔,速电午帅缮奏,免再延误。语电本未电津。宣。庚。(庚子闰八月初八日申刻发)

389　东抚致江督鄂督盛京堂电

袁世凯,1900 年 10 月 1 日

沪庚电悉。各国请回銮,乃愈去愈远,是拂其请也。方望开议,恐因此又生枝节,香帅拟奏件,宜速约发。仁和此电,似亦望外援。凯。庚。(庚子闰八月初八日戌刻发)

390　巢委员电

巢凤冈,1900 年 10 月 1 日

停战各国皆允,惟德候统将北来再议。拳匪聚处,夷欲自剿,各使详查教士洋商下落。霸固匪猖獗。冈禀。庚。(庚子闰八月初八日亥刻发)

391　江督致鄂督电

刘坤一,1900 年 10 月 2 日

杨使江电,岘帅香帅鉴:宥电遵转。联军到京,各使无恙,儒即屡催外部，力撤兵以践前言，开议以复邻好。俄遂允撤京兵，然他国非之，英、德尤力梗之，谓徒长中国虚骄之气，转误大局。俄不得已，特请傅相会两公奏请回銮，意谓全权如面秉机宜，罪首可缓图处置。当电傅相转达在案。尊处所属，外部深佩苦心，据称俄本意俟两宫回京开议时，必先择一和平榜样，使他国不敢任意要求，曾向贵大臣面言之。乃近览中国举动，又有变局，现值德通告各国，先惩罪首，再开和议，而贵国于此辈，非但不摈斥之，反重用之，入军机者有人，各国群相哗然，德尤以此举专与彼作对。德统帅到华，本欲生事，现正与以藉口之资，非但难以止兵，是逼之增兵也。明春势必大举西向，恐咸阳之宫阙未成，又将税皋兰之驾矣。陕甘地瘠民贫，偏安非计，可惜好机会而自己不肯下场，甚为贵政府所不取也，等语。外部之言，激切周挚。窃观朝政，负嵎之势已成，国事正难措手，焦虑万状。两公有何救时之策，尚祈详示云。又吕使歌电：德外部久不接待，宥电遣赓参赞婉告，剖析利害。彼不置可否，竟难理喻，曷胜焦愤云。坤转。庚。（庚子闰八月初八日申刻发）

392　东抚致江鄂督盛京堂电

袁世凯，1900 年 10 月 2 日

沪霁电悉。如真幸陕，京津恐难完璧，东三省更不待言，关系甚重，即请杏公速电傅相，会同庆邸电阻，我辈仍另会奏加功。凯。青。（庚子闰八月初九日巳刻发）

393　东抚致各省电

袁世凯，1900 年 10 月 2 日

顷接陈京堂夑龙上月二十八日专书，称刻由庆邸联在京各官衔名合词恭请回銮,不知圣意如何,倘外边疆臣合词电请早日驾旋,尤为大局之幸,嘱转达云。尊意如愿会奏,请迳电岘帅主稿,领衔会电,盼复! 凯。青。(庚子闰八月初九日戌刻发)

394 章委员电

章师程,1900 年 10 月 2 日

董帅添募七营,裁武卫中军十营饷济之,行在各军,均归节制。岑方伯擢秦抚,有扈跸西行说。荣相丧偶,俟日外部允准保护,即入都。固安拳匪甚炽,该县典史往牛驼劝谕被戕。礼贤、落伐均洋兵往剿。师程叩。青。(庚子闰八月初九日亥刻发)

395 江督致鄂督东抚盛京堂电

刘坤一,1900 年 10 月 3 日

沪三佳、东青电悉。荣回行在事,慰帅所论极是,似应照办。香帅疏稿专主防回、劾董,于大局不无裨益。初八启銮,已有明文,请杏翁电傅相谏阻,或可邀允,祈再酌。坤。卦。(庚子闰八月初十日午刻发)

396 盛京堂致江鄂东皖各督抚电

盛宣怀,1900 年 10 月 3 日

慰帅电,接荣相庚电,会商后即奏明,请仍回行在面奏一节,应俟禄进京,与庆邸、李相会商后斟酌,祈转达杏荪云。宁、鄂皆称东电极是,自应到津斟酌。西幸长安,已启銮矣。佳电拟请两端,乞注销。宣。卦。(庚子闰八月初十日午刻发)

397 江督致鄂督东抚电

刘坤一,1900 年 10 月 3 日

鄂卦、子,东青电悉。阻幸陕宜由全权说,已电请杏翁速电傅
相酌办。香帅稿在晋在陕句,仍祈酌改,处置董法,即照此办理。
另片自如此时起至办理廿字,似可删去,较简净。祈速发,勿再商。
坤。蒸。(庚子闰八月初十日亥刻发)

398 湘抚致鄂督电

俞廉三,1900 年 10 月 3 日

卦电敬悉。衡案感承指示,遵当照办,另行呈复。顷接德制台
蒸电,以接傅相电,饬福军全队折回,不得北上,已飞饬刘镇遵照回
粤。广西两营,张臬司廷燎率营官王殿魁统带,极安静,今午由省
开行。据云,京饷数万汇汉口兑取,虽已遵电飞告,恐难改道也。
廉。蒸。(庚子闰八月初十日亥刻发)

399 东抚致江督鄂督盛京堂电

袁世凯,1900 年 10 月 3 日

顷接黄花农自德来电,接津探,初六有德、俄等兵万余过良王
庄,分路一由青县攻保,一由运河自四女寺剿匪,且恐到德驻扎,初
八已至唐官屯,等语。请杏翁转电傅相,倘其果来,何以应,迅示
复。凯。蒸。(庚子闰八月初十日亥刻发)

400 江督致鄂督东抚盛京堂电

刘坤一,1900 年 10 月 4 日

鄂药午电悉。所见甚远大,极佩! 此时万难回京,坤已屡言

之。回太原与否,应请全权酌奏,语方切实。今启銮已数日,恐未必遽回耳。鹿入枢,似刚、赵已撤,请鄂电询午桥。坤。真。(庚子闰八月十一日午刻发)

401 巢委员电

巢凤冈,1900 年 10 月 4 日

津报,行辕出入,勿准衣冠,呈送信函,夷亦严查,合肥面有忧色,不愿属员多往。京报,各使非得罪臣,不甘心。雄霸匪为夷驱散。济阳拳戕县官。冈禀。灰。(庚子闰八月十一日午刻发)

402 巢委员电

巢凤冈,1900 年 10 月 4 日

初八津报,德统将到津,相谒未晤。闻派兵一万,印度六千,即日开差入南运河,分保、德两路进发。冈禀。真。(庚子闰八月十一日申刻发)

403 浙抚致鄂督电

刘树堂,1900 年 10 月 4 日

佳电奏稿读悉,佩甚!请列贱名。国事艰危,事机急迫,此后尊处主稿会奏事件,均请先列贱名,再行电示为祷。树堂。真。(庚子闰八月十一日申刻发)

404 闽督致鄂督电

许应骙,1900 年 10 月 4 日

佳电悉。董诚应劾,惟其军令四人分统一节,似仍须斟酌。闻董部多系河州悍回,恐不受约束,将生他变,投鼠忌器,乘舆所在,尚宜计及万金。鄙意不若令其带队回甘,徐图遣散,较为稳妥。马安良自应止其赴陕为妙,祈高明酌之。骙。真。(庚子闰八月十一日亥刻发)

405　章委员电

章师程,1900 年 10 月 4 日

两宫初八幸秦。鹿制军以尚书暨何副宪入枢密。毓开晋抚,锡湘藩升授。颐和园三海敌让出。八国各以千兵守都,饬各城地方办民团,先于美分界内起,余兵退津。保定致总署公文,由固安县专送汪芝麻胡同舒提调文宅内呈堂,系庆邸谕。李相初八晤德总统。津郡厘盐,洋人均照旧章抽收。所有各房产市肆,亦于闰朔分别榷税。师程叩。真。(庚子闰八月十一日亥刻发)

406　巢委员电

巢凤冈,1900 年 10 月 5 日

保报,荣相请日本保护,毓中丞守固关,董随扈,仍节制各军。沧报,洋兵千余,至各村放枪搜索。北洋运局拟移临清。粮道库款解省。冈禀。文。(庚子闰八月十二日辰刻发)

407　粤督致鄂督电

德寿,1900 年 10 月 5 日

任将不宜再误电奏一节,谨已读悉,请即挈衔为祷。陕甘回民众多,呕应慎之又慎,以免后患。寿。文。(庚子闰八月十二日未刻发)

408　张委员电

张华燕,1900 年 10 月 5 日

昨到差,见署臬。傅相在津海军公所接关防。俄备供张。各国惟日领事往见。德兵二万余将至津。和似无把握。剿拳后再开议,停战无明文。荣相在此候傅相信。闻被戕之德使已赐祭,派崑相。庄、怡两王,濂、瀛两贝勒革爵。刚、赵交部议。英从严。保城防十余营。夏辛酉军赴滕州。天津印官牌示,未赴任。各国在督署设总统,暂行事。拳踞霸州城,雄县、容城亦猖獗。新安、定台、安肃之拳均解散。庇拳之谭道文焕,解省堂讯。华燕禀。齐。(庚子闰八月十二日未刻发)

409　上海送致江鄂督电

余联沅,1900 年 10 月 5 日

美使柔克义,坐克思坦炮船,十三日上江,赴汉口。领事嘱电江阴炮台,并禀明宪台,届时升旗致贺云。除电转外,谨闻。联沅。真。(庚子闰八月十二日申刻发)

410　川督致鄂督电

奎俊,1900 年 10 月 5 日

尊处会劾之件,有可虑者三:请速电午帅暂缓发递,敝处今晚尚有续电详达一切,先此奉闻,并电午帅。俊。文。(庚子闰八月十二日申刻发)

411　江督致盛京堂电

刘坤一，1900 年 10 月 5 日

鄂真电悉。致各领电极妥善，请杏翁先行探商，如能转达，即照鄂所拟，首加某总领事鉴，尾加南洋大臣刘坤一、湖广总督张之洞等字，饬上海电局照译数分，送各领署分投，一面电复宁鄂知照为荷。坤。文。酉。（庚子闰八月十二日戌刻发）

412　东抚致江鄂督盛京堂电

袁世凯，1900 年 10 月 5 日

顷据黄道续探电称，联军千余人，已由唐官屯折回静海，运河一带，当可无虞云。凯。文。（庚子闰八月十二日戌刻发）

413　盛京堂致江鄂督东抚电

盛宣怀，1900 年 10 月 5 日

傅相真电，各使电奏极剀切。俄、德使啧有烦言，谓此大罪人交议，显欲宽纵，何若徐、许无罪被戮之爽快，必将并力要索，甘受挟制，询诸帅能设法否？荣事或简奏，不必冗长。德兵出扰静海，文报皆阻，德线暂缓云。宣。文。（庚子闰八月十二日亥刻发）

414　又

盛宣怀，1900 年 10 月 5 日

鄂拟电沪领事文，顷面商熟悉总领事，据云只可代达外部、公使，论分际不能径达统领，拟改"转恳外部及领事"。又"德、俄、印度兵"，拟改"探闻联军已过天津"，余甚妥，等语。即请岘帅径电，或由敝处钞电函致，均可。宣。文。（庚子闰八月十二日亥刻发）

415 又

盛宣怀,1900 年 10 月 6 日

东拟会〔奏〕,切实沉痛,就妙在吁恳明旨事定回京,目前系托空词,当可邀允。宁电附片,按启銮日期,必须有此补笔。现闻各国有谋保定、汉口两路进兵之说,想停战约内,必有请回銮一节,如不准,难保不逼成分裂。此奏所关匪细。宣去冬亦有密折,请经营陪都,然非所论于今日。请慰帅附列贱名,奎帅、绰帅、善帅均愿列衔。宣。文。(庚子闰八月十三日丑刻发)

416 又

盛宣怀,1900 年 10 月 6 日

东文电致各领电宜稍缓,遵候续示。宣。(庚子闰八月十三日巳刻发)

417 东抚致江鄂督盛京堂电

袁世凯,1900 年 10 月 6 日

陕电,可待京佳音赴汴回京云,语尚可信。乞杏公速电傅相,赶议退兵回銮,迅电奏,冀可挽回。佳音想指退兵说。顷接太原初八日探报,西幸事,王公以下均不愿,日行只七八十里,并传尖站限三十里内。董初七开马步三十一营旗,兵数寥寥,随扈推岑部四旗,马军初九开云。凯。元。(庚子闰八月十三日巳刻发)

418 又

袁世凯,1900 年 10 月 6 日

沪文各电悉。德、俄使烦言,似宜由傅相、庆邸据实电奏,必有济。诸帅似难设法。西幸则和议恐缓,诸谬恃护,更不知有何变局? 转瞬北洋各口冻封,其分兵进兵自在意中,惟有协力补救,以俟命耳。杏翁衔已电陕附名。元。(庚子闰八月十三日巳刻发)

419　滇督致江鄂两督电

丁振铎,1900 年 10 月 6 日

佳电敬悉。托端午帅代缮电奏之件,铎愿联衔。入奏后有无举动,祈密示。铎叩。元。(庚子闰八月十三日午刻发)

420　江督致鄂督东抚盛京堂电

刘坤一,1900 年 10 月 6 日

东、沪各文电悉。联军既无图南意,此电可暂存杏翁处。东果有警,再行钞电送各领。坤。元。(庚子闰八月十三日未刻发)

421　又

刘坤一,1900 年 10 月 6 日

沪转傅相电续悉。交议仍入直,难免为外人藉口。各使电奏极切实,若得全权据各国言上陈,或可动听。疆史未敢再言,各有分际也。祈杏翁密电傅相,筹度办理。坤。元。(庚子闰八月十三日未刻发)

422　张委员电

张华燕,1900 年 10 月 6 日

谒护院未见。德州至静海拟设电,此傅相意,由盛京卿转电来保,饬地方官筹议。德兵头初六日到津,傅相晤谭,或不致再裂。吕提督赴容城、雄县、新城一带剿拳。范统领在新城击毙六七百

拳。深、冀两州拳尚啸聚。大名时有东匪来扰。华燕禀。佳。(庚子闰八月十三日申刻发)

423　张委员电

张华燕,1900 年 10 月 6 日

圣驾初八启程幸陕。闻德兵图西犯,傅相暂阻。保库拟移正定,因库款及练饷局所存共八十余万,除别项支销,又荣相借五万外,冬间尚不敷用,未果。毛县丞、李千总奉委解神机营等军火,已到保缴库。华燕禀。(庚子闰八月十三日酉刻发)

424　陕抚致各省将军督抚上海盛京堂电

端方,1900 年 10 月 6 日

方遵旨赴潼迎驾,十六起程,诸帅如有电奏须陕代缮者,请径电署藩司冯照发。冯署司人极谨密,必能妥速无误。如有紧要事件,必须方亲办者,亦可电交冯署司包封转送。谨闻。端方。元。(庚子闰八月十三日亥刻发)

425　章委员电

章师程,1900 年 10 月 6 日

李相十一日赴京,荣相以日外部不允,仍留保。法兵数十,近驻良乡,查铁路,尚安。程叩。元。(庚子闰八月十三日亥刻发)

426　东抚致江鄂督盛京堂电

袁世凯,1900 年 10 月 7 日

宁覃、沪元电悉。杨使电极痛切,如各省会奏继之,能由平阳折赴汴暂驻,较易就绪。俄谓集兵固围两意,殆非无因。诸祸首抵陕后,恃远负固,必有一番把持,和议愈远,毒根愈深,无从收拾,请杏公速电傅相,会庆邸切实直陈,并请香帅即拟稿电陕会奏,盼切!名。塞。(庚子闰八月十四日巳刻发)

427　驻俄杨使电奏

杨儒,1900 年 10 月 7 日

恭读屡颁谕旨,仰见圣主引咎惩罪,顾重邦交,维持和局,薄海翕然。儒迭次催询外部,请俄主及时排解,迅速开议,以副国书敦托之意。据外部称,为中朝真心和好,亦易效力。惟闻有迁都西安之议,各国哗然,谓此举若非蓄锐集兵,徐图报复,即欲闭关自守,断绝外交,恐议和非出至诚,善后必多棘手。惟望车驾还宫,诚心修好,兵戈得息,商议不难,等语。儒数月来,私窥各国意旨,均愿保和,不欲生事,俄尤始终如一。近日朝政,中外感动,推诚布公,正可早图了事,指日还跸,决不惊犯车尘。若果西幸,将疑我别有隐谋,非特议结无期,尚恐激成变局,或并力西向,直逼咸阳,或蔓延南疆,分据海岸,其为祸何堪设想?况久延和议,则大局益不可支,自蹐偏安,在各国更为得计。姑无论神京坛庙,委弃痛心,长安宫廷,经营匪易也。朝廷所以出此计者,祗以彼军骤难深入,崤函可冀暂安,不知庭户与人,岂能自固堂奥?乘舆远引,势必久踞京师,且和议一日不成,人心一日不定,宗社一日不安,自困自危,莫此为甚。伏乞圣明熟思审察,速罢西迁,以息群疑,而挽时局。迫切上陈,无任惶悚。请代奏。杨儒。文。(庚子闰八月十四日午刻由上海发)

428 江督致鄂督东抚皖抚盛京堂电

刘坤一,1900 年 10 月 7 日

鄂覃午电、东元电悉。香帅所论极是,请即另拟稿见示。六使电奏,迄无信,若激怒,必决裂。目前俄、德使向傅相所言,不审入告否?事至万分危急,惟有畅乎言之,殆如仁和所云,亦有定数存焉。坤。寒。(庚子闰八月十四日午刻发)

429 张委员电

张华燕,1900 年 10 月 7 日

傅相候俄使同晋京。荣相归日本保护,定十六往津,傅相昨派人来迎。容城剿拳,未得法,阵亡哨官一。固安令来禀,拳围城急,王典史父子遇害。昨省派武卫步队三马队二助剿。华燕禀。文。(庚子闰八月十四日未刻发)

430 江督致鄂督东抚盛京堂电

刘坤一,1900 年 10 月 7 日

济寒电悉。回銮恐难邀允。香帅酌改之件,仍请速发。吕使真电,德自奉国书,虽未尽释,已有转机。德复书译华即电达云。坤。盐。(庚子闰八月十四日酉刻发)

431 张委员电

张华燕,1900 年 10 月 7 日

德将调万兵入京。傅相电达德之外部,止其用武,允否须俟复电。荣相天津之行,因傅相已于十一晋京,故未定。新城、容城剿拳获胜,惟耿提督受伤。华燕禀。寒。(庚子闰八月十四日亥刻发)

432　江督致鄂督盛京堂东抚陕抚陕藩电

刘坤一，1900 年 10 月 8 日

鄂盐巳电悉。此次之事，从古所无，亦出意外，有此片奏，可以包扫一切。请午帅、冯方伯即照此电一折两片速缮发。坤。咸。（庚子闰八月十五日未刻发）

433　驻俄杨使致江督电

杨儒，1900 年 10 月 8 日

幸陕殊非得已，然回銮则议速，西幸则议延，恐碍大局。公洽电云欲谏阻，佩甚。儒已于文电奏阻，未知有济否？俄主、外部均赴黑海。尊电并傅相电，每次译转，力催开议，如复语延拖，惟有亲赴黑海。请转香帅。儒。咸。（庚子闰八月十五日酉刻发）

434　东抚致江鄂督陕西抚藩电

袁世凯，1900 年 10 月 8 日

详读鄂盐电，似多错落。改稿内"以屡次挫失之兵"句，兵上似落一"残"字，片内"黄河仅宽四五里"，似不及此数。"七生口径者六七里"，似六七上落"可击"二字。请酌添改。凯。删。（庚子闰八月十五日酉刻发）

435　皖抚致鄂督电

王之春，1900 年 10 月 8 日

盐巳电悉。迁都之举，固虑外侮益深，更虑廷议以为安坐无忧，主持宣战。读附片，敬佩苦心。惟"即使迁都，各国肯允"句，拟改"肯允"二字为"别无疑义"四字。"则敌人必不许我矣"句，

"不许我"三字,拟易为"有责言"三字。盖原文恐为无识者所驳也。伏候酌采。春叩。删。(庚子闰八月十五日戌刻发)

436 东抚致江鄂督盛京堂山西抚藩电

袁世凯,1900 年 10 月 8 日

顷接许筠帅电稿内,只请先降谕旨,事定兵撤后回京,弟愿列衔,惟新疆强俄一节,似宜删去,缘陕与俄界相去万里,恐滋口实云。然专删此节,便不成文,或将又与新疆至完善一段删去。倘不便删,即勿列许衔。请酌。凯。删。(庚子闰八月十五日戌刻发)

437 又

袁世凯,1900 年 10 月 8 日

鄂盐戌电悉。收回成命一段,如改删,似与片复,请宫保酌裁。好在此奏阻而不阻,不阻之阻,听上采择,或可挤成由平赴汴一路。凯。咸。(庚子闰八月十五日戌刻发)

438 巢委员电

巢凤冈,1900 年 10 月 8 日

洋兵至青、沧间搜索后,已折回津。固安拳戕典史。冈禀。删。(庚子闰八月十五日亥刻发)

439 同上

巢凤冈,1900 年 10 月 8 日

顷接鄂抚于次帅电,会奏愿列衔,惟折首"吁恳降旨明示转圜",改为"吁恳明旨事定回京"八字,较明晰云。请仲梓方伯酌

改,列鄂衔。凯。删。亥。(庚子闰八月十五日亥刻发)

440 湘抚致鄂督电

俞廉三,1900 年 10 月 8 日

接刘岘帅、袁慰帅文电,相约力阻幸陕,或降旨言系暂计。窃谓幸陕原非上策,惟战尚未停,和议茫如捕风,遽恳回銮,较莱公澶渊尤为险,又不敢出。圣意亦非遂欲偏安,如请降旨,行宫勿修壮丽,官署各暂寄居,以示不忘旧京,并催王大臣将停战讲和次第速办,一面力筹自固,一俟和局略定,即行回京,或尚可行。吾师必有卓见,倘欲奏,乞挈衔。若如来稿,似未便附名。钧意如何,乞裁示。廉。咸。(庚子闰八月十五日亥刻发)

441 章委员电

章师程,1900 年 10 月 8 日

荣相十六由省率队赴秦,留五营助剿。新城境已清。雄县城围解,搜剿余匪。良乡遗孽未净。敌现插旗至窦店。彼族于初六分兵千余,历静海、青县,初九至兴济镇,均未用武。有犯德会胶莱说。榆关为俄得。师程叩。谏。(庚子闰八月十五日亥刻发)

442 赵城电局致各省电

赵城电局,1900 年 10 月 9 日

十四日圣驾到后,当夜得雨二寸,访昨因道途泥泞未行,于今日黎明起銮,今日大约可到平阳府,乞转各大宪。赵。叩。(庚子闰八月十六日巳刻发)

443　江督致鄂督东抚陕西抚藩电

刘坤一,1900 年 10 月 9 日

东删电悉。鄂抚改折,当可照办。闽督请删一节,似可不必,即不列许衔亦可。此件请速发,万勿再迟。坤。谏。(庚子闰八月十六日午刻发)

444　东抚致江鄂督盛京堂电

袁世凯,1900 年 10 月 9 日

宁咸电悉。各领文删改各节,尤极稳妥,请杏兄酌办,万不可登报。如东省得能保全,仁人之赐大矣。凯。谏。(庚子闰八月十六日午刻发)

445　东抚致江督鄂督川督盛京堂电

袁世凯,1900 年 10 月 9 日

顷接荣相寒电:既不接待,去亦无益,已据合肥函告情形,十四日具奏,并自请驰赴行在,于十六日启程,由正定取道彰德,由豫入秦,迎折西上,倘能于途次奏准合肥之奏,只赴行在,则甚妙矣云。凯。谏。(庚子闰八月十六日亥刻发)

446　盛京堂致江鄂督东抚电

盛宣怀,1900 年 10 月 9 日

奉宁咸、谏,鄂铣、东谏电,已照录函致八国总领事及领袖,晤时并当相机进言。顷又抄寄傅相,与各使言之。宣。谏。(庚子闰八月十六日亥刻发)

447　巢委员电

巢凤冈,1900 年 10 月 10 日

两宫暂驻平阳,候和议。畿南拳炽,民深恶之,愿夷代剿。冈禀。篠。(庚子闰八月十七日未刻发)

448　盛京堂致江鄂督东抚电

盛宣怀,1900 年 10 月 10 日

已接德、俄、英、美复信,宁鄂公电,已摘要转电外部。京使原函到齐,抄寄宁、鄂。领事心虽许可,不敢赞一辞。宣。霰。(庚子闰八月十七日戌刻发)

449　陕藩致各省电

冯光遹,1900 年 10 月 10 日

事定回京摺片内,应添、应改、应删,悉遵各宪先后电示,随时点窜,两日内屡缮屡易,终以鄂督宪翰电为定本,于今日申刻缮就,酉刻六紧递发。再,潼关河面,水平时不过二里余,片内仅宽四五里,改三四里。光遹禀。洽。(庚子闰八月十七日亥刻发)

450　东抚致江鄂督盛京堂电

袁世凯,1900 年 10 月 11 日

顷接探篠电,两宫今驻史村,十八日驻侯马。又据十一日探禀,廷雍奏请回銮,力陈陕不宜建都,批"知道了",枢廷不赞可否。遵化庶吉士杨照林为拳首,旨革严惩云。凯。巧。(庚子闰八月十八日巳刻发)

451　盛京堂致江鄂督东抚电

盛宣怀,1900 年 10 月 11 日

李使啸电,顷参谋本部言,德提督下令攻保定,英、法、意等军皆往,日本不从,并言战自难胜,且彼以兵力攻取之地,更难退还,不如退让,尚可全军,等语。嘱密陈,乞钧夺云。除转傅相、廷藩外,宣。啸。(庚子闰八月十八日戌刻发)

452　直藩致江鄂督电

廷雍,1900 年 10 月 11 日

谏电悉。军火到保,解员回鄂。内快炮六尊,并子弹,本解武卫中军,由荣相取去,因直省剿匪事急,转向荣相借二尊,子四百颗。又另动用毛瑟枪子四十箱,尚存三百六十箱。正在改存请示,探得联军有犯保讯,不得不运正定后路,以免资敌。至饬运行在,能否从缓,如急,请速示,即派员由正报解,乞奏明。廷雍。巧。(庚子闰八月十八日戌刻发)

453　章委员电

章师程,1900 年 10 月 11 日

省东水陆联军二三千,已抵十方院,意在犯保。省北有法兵数千,至松林店,插旗而回,幸均不扰。静海县以保险未如期付银,被蹂躏。武卫中军廷寄归李相节制,未出都前,由廷藩台暂统。师程叩。啸。(庚子闰八月十八日戌刻发)

454 江督致鄂督东抚盛京堂电

刘坤一,1900 年 10 月 12 日

鄂、沪啸电悉。事机日紧一日,迄无确切办法,万分焦急。此事非釜底抽薪,终难结束。愈迁延,愈变幻。望杏翁速查明,电傅相入奏。坤。效。(庚子闰八月十九日午刻发)

455 川督致鄂督电

奎俊,1900 年 10 月 12 日

两宫幸陕,论地方多事,自难暂离,而川陕毗连,似应请觐。尊处亦近长安,公拟如何办理?乞电示。俊。皓。(庚子闰八月十九日午刻发)

456 巢委员电

巢凤冈,1900 年 10 月 12 日

京津洋兵渐退至河东听调,四关设卡,抽厘房税。青岛德报,上已允惩祸首,和或可望。冈禀。皓。(庚子闰八月十九日申刻发)

457 又①

刘坤一,1900 年 10 月 12 日

吕使来电,国书已递。外部云,复书交德使专呈,并另颁训条,饬使译开,其书已登报,请查奏,等语。兹谨撮要译呈,其文曰:大皇帝来电已阅。欣悉大皇帝拟将凶杀德使辱及教化之事,按照华律赐祭奠醊,作为偿恤。然予身为德主,世守耶稣教规,似此凶

① 又,标题误,此电应为"江督致鄂督东抚盛京堂电"。

恶之事，碍难遽以奠酹了结。此次传教及奉教人惨遭荼毒，不可胜计，其冤魂亦非奠祭所能解释。使臣公署，各国所重，向无加害之理，而中国反是。且各国商民教士，及大皇帝属下人民崇奉与予同教者，均无故被难，闻之无不凄惨。然予不责罪于大皇帝，惟倡首肇乱，扰害生灵，主谋办事之大臣既自肇祸，即属罪有应得，如大皇帝能治以应得之罪，则予固可释然。倘肯照办，并允各国代君行权之人，初请其事，即可允行。大皇帝如能回京，尤所深喜，当饬瓦统帅不但遵照大皇帝应得体制，敬谨接待，且可派兵护卫，听凭裁夺。或有抗法者，亦可饬令帮剿。和局亦所深愿。但志在惩罚有罪，及所失尽为弥补不缺，日后各国寓华之人，皆得安居乐业，无财产性命之忧，其传教从教诸人，得以任便，尤为厚望云云。

臣在德，外部久不接待，遇事遣参赞赓音泰传话。前因德通文各国，意在索交罪首，方肯开议，迭饬赓音泰遵历次电旨，以民教相哄，事起仓猝，实非朝廷本意，亦非朝廷意料所及，反复理论，迄未就范。臣又以情动之，遂将中、德历年交好，前既有遇事相助之美意，仍望追念旧好，及早议和，顾全中国体制，尤不可使中国有失自主之权，函达外部，尚未接复。幸奉国书，从优赐祭，其复电虽有不足之言，已有转意。惟仍以严惩首祸为词。所颁德使训条，据外部面称：一、须由中国驻使查明中国拟罪诸王，是否实系真正犯罪之人？二、须查明中国自愿治以何罪？三、须向中国索取切据，拟定之罪必见施行，应令各使随同办理，以为确证。此三节办妥，再议和约赔款诸事云。外部久已隔阂，迭经疏通，至十二日，始允接见。德王出外，国书由臣面交外部转呈，并谕以大义，彼心气稍平，仍未能如常接洽。臣奉使无状，不能

挽回狂澜,愧愤交并,曷胜惶悚。除俟克使棺枢回德时遵旨办理
外,谨先奏闻,伏乞圣鉴。臣海寰叩。覃。请代奏。并转庆、李、
荣、张云。除电奏外,谨照转,并祈杏翁转邸相。坤。效。(庚子
闰八月十九日申刻发)

458　章委员电

章师程,1900 年 10 月 12 日

洋兵先锋数十,由水陆于今申抵保南关,府县出见,官兵互相
礼待,尚有法提督所带马队千余续到,议明均不入城。其致方伯
函,来意一修路,二剿拳,决不骚扰。大约日内即到。已腾城外营
垒,俾其棲息。库款已先徙。居民迁避几空。师程叩。效。(庚子
闰八月十九日酉刻发)

459　盛京堂致江鄂督电

盛宣怀,1900 年 10 月 12 日

各国口气,宁覃电恐做不到。日本国书及鄂啸、效电,已转京。
德国译书,谅由宁转。会劾董摺,何日发? 得旨否? 宣。效。(庚
子闰八月十九日酉刻发)

460　江督致鄂督东抚盛京堂电

刘坤一,1900 年 10 月 12 日

鄂皓、效电悉。劾董件无消息,恐难有济。傅相久无信,尤闷。
敝处覃电,杏翁想转京,有回音否? 德复书,今晨已转。事呕矣,惟
盼傅相直陈,存亡听上抉择。奉失保危,确否? 祈示。坤。效。
(庚子闰八月十九日酉刻发)

461 又

刘坤一，1900 年 10 月 12 日

沪德总领事克来电，十五日联衔来电，已转达本国，兹奉本国政府复电，联军并无往山东之意，特电札本总领事转达贵大臣查照。已会香帅电谢顾全大局，请克领转达德政府。坤。皓。申。（庚子闰八月十九日酉刻发）

462 东抚致江鄂督盛京堂电

袁世凯，1900 年 10 月 13 日

宁沪皓、效各电均悉。德国电，仅免索交，仍须严办首祸。其请回銮一节，较日电稍松，然均归于现仍不能开议。即不能停战，攻保据奉，皆在意中，大举西向，久恐难免。庆、李在京，亦必束手。夜长梦多，愈拖愈坏。宫保、香帅均奉命会办，可否将攻保据奉各危急情形随闻会报，似亦有益。再，侯马电机能否随扈移设，请杏公酌。凯。哿。（庚子闰八月二十日未刻发）

463 江督致鄂督东抚盛京堂电

刘坤一，1900 年 10 月 13 日

沪效、皓电悉。非庆、李切速具奏，几无解救策。敝处昨夜电，务请杏翁密速转到。受毒太深，不药则殆矣。青岛报何事，祈示。坤。号。（庚子闰八月二十日未刻发）

464 盛京堂致江鄂督东抚电

盛宣怀，1900 年 10 月 13 日

英霍领事函，奉政府谕，未闻在华联军往东之语，请贵大臣查

照转电南洋、两湖云。似亦应一律电谢。宣。号。（庚子闰八月二十日酉刻发）

465　东抚致江鄂督盛京堂电

袁世凯，1900 年 10 月 13 日

宁号电悉。上海曾有人致青岛电报，谓华已办首祸，德廷有愿和议云。凯。号。（庚子闰八月二十日戌刻发）

466　同上

袁世凯，1900 年 10 月 13 日

保探啸电想已阅。十方院属任邱，距保百二十里，松林店在涿州南，距保百七十里，约日内可到。惟毓贤在固关，距保仅五战，如不致引敌深入，则幸甚。凯。号。（庚子闰八月二十日戌刻发）

467　盛京堂致各省电

盛宣怀，1900 年 10 月 13 日

接德领事克纳贝函开，昨奉政府电，联军并无往山东意，业请贵大臣查照。兹奉本国钦差大臣室电开，军队并无由直隶赴山东之意，该总领事可请盛大臣查照。本大臣与德国提督本军门曾言，如各省督抚自能剿办各匪，保护地方平正，则德国国家断不发兵前往各省。第言虽如此，而各督抚今竟听信外间谣言，殊堪诧异。该总领事应将此意转达盛大臣查照，并祈转达各督抚云。顷已函复，现在各省督抚自行剿办各匪，保护地方，俱已实力办理，应请贵总领事转达贵国钦差大臣与提督军门。既不发兵前往各省，窃料各省官民皆知感戴，本大臣自当谆请各督抚一心剿办匪类，力使地方

平静,断不轻听谣言。除转电两江督帅刘、湖广督帅张、山东巡抚
袁,并分电各省督抚帅查照外,先由本大臣代致感谢云。宣。号。
(庚子闰八月二十日亥刻发)

468　盛京堂致江鄂督东抚电

盛宣怀,1900 年 10 月 14 日

保定路局效电:洋兵水路已到,祥出迎四十里外,见其小兵
官,带有四十余兵。据云,系为保护铁路,并帮剿匪而来。接见,语
言尚称和洽。寄来电函,祥已面交,允许竭力保护。惟闻明后日,
尚有杜总统带兵二千来,不识亦能照此情形否。容当续陈。祥禀。
雍同此不另云。宣。(庚子闰八月二十一日午刻发)

469　江督致鄂督电

刘坤一,1900 年 10 月 14 日

盛号电想接到,已会台衔电谢英领转达政府。坤。箇。(庚子
闰八月二十一日未刻发)

470　江督致东抚鄂督盛京堂电

刘坤一,1900 年 10 月 14 日

东哿电悉。敝处十九致庆、李电,请速奏严惩祸首,未知何日
得达?奉失保危各情形,相隔太远,似应由李相上陈,方能动听。
坤。马。(庚子闰八月二十一日未刻发)

471　巢委员电

巢凤冈,1900 年 10 月 14 日

保报,法总统拟带兵二千赴保,称查铁路,已备食物,派员赴涿迎,并商止洋兵进城,兵少带。德兵千余至兴济,拟来德,与胶莱兵会合。俄踞榆关。合肥入都,荣相赴行在,留五营剿匪,交藩宪统。新雄匪解。保至津至德,匪设卡搜查,肆意抢劫。冈禀。马。(庚子闰八月二十一日未刻发)

472　东抚致江鄂川三督盛京堂电

袁世凯,1900 年 10 月 14 日

荣相奉十四廷寄,召赴行在,入直办事,驻保定中军归李节制云。似诸奏到,有此召也。凯。箇。(庚子闰八月二十一日未刻发)

473　东抚致江鄂督盛京堂电

袁世凯,1900 年 10 月 14 日

保定效电骇极!约不入城,必不可信,哲人之愚,可叹!自保至定州,尚通火车,正定恐亦难久。凯。箇。(庚子闰八二十一日亥刻发)

474　盛京堂致江鄂督东抚电

盛宣怀,1900 年 10 月 15 日

木斋电奏:团匪倡乱,召衅列邦,以致宫阙震惊,銮舆西幸①,

---

① 幸,原作"辛"。

凡在臣子,愤愧实深。自开战以来,津沽、北仓、杨村、通州,我无战不失利。自津沽以及黑龙江等城,三姓、珲春、宁古塔、奉天之金、复、海、盖,敌无攻不得。据西报,顷辽阳、铁岭亦失,沈阳危急。上月杪,俄德攻据北塘、芦台,初八据榆关,京南、京西皆遭蹂躏。德人议攻保定、正定,除日本外,均已允从,情势日危,从此扰及东南,皆未可定。我若背城借一,未始非策,但海无战舰,陆无劲旅,制造局厂多滨江海,开战即为敌据,则有兵无械,有械无弹,且战不胜,终致束手。矧彼已合谋,我无援助,此战之难也。俄、法为一党,英、日为一党,美最和平,德最狼鸷。议款则意见各殊,言战则互争利益,转不能不合,忽分忽合,我均受害。各国以宋、聂等军勇战,知我兵尚可用,乃宣言不瓜分,似属可信。然俄若全据东三省,则德据山东,英据长江,日据闽,法据粤,势所必至。各国除美重商务外,俄、德志在乘机略地,不愿速和;英、日志在干预政权,余国希冀陆矿开埠,尚愿速和。愿和者,冀要挟全遂,力请回銮;不欲和者,知回銮不易,藉口迁延决裂,亦力请回銮。至于偿兵费、请改政,及驻兵都城,皆条款所必有,均不易允,此和之难也。惟仰赖皇太后、皇上怀柔远人,万国同深尊仰,即如上年召见各使之妻,赏赉优渥,此次谕护使馆,致送蔬果,外人仰沐慈恩,均极感激,是以洋兵入都,保护宫禁,毫无异辞。若趁此时,叠降悔过求和谕旨,饬庆亲王等照会各使,并多颁请和国书,于要挟各事,委曲迁就,款议尚可望成。然后力图自强,以期恢复。至构祸诸臣,各国最为切齿,虽蒙黜谴,意尚未慊,应如何严惩,或饬请诸臣先行回京待罪,自出圣裁。谨就管见所及,酌拟现在办法数条,用备圣明采择:

一、美系中立之国,此次事起,即有人议,将来是非,当以美为公正人判断,可否颁国书,请其居间代为排解。

一、请温谕赫德,妥筹了结之法,并派令参预和议,藉以联英。

一、一山陕如有存留教士,请破格优待,谕以转电各处教士安居,勿生疑虑。

一、五洲为大战国,不能闭关自守,势难全用旧法,西人因我政治不同,非笑厌薄,招侮之由。拟请明降谕旨,采用泰西政治,饬各督抚条奏,以备施行。诏举通达中外时事人才,不论下僚、布衣、废员,均许保荐,以待破格录用。并宣谕中外臣民,勿存满汉新旧之见,但能心存爱国,才足匡时,均可备朝廷任使,宜去畛域,共挽时艰,人心固结,外侮自却。

一、备才异地,古人所称。日本聘用西人为顾问官,多至数十,有议事权,无行政权,并无流弊。拟请先就美国聘用顾问官数人,曰外部、曰警部、曰学部,为讨论交涉、保甲、学校之用,以待次第举行。此节不独联美,且示无排斥外人之意,彼族自当感动。

以上各条,皆体察中外情形,内政外交,实相表里,如蒙采择施行,于款局当有裨益。时事危迫,昧死直陈,不胜激切屏营之至。请代奏。盛铎。哿。除转行在外,宣转。简。(庚子闰八月二十二日丑刻发)

475　牛杜电局致七省电

牛杜电局,1900 年 10 月 15 日

圣驾二十二日巳刻过牛,请转禀各大宪。牛叩。(庚子闰八月二十二日午刻发)

476　江督致鄂督电

刘坤一,1900 年 10 月 15 日

简午电悉。此信如确,可谓天夺之魄,于时局不无裨益。木斋

骺电,日于全权无异言,能再得一二国仗义,可望开议。柔使即将抵鄂,公盍婉讽力劝,冀速转圜。若再迟,恐保正难瓦全。坤。养。（庚子闰八月二十二日申刻发）

477　江督致鄂督东抚盛京堂电

刘坤一,1900 年 10 月 15 日

沪、济各箇电均悉。保定情形,恐不可恃,续有所闻,仍盼速示。洋兵若舍保而西,更难措手,不审廷方伯已入奏否？闻喜电音简略,祈杏翁电询该处电局,详复为盼。坤。养。（庚子闰八月二十二日申刻发）

478　杨使致鄂督电

杨儒,1900 年 10 月 15 日

到黑海,接咸电,甚佩荩筹。东省三都城均失。俄占三海关,以便严令转运。他处失地,外间无从确悉。惟日久则所失愈多,愈难收拾。各国计谋均以回銮、惩恶为先,并多得权利,严杜后患。俄现亦饬格使入都开议。另电由岘帅转。儒。箇。（庚子闰八月二十二日酉刻发）

479　盛京堂致江鄂督东抚电

盛宣怀,1900 年 10 月 15 日

木斋箇电,闻德兵五千,英、法、意等五千,共万人,十八日由津往攻保定,缘该处多杀教士,藉示报复,但辎重转运不便,各将颇虑难得手云。宣。养。（庚子闰八月二十二日戌刻发）

480　章委员电

章师程,1900 年 10 月 15 日

美、比兵到数百,法尚续至,欲置守城兵,禁民迁徙,并索公所、会馆、庙宇,当事未允,现分兵一往定州,一往安肃,均接教士来省。师程叩。养。(庚子闰八月二十二日戌刻发)

481　侦探委员电

1900 年 10 月 15 日

法杜提督率马步队数百到,见藩台,欲入城,街巷遍插该国旗色,勉允以中法并插。其兵官即欲整队入城,经翻译告以有约在前而止。闻比、德、美兵亦将到保。树禀。哿。(庚子闰八月二十三日午刻发)

482　章委员电

章师程,1900 年 10 月 15 日

联军明日至,今日住安肃。来意甚锐,绅商已先期犒迎,备馆城内,移附郭数村民以住兵。能免蹂躏不可必。并将西犯晋。师程叩。梗。(庚子闰八月二十三日午刻发)

483　刘永福致鄂督电

刘永福,1900 年 10 月 15 日

永福奉调北上,二十一日抵长沙,即奉粤督调回防粤。永福拟于旦日内,自行雇小轮到鄂请训,可否? 乞赐复。沐恩刘永福叩禀。养。(庚子闰八月二十三日未刻发)

484　江督致鄂督东抚盛京堂电

刘坤一，1900 年 10 月 15 日

鄂三养电悉。昨沪转廿日电旨，疑有错落处，电查未复。"并准便宜行事"六字，鄂何所本，祈示。恭绎圣谕，必因南北奏章有歧异处，晨间已电达。鄙见与香帅略同。木斋电奏，前路甚好，末二条似非目下所宜言。移津议款，请杏翁电傅相。坤。漾。（庚子闰八月二十三日酉刻发）

485　东抚致江鄂督盛京堂电

袁世凯，1900 年 10 月 15 日

沪漾转电旨件钦悉。内外两歧，未知何指。计廿日各奏均到，尚无正文，望眼欲穿！凯。漾。（庚子闰八月二十三日戌刻发）

486　晋抚致鄂督电

锡良，1900 年 10 月 15 日

顷接保定廷藩司电称：李傅相初八接印，十二到京。荣相十六赴行在。联军犯保，日内可到，战、守、和无一可筹，等语。若不守，正定动摇，南北阻隔，晋失屏蔽，鄂、豫亦撤藩篱，大为可虑。现商宋宫保、马军门调队至获鹿，与方友升及正定镇董履高联络，以资抵御。惟毅军子弹甚缺，晋更无械，务乞公垂念大局，速拨得力枪炮子弹，俾得救急，是所叩祷。锡良。漾。（庚子闰八月二十三日亥刻发）

487　盛京堂致江鄂督东抚电

盛宣怀，1900 年 10 月 17 日

宁二漾，鄂三养、二漾，东一漾，敬悉。廿一电旨复寄无讹。计

洽奏已到,似因庆请回銮两歧而发。各国心服两帅,得此旨,颇有益。英人本有京议不及沪议之说,惜不发在傅相及英、德使未北之先。不与会晤,函电参酌,恐隔膜延误。惟请旨事,内外意见相同,则合词入陈,较有力量,即先发议论,亦非越俎。如目前各国请严办罪魁,系存亡关键,似可请庆、李会同两帅,据各国所言迅速奏催,以副折衷一是之圣意。否则邸最谨慎,相又未便独发。奉天已失,东三省全陷。闻俄使云:各国情形不同,必须各立各约。此德、俄使先在津会晤所由来。若在迁延,分裂定矣。粤匪日甚,若不能自了,又增一催俄分裂之兆,奈何!宣。漾。(庚子闰八月二十四日子刻发)

488　巢委员电

巢凤冈,1900 年 10 月 19 日

保报,涿洋兵退,固安水路进兵数百,十九抵保,官兵相见如礼,驻城外,两不扰,谓专来修道、剿匪,惟各家及四城嘱悬法旗、龙旗各一。夷有千余,已至献县。津报,王照随倭队到津。美、日兵渐退,各军尚存五万余,市面渐安。冈禀。漾。(庚子闰八月二十四日巳刻发)

489　江督致盛京堂鄂督东抚电

刘坤一,1900 年 10 月 17 日

沪漾电悉。办拳党,目前要义。敝处效致邸、相电,已详言。若具奏,坤可列衔。既有此旨,亦不容不列也。俄云各立约,可忧之至,望并达全权。坤。敬。(庚子闰八月二十四日未刻发)

490 盛京堂致江鄂川督、东抚、陕藩转王中堂电

盛宣怀,1900 年 10 月 17 日

漠河总办钱道铢回沪,面称六月十八日黑河屯起衅,七月十一日爱珲失,八月初四日齐齐哈尔失,寿山自尽。俄北路军沿嫩江至伯都讷,失过松花江,沿铁道至长春厅、伊通州,八月二十四日阿什河失。东路至吉林,未战。南路,闰八月初一辽阳南打仗,初六至十里河,初八俄踞奉天,闻将军避法库门。西路,英俄闰八月初十占山海关,十二俄踞锦州云。又营口来信,辽河之北一概均为俄有。凡吉林、奉天、辽阳、营口,与所有扼要城埠,尽树俄旗。唐山林西煤矿,归俄、德掌管云。宣。敬。(庚子闰八月二十四日戌刻发)

491 江督致鄂督电

刘坤一,1900 年 10 月 17 日

子通马电开:盐、巧悉。效转。俄先欲俟回銮开议,儒曾电外、户部敦促,并自来黑海面商。顷据称,已饬格使速回京。又称,如开议,俄必为各国先,索偿俄必较各国少,以作榜样,及盼早日回銮,和议较易就范云。嘱转尊处。坤。敬。(庚子闰八月二十四日戌刻发)

492 巢委员电

巢凤冈,1900 年 10 月 18 日

法军到保,纪律尚严。各国联军亦陆续将到。现设局支应,并筹议保险款项。所至南运河一带,各集金保险,赖以暂安。冈禀。有。(庚子闰八月二十五日午刻发)

493　日总领事电

小田切万寿之助,1900 年 10 月 18 日

顷闻贵制军有奉召前往西安之说。贵制军去留与东南局面大有关系,闻之焦虑,是否确实,恳即电复,以慰鄙怀为荷。再者,闰八月十五日电悉。已电外部,未奉复,料敝国政府本无出兵东省之意也。切。有。(庚子闰八月二十五日申刻发)

494　晋抚致鄂督电

锡良,1900 年 10 月 18 日

接探报,洋兵十九抵保,约千余人,云验铁路,并赴正定接教士。保定民逃兵撤,派员迎接,尚无犯等语。现商宋、马两军门,湘、鄂、晋三统领,于获鹿固关严守。晋防既紧,需饷械尤殷,求速拨。叩祷!锡良。有。(庚子闰八月二十五日戌刻发)

495　东抚致江鄂督盛京堂电

袁世凯,1900 年 10 月 19 日

鄂敬电悉。美人立言向多平和。前在韩,曾与美员柔议同事,想即此人。其为人尤和,语多留有余,仅进一步,恐非各国意,似可不必入告。此案应以德国电为主。凯。宥。(庚子闰八月二十六日巳刻发)

496　闽将军致鄂督电

善联,1900 年 10 月 19 日

盛杏翁径电拟请宪台、岷帅领衔,会各帅奏请严罪祸首,云和战存亡,争此一著,请钧酌,速电奏,并求率列联衔。联。宥。(庚

子闰八月二十六日午刻发）

497　江督致东抚鄂督电

刘坤一,1900 年 10 月 19 日

驻宁英领函,得上海总领事电称：接准本国外政大臣电开：中国北方启衅,两宫蒙尘,实由拳党擅权误国所致,我国良深愤恨。决无稍梗两宫之念,只知遇事竭力扶救,以尽我心,此衷可表,相应具闻,务祈贵大臣详为转奏两宫,毋庸见疑多虑,我国断无异心贰意也云。除电奏并达传傅相,一面函复,仍请英劝各国迅速开议外,特奉闻。坤。宥。（庚子闰八月二十六日未刻发）

498　江督致鄂督盛京堂东抚电

刘坤一,1900 年 10 月 19 日

鄂敬亥电、沪迳电悉。柔使所谈各节,与在宁万难再缓。邸相已奏劾,若各省再作接应,当可有济。香帅于意云何？若照办,柔使言似可酌量叙入。坤。有。（庚子闰八月二十六日未刻发）

499　盛京堂致江鄂督东抚电

盛宣怀,1900 年 10 月 19 日

保定孙钟祥敬电：祥迎东路法兵,晤兵官杜,得面交电函,允为保护铁路一助。法兵到保千余人,两使与杜会见,杜自愿保护省城人民,兵不入城,并嘱插保国龙旗及法旗。今早车务洋人赦秃而带法兵三百余人赴定州看铁路,一面到漕河开工。普意雅今日亦到。两司派严令到定兴接见。联军有英、法、德、意、日各国兵,

共万余人,均归英提督贾师而统辖。严令持电面请英统帅保护铁路。伊云:联军与铁路另是一事,远劳迎接,当为保护。严令与英提督再四商请,大兵到保,当进备兵馆,供应食物,勿入城惊扰,商由英提督亦勉允可。又云:到保再说。看来意不善。且闻西行之意,并询及荣相、刚、董,上能严办,或可止兵西行。请速电傅相电奏云。除转邸相外,宣。宥。(庚子闰八月二十六日酉刻发)

500　巢委员电

巢凤冈,1900 年 10 月 19 日

德欲洗高密两村,赶筑铁道。保报夷分兵进定州,将往正定勘道。冈禀。宥。(庚子闰八月二十六日亥刻发)

501　东抚致江鄂督盛京堂电

袁世凯,1900 年 10 月 20 日

宁鄂各宥电均拜悉。奏稿委婉痛切,当可动听。各省如有列衔者,请挈贱名。倘只两帅会奏,即不便附名,因两帅奉有会办之命,若添局外一衔,疏失分际,请酌之。凯。沁。(庚子闰八月二十六日午刻发)

502　东抚致江鄂督盛京堂

袁世凯,1900 年 10 月 20 日

详读宁拟奏稿,内"因听各驻使之言"一语,查攻馆时诸人欲杀使灭口,今见此语,将谓救使者之误事,拟改为"因攻馆戕使之变"。"万一"两字似可删。"去可复还,夺可复予"八字,恐各国必不允,且与庆、李电严治衅极各语两歧,似亦可删。"迅速惩办"

下,拟加"无以彰两宫之本意,不足餍各国之群情"十六字。"抵保定"下,拟加"法兵已分往定州"七字。"所能阻"下,拟加"款议多延一日,洋兵多进一步,占地愈广,兵费愈增,就款愈难,受亏愈甚"六句。"体量及此"下,拟加"当不忍使二百数十年之宗社,二十二行省之疆域,数万万无辜之生灵,举以同殉"四句。是否有当,仍乞诲政。凯。沁。(庚子闰八月二十七日酉刻发)

503　章委员电

章师程,1900 年 10 月 20 日

北路联军在漕河留二日,今午抵保,兵队均驻城外。其总统为英贾思尔。来意甚锐,在分路西犯,快快于内,省城能免蹂躏在两可。司道出郊迎晤,即索城内拳党,令京省大道左右军队退百里,大却绅商之犒。电局已昨为法有,城内外专用法旗。东路联军亦将至,总称万,实数千。河间一带,另由下西河去法兵千余剿拳。师程叩。寝。(庚子闰八月二十七日戌刻发)

504　东抚致江鄂督盛京堂电

袁世凯,1900 年 10 月 20 日

宁沁电是极,佩甚。救使事,荣相实冒险出力,厥功甚伟,断不可没,此人亦断不可少。请杏翁图之。另有记载荣事,由排递沪。凯。沁。(庚子闰八月二十七日亥刻发)

505　盛京堂致江鄂督电

盛宣怀,1900 年 10 月 20 日

灼帅沁电,前接径电,因会稿未到,故未即复,兹转岘帅宥电奏

稿,词严意婉,即可弭乱源,又无伤政体,与折中一是之旨相合,必蒙圣鉴。佩甚!请即列敝衔为感云。宣叩。(庚子闰八月二十七日子刻发)

506　章委员电

章师程,1900 年 10 月 21 日

二十七英总统进城,住院署。凡公所、会馆,以及大小民房,均为各国行馆。兵队尚未入城肆扰。藩库为彼封取,置守兵,幸帑无多。城内四隅,英、德、意、法均划界。法保护颇力,英要挟多端,当事无善处之法。联军有一礼拜西行之说。师程叩。勘。(庚子闰八月二十八日午刻发)

507　江督致盛京堂东抚鄂督电

刘坤一,1900 年 10 月 21 日

济沁电悉。增删字句甚佩,自当照此电发。惟"去可复还,夺可复予"八字似可不删。天下有极重之事,而必须用轻笔者,欲擒先纵,文法不得不尔也。坤。勘。(庚子闰八月二十八日未刻发)

508　东抚致江鄂督盛京堂电

袁世凯,1900 年 10 月 21 日

宁勘、俭三电均悉。八字先纵,甚善。愈挨愈坏,洵为至论。再延时日,别添枝节。倘加要以不回銮不肯开议,更无办法,请香帅酌定后早发为盼。已有奎、绰,请挈贱名。凯。俭。(庚子闰八月二十八日戌刻发)

509 程委员电

程云,1900 年 10 月 22 日

英领事云,日兵进正阳门,英法进西便门,俄美德[进]东便门。兵民死伤甚多,各国请不准俄兵在京焚烧。云。(庚子八月二十九日酉刻发)

510 巢委员电

巢凤冈,1900 年 10 月 22 日

法兵千余至阜城,印度兵至任邱。东抚恐其犯德,饬速立直东界牌。保报,电局已为法有,文报仍可照常。夷前队至正定。冈禀。感。(庚子闰八月二十九日亥刻发)

511 章委员电

章师程,1900 年 10 月 23 日

英总统退。院署改为公共议事所,驻队数哨防护。昨德占藩署,经英排解,允留宅门内为办公地。余署尚安。城内德、意界,抢掠不堪。法兵数百住曲阳,据矿利,又放哨至满城、正定。后有二千余自河间来会。闻各国已简全权。都中有廿三开议说。师程叩。艳。(庚子九月初一日巳刻发)

512 梅提督电

梅东益,1900 年 10 月 23 日

东益顷诵山东尚道奉慰帅饬录宪台宥电,过蒙奖饰,感悚弥殷。东益仰承培植,本应遵命,奈津南拳匪虽清,弹压抚绥,查拿首要,均关紧要。傅相入都,开议尚无端倪。各国联军四出游扰,民

心惶惧。沧州为直东门户，尤不敢稍行疏忽，似未便舍难就易，有负期许，愿和议早成，两宫回銮，人民安业，再图报称，即为万幸。提督梅东益谨禀。（庚子九月初一日酉刻发）

513 巢委员电

巢凤冈，1900 年 10 月 24 日

二十七洋兵数十进青县城，毁周武壮像，民被骚扰。任郊印度队已向西去。英总统带队抵保。城内为英、德、法、意所分占，照发保险。闻俟大队到集，即西追。冈昨兼办德电局。冈禀。冬。（庚子九月初二日巳刻发）

514 江督致鄂督电

刘坤一，1900 年 10 月 24 日

两东电悉。摺稿改用活笔，甚佩。上年毓劾鄙人甚恶，此时劾毓，迹近报复，本难会衔，第以公义所在，不敢顾及其他，仍祈公代酌，能免列衔，公单奏，必可动听。若必须会衔，请附贱名，惟片稿万不可发。再，冯处无密码，亦祈酌办。坤。冬。辰。（庚子九月初二日午刻发）

515 江督致鄂督盛京堂电

刘坤一，1900 年 10 月 24 日

杨使自黑海来电：沁电悉。各立各约，外部并未谈及，惟前日户部密称，善后大略可得而言者：曰兵费，曰赔偿，曰京师常驻兵以卫使，曰大沽常驻兵为接应，曰稽查中国武备，此各国所同。曰金州归入租地；曰管理东三省税务；曰东省铁路赔费无需现款，可

将原定赣路之期展限,到时本利统算;曰该路左近不得驻华兵,此俄国所独,等语。此系私谈,望勿宣露。转帅。儒。勘云。

国贫至此,兵费、偿款,从何设筹?稽查武备一条,尤为狠毒,从此无自强之望。既有均沾,又有独得,仍与各立各约无异,转多一公共钤束中国之约,各国谁肯受亏?援俄独利,不言瓜分,而分定矣。焦急万状。公有何良策?祈示。并望杏翁,密转傅相。坤。冬。(庚子九月初二日申刻发)

516　东抚致江鄂督盛京堂电

袁世凯,1900 年 10 月 24 日

连日探报,联军一枝,顺溏沱河,在河间、献县、富庄驿一带屯扎。各府县均照保定接待,有西向正定,及来景州说。陈择霖攻毁景州教堂,洋人甚以为恨。再接廿一行在信,诸西幸者只端、庄、冈①、赵、鹿、岑而已云。凯。冬。(庚子九月初二日申刻发)

517　盛京堂致江鄂督电

盛宣怀,1900 年 10 月 24 日

事定回京旨,各领事均索阅,已抄送,似皆欣悦。宣。冬。(庚子九月初二日戌刻发)

518　方镇电

方友升,1900 年 10 月 24 日

昨侦探禀,法人百余到正定,联军二千到保定,或云西行,或云

---

① 冈,应为"刚",指刚毅。

查看铁路、教堂即回京。获鹿地阔，卑军即日移至井陉，深沟固垒，以备战守。饷项、药弹恳饬速解防所。方友升叩。廿七。（庚子九月初二日戌刻发）

519　盛京堂致江鄂督电

盛宣怀，1900 年 10 月 24 日

宁冬电即转傅相。前言分约者，本在总约之外，似此分约，俄有，恐各大国皆有，并恐无多还价。宣。冬。（庚子九月初二日戌刻发）

520　盛京堂致各省督抚将军司道电

盛宣怀，1900 年 10 月 24 日

奉傅相电，京城遭变，官民荡漂，米贵天寒，断难存活，据东南济急会派人拯救，款绌，恐难持久，望速电东南各帅及司道，广筹协济。至盼。鸿径。宣转。冬。（庚子九月初二日戌刻发）

521　东抚致江鄂督盛京堂电

袁世凯，1900 年 10 月 24 日

鄂沃电悉。事定回銮，已邀允，但未允宣示耳。似拟以此要各国，冀和易成，亦藉回銮要其撤兵之议也。谕旨虽涉驳责，实甚有益。接行在信，在北相镇。又接庆邸奏，仍力请回銮云。凯。冬。（庚子九月初二日亥刻发）

522　章委员电

章师程，1900 年 10 月 25 日

昨晚德意兵忽将薇、柏两座看守，不令员役至前，今早赴联军

公所待问,为拳教案事,甚秘。柏回而薇留,情形莫测。闻英参赞
暨日人言,欲退让。联军附省四出搜掠。师程叩。冬。(庚子九月
初三日巳刻发)

523 江督致鄂督东抚盛京堂电

刘坤一,1900 年 10 月 25 日

鄂沃、济两冬、沪冬电悉。廷寄已允事定回銮。详绎语气,似
因庆请回銮而发。折衷一是,亦廿日谕旨也。有此一奏,唤醒主迁
痴梦,亦有裨益。联军至富庄驿,已逼东境,如来,何以待之?坤。
江。(庚子九月初三日未刻发)

524 东抚致江鄂督盛京堂电

袁世凯,1900 年 10 月 25 日

鄂讲、觉三电悉。以一服八,万无一幸,况国破京陷,断难再
支。然近事"战"字仍未全化,内外意见多不相合,是最可忧。故
看荣相到,西路紧,能否真有转机。劲董不中,意向可知。傅相仅
以筹款为虑,似各国尚无难行各条。德报议论,未知确否?果有各
条,何邸、相未露端倪?会奏件,似(俟)邸、相拟复后,似可接上,
拟内必有千里,如无接应,恐又不行。再,此间所见德报十二条,前
三条尚非难行,香帅谓第二难行,想即报中第四条,请否兄将沪见
各条择要电示为盼。凯。江。(庚子九月初三日戌刻发)

525 东抚致江鄂督电

袁世凯,1900 年 10 月 25 日

鄂两冬电悉。崑相已奏明道梗无车,京官不能达行在。现在

京者多有室家，素愿赴陕者不少，且到陕亦难糊口，似或分两万尽数分济在京者，余资赴陕者，先寄川资五千，请傅相查明人数，托名回籍，商请美、日照料赴沪，由杏兄备船赴鄂，即由香帅计人数按万五摊给，大约不能过百人，乞酌。至由东省西行者，由凯自任，无须分此。再，庆邸奏钦天监员逃无下落，来年历书未备，此事亦甚有关系。凯。江。（庚子九月初三日戌刻发）

526　晋抚致鄂督电

锡良，1900 年 10 月 25 日

联军即将西指，势必震惊，贻两宫忧。挽回全局，固盼款议速成，尤在公与傅相先派一为彼最信者，居间解说，迎机敦劝。良思端午桥保护教士、教民，严办拳匪，最善，各国亦深感之。可否奏请特派该司星驰北行，力与婉言，冀彼折回，以维大局。求酌奏，并赐复，祈转达次帅。锡良。江。（庚子九月初三日戌刻发）

527　东抚致江鄂督盛京堂电

袁世凯，1900 年 10 月 25 日

宁江电悉。探报联军大军，虑注意西犯，闻廿六有数十人已抵正定，似尚无东来意。前饬德州沿边高竖界牌，并遣数译界上，如其来近，有入界意，即协同地方官迎出诘阻，一面电烟、青各洋员助劝，倘必将侵据东土，惟有尽守土之责，亦明知蟷力难支，然其势无可如何，存亡与东土共之。是否有当？乞海政。凯。江。（庚子九月初三日戌刻发）

528 陕抚致鄂督电

岑春煊,1900 年 10 月 25 日

亥东电到否?毓前请陛见随扈,未蒙允准,闻遂吞金自尽,第未见明文,容访再达。煊。江。(庚子九月初三日亥刻发)

旧 馆 缀 遗

许同莘　辑

此编记张文襄遗事,不见于年谱及采录诗文之属不载本集者。

南皮张氏，世为右族。明正德中巡按淮，以风节著，所至旌廉退污，划弊抑强，纲纪为之一肃。宦者秦文得幸于武宗，欲结交以厚币馈，正色却之。武宗好游畋，上疏极谏。旋擢浙江兵备副使，晋河南按察使，平反冤狱，干请不行。有罹法者求某冢宰书，三日不去，冢宰曰：我岂不念尔耶？惜吾书之无益也。其为人敬惮如此。丁忧归，中妻菲言，杜门不出，以耕读课子孙。张氏言积累之厚，自按察始。按察字东之，号寒泉，为洪洞迁南皮后四世祖，有子六人，其后分六门，三十三支。文襄公之洞为四门之后，文达公之万为五门之后。张氏谱首冠以寒泉公墓志，题都御史晋州张璿撰，文义高洁，惜县志不载。

道咸间，黔中称贤吏者三人，有三太守之目。三太守者，黎平知府胡文忠公林翼，都匀知府鹿壮节公丕宗，兴义知府张公锳。张公字又甫，文襄之尊人也。历官事迹，具详墓志、神道碑、《兴义遗爱祠碑记》。墓志见于《南皮县志》，神道碑今刻于墓道，遗爱祠碑在兴义府治。余为文襄年谱，于赠公平匪功既述其略，而平生行谊，犹不及详，碑文记事，为文襄所述，节录于此。

神道碑云："公伟躯干，广颡方颐，美须髯，目威而慈，声若洪钟。言论宏达而不繁，坐立至老不跛倚。为诸生时，以乡里僻隘，罕师友，乃游学于京师。刘编修嗣绾见之于他人坐上，一谈倾倒，即日过访，为之延誉。彭修撰浚邀主（至）其家，蒋御史策见公文，即以女妻之。三先生皆风义文学，有高名，即公之文行可知矣。公外祖王君绮书，原名琰，京师贵族，亦当时诗家名士。公游于两代外家之门，因以交于当世通人贤士，居京十余年，交道恢广，学问得力，有由然也。公事继母孝，在官有余俸，悉寄归，为苏太夫人甘旨，并资叔舅京师读书，无私财焉。公廉而不啬，尤厚于宗族，卒之日,家无余财。性豁达好义,未仕时,尝于六年内五渡江,远至闽浙,皆急亲旧之难,时论高之。其处乡里,好施与,善排解,待人不以贫富贵贱异,虽仕宦如为孝秀时。长老接之以和,卑幼教之以正,然不专以和光谐俗为贤,以故田父市人皆敬爱之。南皮荐绅先生甚多,道光以来州里月旦,推公为第一。当官鲠直不阿,好面折人过,亦好拯人之危,僚属始惮而终感之。巡抚惟贺公长龄抚黔,深相器异。守兴义时,与总督吴文节公先离而后合,其余上官,多外示敬礼而不尽其用。生平善于抚驭武夫健儿,一结之以诚。尝患承平恶习,文武多不协,莅官之处,所交专阃,至于末弁,以数百计,无不推心相示,相接必以礼,与言必直谅。又能恤其艰苦,不苛以文法。虽为府道,暇辄召诸弁与饮,酒肉滂霈,谈谐真率,以故皆感悦,亲爱如家人,遇事能得其死力。又汉回夙相怨,兴义城西隅有回数千家,多为营弁者,方贼攻兴义时,官绅惧内讧。公召其长,慰勉之,回叩头愿效死,公即以西面城守委之,不置他将他兵,回捍拒益力,西壁守遂固。其后数年,兴义复被兵,官绅所为与公相戾,滥杀回,遂为滇回报复攻屠,士民始服公之德化识略焉。其积诚感人,而又善用人,皆此类也。"

遗爱祠碑云:"公少孤贫苦,久处田间,故习知民间疾苦事,三世为州县官,故习知吏事,历任清平、安化、贵筑、威宁、古州诸厅州县,皆以治行称,所称者一廉,二善听讼,三治盗,四义仓,五兴书院。寻擢知兴义府,刚介鲠直,不阿上官,司阍仆从皆悛悛如鄙人,属吏虽未入流,不许入阃人之室,诉讼者无早晚,立起询之。治胥吏甚严,独见儒士,则以温霁接之。性好学,至老不倦,听政之暇,率危坐读书。在郡纂府志,创建试院于城中,增修珠泉书院,延名师以教士。又建十八先生祠,祀明季忠臣吴贞毓等。士气大昌,益以文章节义相砥砺。公在吾郡既久,视士民如子弟,士民亦视公如父师,不以为府公也。郡人秀异有志者,每于课试书院日集于一堂,论学谈艺,课卷皆手评定之,或招入署,从容款接而教诲之。我郡处僻,艰得师友图书,自沐公教,鼓舞摩厉,才俊辈出,文化之兴,公之力也。公有人伦鉴,知贵筑县时,于童生中拔石侍郎赞清,于亲兵中拔蔡提督标石,为咸丰庚申天津被寇时抗节名臣,蔡为云南立功诸大将名位之最著者。公皆不自言,以石、蔡两公自言而知之。督贵东军时,部下营官若州同汉军于钟岳,后以战功奇伟,奖道员巴图鲁,署贵西道,战殁;知县东乡高廷瑛,后以战功,擢都匀府知府,战殁;幕僚若府经历浙江桐乡严谨,后以战功,擢石阡府知府,殉城难。三君皆素以能文章、尚气谊知名者。在我郡御贼时,尚有廪生张步骞、夏辅辰、贵天乙,皆我郡同学之翘楚、被公赏拔者,先后皆死于战守。此六君子,或为将吏,或为儒生,并以忠义致身,不负公知,可谓能知人、能用人者矣。"

兴义府遗爱祠建于光绪三十年,越两年祠成,春秋二仲及诞辰皆致祭,祭文文襄所撰也。其辞曰:"惟光绪三十二年月日,兴义阖郡士民谨致祭于赠太仆寺卿、原任兴义府知府南皮张公之神曰:维公析津禀曜,渤海钟英,世著循良,才兼文武,经师化俗。韩昌黎劝学以育才,太守临戎;伍文定焚须而荡寇,恩周士庶。比红江、绿海以同深,气作山河;并金祠、招提而不朽,不申尸祝,曷写讴思。兹当祠宇之落成,爰备醴牢而昭告。过蜀郡而瞻礼壁,弦诵如闻;凭畏垒而感庚桑,丰穰致祷。呜乎! 轻裘缓带,思贤泣岘首之碑;丹荔黄蕉,报德拜罗池之庙。仰祈来格,俯慰群情。"祠宇落成二句,于春秋二祭,改为"兹际仲春秋,虔修嘉荐",于诞辰亦如之。自注:"红江,在兴义府西南与广西分界处;绿海，在府城东，为巨浸；金淳，字提庵，嘉庆二年以兴义府守城功，擢知府，祀名宦；乾隆间，游击招某于府城东北筑堤捍水，呼为招工堤。"

世传文襄生，有自来黔中人言，兴义山中有猿，得道化为老人，月夜山巅独坐，山中人往往遇之。文襄既生，老人忽不见。又云贵阳南门内六峒桥即老猿隐形处。前一说询张氏后人，云亦闻之。按袁忠节公昶为香严老人六十寿言，云公生于黔，有异征。忠节为文襄门下士，寿言经文襄寓目，此说而诬，宜在刊削。今此文刻入"渐西村舍丛书"，则异征之说必有所指，未可以为妄语也。

文襄以十三岁自贵州回南皮应试，赠公予银一百二十两，往返所需，取给于此。后每为僚吏言之，云彼时充然有余，不似今人浪费也。

咸丰壬子，文襄乡举第一，年甫十六，犹以红绳结辫，榜发，老仆不信，自诣榜下观之，大喜过望，因叹曰：这也罢了。此仆率真，此语绝可味。

鹿文端为文襄姊婿，生平为日记，未尝间断，身殁之日，遗孤以日记进，所记事无不可告人者。故明旨饰终，称其一事不苟，一语不欺。日记凡数十册，意所记必有文襄少年事，惜未之见。惟碑太仆张公墓道有云：传霖先尝馆于舅氏，与宫保同学，相亲善，兴义围城中，与宫保兄弟同任守陴之役，不幸遭先壮节公之变，宫保亦居忧归里。传霖复往南皮，与宫保同学切磋，感慨奋励。两公早岁踪迹，可记者如此。①

----

① 以上载《旧馆缀遗》，《河北月刊》1935 年第 3 卷第 11 期，第 1—4 页。

南皮城东三十里垒城村焦山寺,有三佛阁,文襄少时读书其中,撰联云:"治天下须用诗书,若论一经道德,四体慈悲,只当时救世立言,偶分宗派;最上乘莫如忠孝,即使羽士摄生,桑门受戒,较流俗忘身徇利,已判贤愚。"寺僧悬之阁上,至今犹在。

文襄以同治元年偕陆眉生给谏赴河南。给谏襄办军务,未几病卒,遗孤无以为生,毛煦初侍郎为征赙金于知好,文襄作启,其文云:"盖闻没而犹视,中行偃之精忠;久要不忘,刘孝标之古道。山丘华屋,凄怆故旧之心;代马燕弧,忼慨英雄之泪。诰授中宪大夫、截取道、户科掌印给事中眉生陆君,丰才盖代,飞辩干云。备历清华,洊登台省。棒悬五色,都人避桓典之骢;牓揭千金,索虏购胡铨之迹。青蒲知劲,白简标仪。属以阃外思贤,汉廷拊髀;禁中选将,唐陛承恩。王仲宣负羽从军,闵子骞要经服事。方冀左提而右挈,遂令拉朽而摧枯。假神羊之积威,詟破獍之残魄。何意步兵血欧,烛武精亡,木寇膏煎,竟成沉痼,艾灾瓜歜,莫疗幽忧。期月甫逾,弥留遽届。河上之呼声未绝,风雨欲来;壶头之雾潦横侵,尾箕竟去。一鉴亡而难再,惨动天颜;百身赎以无从,哀倾朝列。玺书褒恤,泉穴哀荣。然而赍志已终,归骸未卜。牛衣濩落,王仲卿无以为家;葛帔纚褷,任公子一寒至此。昶熙琐闱联步,谊附朱张,军灶同袍,情均琨逖。延陵道卒,忍羁嬴博之丧;优孟何人,犹画寝丘之计。敢作秕糠之导,俨同甲粟之征。所望兰茞素心,云天高义。或王杨同岁,或孔李通家,或分属敬恭,或情深雅故。五缣载惠,半菽分仁。陨双涕于闻琴,写一诚于解剑。惟力是视,竟忘求赙之非;称情而施,谁议脱骖之重。众擎举而咄嗟立办,千腋成而涓滴无辞。不惟敦笃知交,抑且扶持忠说,激扬攸赖,铭镂奚言。嗟嗟!天道难论,风流顿尽。墨缞才著,已招楚国之魂;丹旐孤悬,空嚼睢阳之齿。历死生而见交态,请看翟尉之门;听鼕鼓而动悲思,同是巨卿之友。尚须金诺,请署冰衔。"

文襄在汴时,曾入毛侍郎幕府。时捻匪以马队驰突于陈、许、巩、洛之间,而官军皆步卒,疲于奔命,文襄为侍郎草奏,请练骑兵。此疏《东华录》不载,入奏与否,不可知矣。文曰:"熟筹制捻长策,拟请抽练三镇马兵,以遏贼冲而完腹地,恭摺奏祈圣鉴事。窃维皖捻鸱张,几及十载,豫省全境半遭荼毒。始则侵轶边垂,继则长驱深入,贼来而不能遏,贼去而不能追,由陈、许而扰及巩、洛,由巩、洛而扰及殽、渑,称此而言,伊于胡底? 推原其故,良由豫省东南延袤千里,无有名山大川、关梁阨塞之限,贼之边马动以万计,出巢则驰骤而来,掠饱则捆载而去。我军皆系徒兵,与贼决战平地,以步当骑,势已不敌,况乎人多奔走,迟速悬殊,但有尾追,断无要击。贼东亦东,贼西亦西,奔命不遑,已非争先制胜之策。即或有时追及,而百舍重趼,喘息不属,勉强傲战,安望成功? 此所以贼势日益披猖,而藩篱日益隳坏也。臣愚以为,欲制逆捻,当用骑兵。比数年来,亲王僧格林沁转战于豫东之间,所向披靡,固由其勇略过人,亦其所部马队,精锐矫捷所致。用骑之利,确有明征。是以臣前此曾有奏请调发东三省马队及按寨出马、添募马勇之举。而东省马队征戍已多,未奉谕旨,寨马一层,一寨一丁,一丁一骑,于民不无扰累,乌合亦难得力。若召募马勇,类皆犷悍无籍之徒,使其技艺娴熟,散而为盗,更酿隐忧。量为变通,惟有抽练马兵一策。查豫省满营驻防额,设马甲若干名,标抚及河北、归德、南阳三镇内有马兵若干名。近来司库艰难,饷不时给,各营枵腹鹑衣,几同乞丐。一应马匹亡者,偷卖倒毙,存者羸病骨立,不堪乘用。有多兵之名,而无一兵之用,有缺饷之苦,而实无非糜饷之人。拟请于各营抽拨马兵若干名,通计可得两千人,合为一军,配给马匹,加意训练,务使铳箭精熟,驰逐便利,于陈州迤东之太康、鹿邑之间择要屯扎,多设调探。如亳捻稍有蠢动,则及其聚众装旗、大众未合之时,急击勿失,出其不意,可以应时破散。有阑入则疾趋赴敌,或进其前,或冲其胁,或断其归途,或要其辎重。进如飘风,退如疾雨,不待深入,即可驱之回窜。待边圉日完,军势益振,更可相机调剿,先发制人。惟增兵益饷,今日所难,俟此股精骑成军以后,即可将臣营及西路各营酌裁步勇四千人,便敷此军刍粮之用。兵法有云,十骑可以走百人,百骑可以走千人。似此一挹注之间,费四千人之饷,而可收两万人之用,计无有便于此者矣。如蒙允准,即请敕下僧格林沁拣派骁果骑将一人前来协同统带,以资教练。伏查豫省防捻之道,东防宋,西防汝,中防陈。汝捻另为一股,距省较远,力亦少脆。亳捻西窜,必出陈、宋,归德、夏邑一带,既有僧格林沁驻扎,累胜之后,贼气已夺。宋防既密,其势必趋而出于陈。此次西窜扰及灵阆、淅川、唐邓诸处之贼,即由陈境突入,陈地无险可扼,不能不以战为守。陈、宋皆固,西路自安,而且疆场按堵,赋入无亏,既卫民生,兼赡军食,似于中原大局不无裨益。臣与河南巡抚臣郑元善往返函商,意见相同,谨会同合词具奏。"

文襄三佐幕府,奏章笺启之辞,世无传者,遗箧仅存四首,一代毛侍郎撰转礼部左侍郎谢恩摺,一代毛侍郎为子绳庆中式谢恩摺,一代陆给谏与严渭春侍郎书,一即此篇。而此篇关军事利钝者颇巨,故录之,以存梗概。

《广雅堂诗集》于中年以前所作,存者甚尟,比年搜访,得数十首,见者以为不存可惜,因备录之。

使浙将归登舟后得杂诗二十首

武林门外白波秋,挂席还登黄鹤楼。
如此圣恩未论报,病夫不遣死杭州。

杭州茶胜笋尤奇,今日濡唇便皱眉。
官舸渊渊雷大鼓,逐疠翻胜十良医。

流汗滂沱半夜苏,拊心数息强揩梧。
有时张目镫如斗,何论文章碧误朱。

盐豉如茶只楚呻,苦思乡味等思莼。
真长竟受桓公米,亦是猪肝累主人求北地小米不得,
马穀山中丞闻之惠数斗。

燕雀谁能了不偏,羽毛疮痏顿相悬。
庄生象罔真谰语,纵获玄珠只偶然。

凤味堂前丛桂幽,今年始见万花稠。
悬知不独科名瑞,傥有人材在牓头。

令甲森严密似丝,升沉岂尽在文辞?
只知下第多冤愤,谁见司文堕泪时。

文体佻轻变士风,还凭根柢拓群蒙。

高材能作铿铿语,知是官师长吏功。

何物浙中足搜访,奇书佳士好湖山。
此行三愿殊难副,又拥双旌鼓棹还。

灵隐门前碧玉池,严峦藤葛总清奇。
山灵留得弹丸土,尚见纯皇驻跸时。

地志西湖旧有书,武林故事更详胪。
开函都作云烟看,剩有家传五嫂鱼。

见说韬光竹隐天,大如㯟桷细如椽。
山僧为说摧残故,不在咸丰寇乱年。

郁郁南枝黯墓门,那堪狐撑遇县恩。
思陵墨敕无鳞爪,不及云栖有法孙。

风水松篁并一声,松明焰焰照人行。
寻山雨夜寻常事,不解渔阳浪得名。

使相风流有典型,诸生湖上诂遗经。
兵烽不损韩陵石,祭酒司农定有灵。

寻胜不辞出险去,理安已烬净慈无。
秋光正好王程急,孤负西溪万顷芦。

耳熟江南薛道衡,与君相见我将行。

西湖如縠江如练,谁寄苍茫万里情。①

以诗代书送亚芬妹

江渚鸿雁翔,送汝上宜昌。

柔橹声呷轧,送汝上巫峡。

峡中多杜鹃,送汝过东川。

山石生青枫,送汝到黔中。

黔中我曾住,蛮花杂瘴雾。

不为见阿兄,岂忍教汝去?

前年汝来时,身如汝侄长谓檀女。

姑侄好闺伴,薄命偏夭亡。

汝姊亦齐肩,长汝十一年谓七妹。

胶漆两相爱,巧拙两相悬。

汝嫂四五人,有如手足亲。

亲密亦不厌,薄怒亦不嗔。

汝好弄笔墨,拈毫便工书。

汝好縆声韵,出口成玑珠。

雨落桂花湿,风过梧桐疏二句用妹诗意。

爱汝好诗笔,痴男多不如。

人言为官乐,那知为官苦。

我年三十四,白发已可数。

王事无间日,那得同笑语。

---

① 以上载《旧馆缀遗(续)》,《河北月刊》1935 年第 3 卷第 12 期,第 1—4 页。

笑语无几时,送别沧江浦。
江深情更深,汝泪湿我襟。
欲住船不住,登岸伤我心。
亚芬汝勿悲,为我开愁眉。
不用酒相劝,但有言相规。
慧心须浑厚,慧舌须守口。
上遵慈母教,少嗔多欢笑。
下听兄嫂言,人非莫轻道。
生母汝当孝,幼弟汝当怜。
若有为难处,还须汝周旋。
为我语阿婶,道远勿辛酸。
阿婶年已老,我谓当归田。
归田既不遂,不如向南天。
虽有犹子好,不如亲子贤。
菽水纵菲薄,亦觉心泰然。
婶居将三载,我归无几时。
禄薄婶当恕,苦心婶当知。
为我语阿嫂,不须念中枢。
我到长安去,招之同我居。
教以谨作人,勉以专业儒。
痴叔虽然痴,稍能辩贤愚。
京师多浮华,不使入歧途。
若到贵阳城,为我语阿兄。
阿兄官已贵,五马排双旌。
莫嫌边城苦,只要官声清。

水流必归东,勿忘思乡情。
宜昌滩虽多,可以照青娥。
巫峡山虽峻,可以助吟咏。
东川渐平陆,锦江细如縠。
黔中地虽贫,温暖常如春。
此去为姊贺,板舆来相迎。
此去为嫂贺,琴瑟调新声。
此去为妹贺,得见同根生。
此间虽云乐,聚散原无凭。
赠汝斑管笔,副以彩鸾笺。
佐以金壶墨,缀以白玉环。
墨学簪花字,笔写锦绣篇。
笺寄平安信,环取重团圆。
朔风吹胡笳,我亦向京华。
京华与黔水,各在天之涯。
汝行我不留,汝去我不忘。
我有区区志,为汝择婿乡。
京华结良缘,胜似在他方。
京华何足羡,为是长相见。
相见虽有期,今朝当别离。
长江不得渡,望见系船处。
泪眼和酸心,飞过汉阳树。

　　按前诗作于典浙试出闱以后。后诗自注庚午十月初八日,盖督学湖北卸任时所作。

和王壬秋食瓜诗五首 本集录存三首,其二首补录于此

素叶承珍实,长筵一奏刀。

栌梨嫌碎狭,椑柿觉粗豪。

醴液何烦瓽,琼肤不受搔。

凉台兼有此,不道暑难逃。

坤纪乾隆廓,夷琛哈密徕。

玉关增警候,驿骑免尘埃。

卢橘环宫熟,蒲桃附使回。

侍臣多渴病,延望捷书来。

送汤绍卿同年由户部改官开化县令

宋贤多乞郡,今见圣恩宏。

争壮登车语,兼欢捧檄情。

曹司虮虱众,史职马牛轻。

君国都何补,输君有政声。

按此诗原稿凡二首,第一首已入本集。

采 桑 曲

紫燕对舞春风柔,风开桑眼青如油。

家家晒箔急蚕事,女伴不作嬉春游。

东家碧玉已长大,鸦鬟倭髻犹未嫁。

提筐约伴行出门,揽镜重把长眉画。

风吹桑叶高,露湿桑叶低。

叶低正压双眉齐,不须更踏绿耳梯。

大妇扶将小妇挽,桑枝苦长臂苦短。

蚕瘦叶稀不满筐,那有心情更回眼。

谁家侠少年,青丝络马首。

知是有情是无情,日日鸣鞭陌上走。

目转微波口生阓,不知纤条伤素手。

春日脉脉春云阴,恨无绿绮通春心。

路人千百说长短,自惜年华自不禁。

君不见鲁国秋胡妇,忍死不受狂夫金。

题董砚樵太华冲雪图

白日无语天云同,浩然忽忆莲华峰。

望之纤挈类仙子,素缟大练凌虚空。

大麓乍叩玉泉院,弃基更求集灵宫。

冰坚石泐马蹄踏,宾从敛手无能从。

独裹旀裘结縢屩,济胜之具天所丰。

樵苏不出行迹灭,往往虎吼参麋踪。

嘘气在须作集霰,悬瀑冻涧僵长虹。

红衫踯躅出林表,那惜素面嫠寒风。

舍马而徒更十里,乃拂落雁过苍龙。

罽缘猱附两俱绝,钱緪下引天能通。

金神逃匿博箭烂,玉女老秃天浆封。

回头眴慄不敢视,千里银海欺青瞳。

岩阿道人拔关出,瞠目讶是真灵逢。

忍饥不闻噪干鹊,闭蛰免使愁玄熊。

下观三辅只洼垤，飘飘便欲游鸿濛。
何用投书骇士俗，自厓而返亦已雄。
归来人家皆偃卧，呼酒百倒颇黎钟。
趾韈手坏定始觉，襦袴更取桑薪烘。
看山琢句斗清峻，槎牙咄咄生心胸。
两过华阴不登眺，悔我前日殊匆匆。
贵人游山诗供帐，如此幽险谁能穷。
伸图洗眼真叹绝，天下健者惟董公。

既作诗纪游别作二律和研樵

周礼其犹醵，兹游古意存。
烟容敛平楚，秋风发清樽。
尘黦天王象，山寒处士魂寺有顾处士祠。
疏狂尽孙孟，何畏笑桓温。

能作登高赋，通材有大夫。
幽忧今已否，薄醉夜醒无。
好客来无厌，吾军近不孤。
除书早晚下，良会莫踟蹰研樵昨有书言欲召客作盛集，
故云尔。

送研樵前辈之官巩秦阶道

侍从能文学，严徐与等夷。
冥心玩苍雅，刻意发歌诗。
出塞腰悬印，还朝鬓有丝。

知君行帐梦,如在国门时。

朝命兼边寄,君行不可留。
酒杯排日醉,花事及春游。
寂寞金门隐,苍茫陇水流。
晨星朋辈少,谁与解幽忧。

已受花门款,洮西尚战场。
燐飞河碛大,马舐塞垣疮。
幕府劳神笔,营田困见粮。
安边囊底策,儒者岂无方。

少陵流寓地,君又向秦州。
作吏偏乘障,耽诗易得愁。
荒苔耿碑石,废监隗宫秋。
吟咏兼书简,无忘付置邮。

立秋后二日至十刹海上游泛舟坐渔家秦氏园盘礴移暑日中方归

饭麦常思稻,乘车常思舟。
岂谓京华富,乃具江湖幽。
坊市渐疏阔,汇泽转清浏。
轻舫无篷楫,亦足供拍浮。
莹澈鉴鲦鲤,振荡随凫鸥。
疏红澹酷日,净绿张新秋。

微波动花气，馥馥不自休。

既适杖挐趣，因发濯缨讴。

沿洑穷所际，辍棹仍淹留。

三户临渊居，植援环清流。

渔人期足鱼，醉饱知何求。

愿分主人榻，恣我清夜游。

白日去如掷，为此儿嬉谋。

犀首幸无事，游以写我忧。

有稿而无题者五首

秋禊不如春禊好，条风扇人换袷襦。

万缕春情绕地来，南洼一夜长芳草。

水边菱芦不满尺，清昼独游意不适。

不见宝马蹴香尘，但闻嘤羽嬉晴日。

春光淡荡幽情多，思搴香草沿清波。

海气朝昏陇云黑，湔袚不得将如何。

我家北土烟水少，独爱临流狎鸥鸟。

君是南人不归南，湖波空绿山阴道。

西直门外棠花肥，十日不看随风飞。

良辰劝汝一杯酒，愁绝多闻束广微。

九载中原领节旄，词臣华发想勤劳。

仍闻黄耇通飞挽，真见徐方靖驿骚。

谢衮举宗荣鼎铉谢玄晖《和王著作八公山诗》"阽危赖宗

衮"，莱衣一品艳宫袍。

童颜雅得烟云养，大胜绥山饵绛桃。

九霄卿月照星辰，几见高堂有老亲。
庭诰人尊乡祭酒，壶仪朝命国夫人。
蓬池仙鲙供馨膳，篿节春华导輀轮。
终看黄麻宣子舍，高眉再与祝常龄。

兴唐挫羯数睢阳，尚待昌黎为表章。
生遭突围亡庙食，恩波如此感先皇。

麦麹芎藭写赫蹄，千春光气吐虹霓。
　齐肩只有嘉兴沈，贞苦双忠并浙西海盐沈文节公以广
　西学政，被执不屈，欲谋内应讨贼，事泄遇害。其细书蜡丸，书稿
　亦蝇头。按以上诸诗当是同治十年至十二年间所作，今存其家。
按以上诸诗当是同治十年至十二年间所作。

题何大令庆恩跨驼雪征图卷

代北明驼八尺高，褁头斜跨赫连刀。
片冰半菽犹征战，从事贤能敢告劳。

我过涪陵更向东，仆僵马陨雪迷空。
清时行役犹如此，可识崎岖转饟功。
　按何大令官彰明知县，彰明属龙安，学政岁科并试，诗盖光绪
元年按试龙安时作。

岁除日对雪幼樵侍讲安圃编修来过小饮

冰缬霏空晚未残,六街车马岁阑单。

但凭折券赊春酒,且喜充庖簇菜盘。

桐甋待僧成远涉,药糜留客劝加餐。

西垣刍稿关宸虑,莫诮边兵透甲寒恪靖疏论西饷,闻廷议已如所请。

赴壑修蛇且莫催,炉香宴坐画寒灰。

驿书乍喜三韩寄坐上适得朝鲜赵东石书,巷径端因二仲开。

凝素竹阴欺集霰,施朱梅点发枯荄。谈端不竭长瓶卧,未要袁门赤令来。

按二诗光绪己卯作。

《广雅堂诗集·登眉州三苏祠楼》诗,初稿题曰《苏祠云屿楼》,于黄景仁句下自注云:大兴朱学士提学安徽大宴太白楼,幕客黄仲则诗擅场,此句之下,稿本与改定本异句云:

客言此楼洵美好,清梦忽落黔南道。

天香阁连吴相祠,趋庭惭愧王文考自注:贵州兴义试院,先太仆营造,东与故明大学士吴贞毓祠邻,中道尚一,宏丽无比,树石佳胜,有天香阁、观海楼,尽见城东南山水,有如图幛,当为天下试院第一。

飞鸿东西亦偶然,桑下三宿何草草。

夜凉令客烧百烛,马行灯火犹在目。

此乐已荒去勿留,不有神呵定人逐。

秋深受能重来此句原稿脱一字,明朝去访凌云台自
注:将按嘉定。

独念西陂尚荒薉,待请叠石除污莱。

题诗祠壁众勿羞,作俑亦是何道州。

《送王壬秋归湘潭》诗,原稿有小序,本集无之,序曰:"壬甫才
调冠时,善谈经济,《哀江南》一赋,海内知名。遍历诸侯,朝贵折
节,其始来上计在咸丰未、申,江海扰攘之时。其重入都门,在同治
十年钟簾奠安之后。旧游雨坠,尺波不留。既被礼部驳放,盘桓无
遇,浩然思还。盖是时朝野熙然,方谓中兴之业,而壬甫亦将老矣。
将道金陵,谒湘乡幕府,沂大江、望衡岳而归。水阁宴集,言送将
归,四坐亲知,咸有篇咏,余感虞卿之著书,□①马援之忼慨,抚山
川之今昔,悲秋气之沉寥,命篇叙意,不知感慨之无涯也。"

检遗箧,有败楮书百余字,言胡石查户部刻印之工。其辞曰:
"石查户部承学青箱,博文玉府,书济能品,画究南宗。束广微能识
漆书,戴安道自溲瓦屑,轮扁椎凿,皆见道真。张衡浑仪,自由悬
解,琴觞余事,刀笔多能。铸三十五举于胸中,舞万六百文于肘后。
初宗陈赵,已轶文何;近复麾斥旁流,极研太始。白文则摹周玺,朱
篆则主秦章。将使籀鼓齐肩,斯碑却步。苕华璀璨,美人赠之以
刀;棘刺纤凝,见者请观其削。君入宣和印史,当令万马皆空,我惭
皇甫弁言,敢书百名以上。"按此当是为石查作印谱序而未定稿者。

奏议五十卷,断自议立嗣疏。前此督学章奏,非不可存也,为
文襄编集,当先其远者、大者,若例事而存之,连类编次,非百数十
卷不可存。文襄之真要不在此,然精义亦不可没。年谱于督学诸

---

① 原文如此。

奏,既分条节采,顷又得书一首,言设立书院之本意,乃致黄子寿先
生者,具录于此:"之洞未通籍以前,蚤仰前辈风谊,学业照映士林。
后与莫子偲、章子和、刘丈仙石诸君相周旋,益习闻行止梗概。比
年读书柱下,而执事翱翔梁雍,多在兵间,无由詹望风采,耿耿至
今。近闻买田衡湘,遁然高蹈,清标逸轨,迥迈等伦。之洞驽劣不
学,谬以承乏,观风江汉,据非所据,何补士林。惟是惮精考校,奖
善摩钝,不遗余力,以塞士责。然而根底浅薄,岂能为诸生程式。
到官一稔,内愧实多,区区之诚,不能自已。以为衡校文艺,厘剔弊
奸,皆是治标所裨已末思,惟有培养本源,振作风气,为能举其职。
因择各府州县学诸生之秀异者,召来省会,授庐给膳,购置典籍,供
其研诵,专课古学,略如诂经精舍故事。大恉欲其治经史学古文
辞,厉名节,通经济,窃取湖州教法之意,举本赅末,名曰经义治事
学舍。自惟谫陋,又时巡行,欲得一人为之矜式开陈,指示门径,惟
老前辈行可为楷,学可为范,无愧人师。昨求师于唐鄂生,来书言
许诺,请以四月望后,自湘起行,五月初抵鄂。寄上四十金以供舟
楫之资,荣发期日,此次人还请即垂示。"按经心书院创于同治八
年,此书盖己巳春间所发。

　　文襄自督蜀学回京,世变日亟,不复措意于金石考据,惟与张
幼樵阁学、陈弢庵太傅讲经世之术。阁学尝欲约两公分考史事切
于实用者为一书,文襄则拟为《经世文续编》。致阁学书云:"来示
四条,皆考今不考古之事。西域、畿辅水利,前人早有专书者也。
厘金不须论古者也(自注:宋之经制钱即有似乎今之厘金,此事只
论今日利病,不必究其源流也)。东三省古事甚略,且今昔迥殊者
也自注:《盛京通志》荒率已极,私家考订必更不易。即使既博且精,不过考
明黄龙府在何处,斡难河在何方,何关经济?近日谘访自辽来者,种种怪谬败

坏之状,非畴昔所有。盖本朝异于前代,今日又异于全盛时矣。欲讲求此三事,惟在稽诸近日奏牍,或访之故吏老兵,期于洞悉今日情形而已。至于古今并考之说,乃就成功后贯串旁通言之,若用功下手之时,定应分为两事自注:惟地理家援古以释今,注经之名物一类,可举今以证古,此为古今同时并考者,与今日之意皆不合。"

又云:"昨夜思之,若欲有所撰述,他体裁皆不宜,拟为《皇朝经世文续编》,止须搜罗五十年来奏疏吏牍,并近日名家文集,选择录之。此体有畔岸而无偏倚,得尺则尺,渐次推广,可以求日进之功。惟奏牍须求诸枢曹、史馆、内阁、部署及积年邸报,亦不易耳。然此体有今无古,若以古今通为一书,思之未得其方,望阁下与伯潜兄商度见教。"

又云:"来示极是。经济之学,读官书尤须读史传,前夕之谈,弟所以亦以考古之说进也。若各为一事,古今兼考,自无所妨,惟三人结课,如何考校印证,思之未得其方,望与伯潜兄议之。"

按此数札之前有一札,言建先哲祠及松筠庵公祭事。先哲祠创于光绪六年,杨忠愍以嘉靖三十四年十月三十日遇害,都人士岁以此日公祭松筠庵。是考史著书皆在光绪六年之冬,时三公以议俄约事过从甚密,观此三札可见。

与张阁学书论时政者,本集所载缺漏犹多,近见丰润张氏所藏手札装为巨帙,节录其尤要者于此:

得天津发书甚慰。合肥事,以求杰士、汰宂人为第一义,战舰以多为贵,蚊船既不可恃,铁船不必阻止,勿购废坏者而已。闽广人不可不用,赫德不可不访,大要如此。尊论洞达,朝夕赞画,宏益必多。中国今日人材物力,海防易,海战难。控大连湾旅顺是海战也。战倭易,战俄难。两铁船仅足备倭耳。合北洋三口之税以养水师,沿海屯防,自是胜算,能力赞之否? 求开屯之人才而不得,决无此理。初五日集议驳去一条,晦庵先生所谓徒多为人所憎恶而已。

时事如此,孰不痛心! 乃有倾危细人,竟欲乘机徼利,令人愤恨。某已危言切论,力排其说,不知果能中辍否? 可叹,可叹!

药厘事,恪靖专疏言之,不提税但加厘,已下海关、督抚议行,津门当已备知,并未知照威使。此举奇横有趣,中国事向来失之弱懦,此却太横。但积弱之后,稍变局面,亦可令彼族夺气。十日之内威酋必至译署饶舌,诸公须撑持得力方妙耳。

适间露坐,偶一仰观,彗星已掩四辅,犯北极,指勾陈。第一第二星之间,光气尚长尺余。鄙人素不信占候,安得天下人尽如鄙人坚持天远人迩之说,力扫术士陋谈乎? 台官如晓事,不以此摇惑人心则善矣。以上光绪七年

阎丹老处昨遣弁持书往,但云有旨须当面传知,未言何事。答书以体病天寒辞,属将中旨录寄,并云如系起用,实难任职,但候至四月间调养稍愈,无论出山与否,必当入京面圣等语。已再派员敦请,二月初十日边方有回信。总之丹老无病,精力犹强,年才六十五,其心亦未忘君国。所以坚卧不起者,自云因在山东夺情自注:决因黄岩事,丹老自向人屡说之,以为于心无愧,如引疾不说矣。传言妄也。据所亲及,山西众论,皆云不愿作京官,且不愿进京,恐花钱耳。前年腊月,卫放晋抚时,或讹传放丹老,闻之绝无逊谢之辞。时在解州,次日即回朝邑候旨。以此观之,心未忘此可见。

此间有知县黄缙荣因公降调,查例有得有升阶可以抵销之条,遂援此例上请,竟遭部驳。大冢宰之贤,何乃不能与文法吏争乎? 若从此开一准抵之门,岂非爱惜人才之道,亦贤冢宰所乐为也。拟

为再接再厉,尊意如何?

江南加新引,以兵威塞蜀盐下峡之路,此是霸道,且亦非霸道,乃乱道也。既许楚抽淮厘,淮本愈重,川私之本愈轻,其能塞乎?

潜邱决计四月入觐,渠自有谢疏驿发,当已早见。已明文。渠此疏辞大农而允入京,以愚见臆度之,自是文章波折层次,十召不起,超迁即来,于理欠圆,不能不尔。加以谆命,必可拜官。一出真不容易,想朝廷必不肯放之还山也。总之为此老费尽气力,曲折甚多,尤要在马卿一人之力。大农位置自是极好,鄙人困到此,闻其愿外不愿内,故初意盼以疆圻耳。

新疆郡县定议若何?刘、张两疏甚中事理。药税不宜示怯,必以递减为度。前醴陵有书海外事,某可自请与闻,此岂所能自言者哉?竹筼不来,总由某命应劳苦耳。

入台以来,豸冠增气激厉之道,可得闻乎?丹老想时相过从,能随事开说,化其厌薄洋务之见为佳耳。以上光绪八年

大贤读卷,首甲不应无人才。殿撰陈君是何等人?幸以见教。越事朝议若何?闻宝使又留,非无转机也。仲弢首选可喜。

近日诸诗家详加品第,空同一,大盉二,青邱三,牧之四,水部五,和靖六,若此数家,与仁者联镳而进,则为词坛全璧矣。六如诗笔,老子颓唐,近乎油矣。北雁诗亦不出色,近有一疵。

读蒲州所发大咨,知旌节已近,至为慰仰,何神速乃尔?叹服!叹服!改道一节,尊意以为不便,当仍于王胡驿奉候。霍州、薄州两次人回,赍到手书,具悉一一。两公极赏碧川,足征具眼,诚今日晋吏第一长才也。承询各节,体访不得端倪。此次轺车所过,清风肃然,历来未有此公论也。

奉复书,具悉一一。闻黑旗之捷,甚快,日来又有战信否?诚

公过慎重，已属滋老力鼓舞之。乐山朴实端方，一洗尘俗，此等旧书陈画，置之琉璃厂中，大非俗目之所悦，而鄙性之所嗜者也。昨日得外县报，忽亡一贤太守自注：阿林亨，潞安守，为之顿足悼惜，不能已已。人才本少，俄损其二自注：谓林以病去，真不可奈何也！口外大青山以北甚旱自注：去秋至今夏，驼马僵毙殆尽，站夫逃散，台站中绝自注：谓赛尔马苏一带，此非小事。以上光绪九年

此间冬春无雪，以致新年无欢，兼有刑案数件纠缠，豪无佳趣，日来始稍轻快耳。铁矿正是鄙人刻意经营之事，正在筹办。适奉公函，欣幸之甚，敬当奉行，但既责以此事，惟望天不夺我晋，始可有成耳。洋军火已筹巨款往购，赵任所置，今乌有矣。此间军装局直同儿戏，所存有狼牙棒、月牙铲、三股叉之类，全是戏剧。办军需二十年，糜费千余万，而其械如此，可恨！可惜！此即陈湜诸人所为也。闻稷门妄谈，窘急之至，详具明斋诗中，其词危苦，若犹不见谅，只有乞莲花池作祠禄耳。

时事愤急不可说，《邸报》见阁下乞假，宵旰忧劳，假满必宜速出。总之，阁下今日万不可退，退则此局全输矣。国事如此，家事只可宽怀。高谊极钦佩，惟万不可激，枝节愈多，形迹愈离，以后无从补救矣。此事公私杂糅，是非互见，气宜壮，心宜平，神宜定，方可为也。以上光绪十年①

---

① 以上载《旧馆缀遗》，《河北月刊》1936 年第 4 卷第 1 期，第 1—8 页。

附录一

编辑《张文襄公全书》叙例

许同莘　撰

　　宣统元年冬，文襄张公之丧既归南皮，梁节庵先生及公之子君立京卿兄弟，谋辑遗文行世，设广雅书局于地安门内。同莘曩者辱公知己之感，又习闻公居官治事之要，谊不敢辞。而闽县王君司直孝绳受公知深，见闻尤真切，因相与商榷体例，质正于先生及师傅陈公弢庵。发箧中遗稿，可盈一室。时旧僚在局者犹四五人。未二年，诸共事者散之四方，书局亦撤，又值国变，王君羁愁以卒。深惧放失，无以副公后嗣郑重传播之意，乃发愤自任。其散佚者，自枢垣史馆、京曹省署，下逮私家记录、坊刻丛残，展转借钞，时有所获，于是十年有七月矣。以类厘次，为奏议五十卷、公牍二十八卷、电牍六十六卷、书札六卷、骈体文二卷、散体文二卷、杂著四卷、金石文四卷。虑世变之未已，而人事之不可测也，归全稿于京卿，并质之贤人长德，非敢谓定本也。公功德在天下，不具述。述编辑缘起如右。

例　　言

　　公扬历中外垂四十年，前席陈言，封章论事，枢机慎密，不得备闻,而遗草满簏,犹数百册,兹辑为五十卷。遗箧无存稿者,就史馆月摺、总署档案及邸钞官报之属检钞增补,其数衔会奏而确知非公主稿者,虽结衔在前,概不入集,意在征实,匪有町畦。

道、咸以前,名公奏议入集者大率无多,非独承平日久,政简书稀,亦由本章程式,题多奏少。自咸、同军兴,海疆多故,事例什佰于前,改题为奏,往往而有。辑为专集,别择宜先,是编要指必以关系朝章国故、吏治民生为断。首《遵旨妥议摺》,不及督学按试诸奏,公所蕴蓄不在是也。终《监国礼节摺》,不及管部诸奏,公秉国钧衡,曹司案牍自有主者,非先务也。题以例摺而辑入者,语有精义,不可略也。盖无取繁冗者,实义例之当然,不敢遗漏者,必精神之所在。刘舍人论章表之言曰:“要而非略。”又曰:“繁约得正。”准的所归,若斯而已。

善善从长,恶恶从短,纂言之理宜然。公宽厚待人,历典封圻,从不轻于参劾。兹编荐举诸摺,辑录稍多。循吏请恤,孝子请旌,义在表彰,咸所不废。至于循例甄别,因事纠弹,苟异激扬,务归掩盖。若劾治在前,开复在后,则两奏并存,以昭公义。庶几青云之附,名声益彰,白圭之玷,濯磨有自。此公意也。

谢恩诸摺,或谓入文集为宜。然骈、散之体虽殊,对扬之义则一,欧公表奏、东坡表状皆列奏议之前。又有谢表、奏状,合为一类者,前如《昌黎集》、《梁谿全集》,近如《曾文正》、《彭刚直集》皆然。兹参酌诸家成例,以谢摺次奏议之后,惟到任谢摺及报交卸摺,仍编入奏议各卷,藉志起讫,且便观览。

阁部会奏,例不言何人主稿,示不敢专也。然鸿篇钜制,要为全集之光。兹从《会昌一品集》例,录公所折衷者一篇,余不备载。

诸葛遗表,传诵古今。宋贤若司马温公、范文正、范忠宣、宗忠简、张南轩,临终遗表,俱载本集。公弥留之际,神明湛然,口授遗疏,犹以寓目,谨以殿于卷末。至具草未上,似与进奏有间,然如东坡之《徐州上皇帝书》、南丰之《召判太常上殿札子》,置之全集,亦见忠爱之忱。公临终心事,尤惓惓于铁路,今并以手定疏稿附后,庶谋国苦衷可质于天下后世。

近人刊行奏稿,并录硃批。或谓此非古法,不知权载之文集、李卫公《一品集》,皆手自纂定,而集中进诗、让官诸表状,并注敕批于下,无有议其非者。宋人奏议,此类尤多,于以觇主眷之优隆,见机宜之进止,意至善也。今广其例,硃批、廷寄一体恭载。惟景庙未亲政前,臣工奏章,祇由枢廷传旨,别无批答。又枢臣承旨由电知照者,亦称电旨。兹概书奉旨,以昭画一。若硃笔业经缴进,又未录副,则从阙如,审慎是求,非敢疏漏。

亭林《日知录》列举后人刻书,为前代讳,谓自古相传,忠厚之道如此。康、雍间人刻明贤文集,奏疏格式多有遵明制者。近世湘乡曾氏刻《船山遗书》,避讳缺笔亦依原本。先民矩矱,允宜取法。兹编抬行缺笔,概仍原稿。其向例本可不抬,如题字、奏字之类,则联缀而下,藉省篇幅。又抬行应出格者,均作平抬,则近人刻集通例也。

公精研小学,形声训诂,辨别谨严。兹编破体俗字,随处校正。至爱书人名,向有改谐声、加偏旁之习,虽当日未便立异,而秋曹沿袭,究非典制。魏默深撰《圣武记》,引乾隆四十年谕旨,以法司用恶劣字为戒,于教匪冉天元、王国贤,皆书本名原注:不书作添、幗。今仿其例,改书本字。又地名当从官书,如芦沟桥,《一统志》作"卢沟桥",故"芦汉铁路"亦称"卢汉"。又近人译书,每造新字,公非不知孳乳之义,而早年颇以杜撰为嫌,故"镑"书作"榜","噸"书作"顿",往往前后不同,兹存其真,不敢率改。此类颇多,姑举一二。惟原稿展转钞写,校勘再四,讹误犹所不免,是为憾耳。

右奏议。

公牍二十八卷,与奏议相表里,首尾凡二十六年,编次详略有可言者。抚晋之日,承凋敝之余,察吏恤民,综核名实,文移条教手稿为多。开府交广,外患方殷,征缮绸缪,日不暇给,然犹兼营并举,百废皆兴,秉烛治书,往往达旦。迨移三楚,历十八年,世变纷乘,忧深虑远,见于文字者,具在电稿,而例行案牍则少简焉。两权江表,地剧政繁,簿书填委,未遑录副。故所编录,详晋、粤而略楚,督江文牍数首而已,非详略攸殊,其所因者异也。

文移、章表,自昔并称,而北宋以前,以文移入集者盖尠,自《朱子大全》《黄氏日钞》兼载此体,后贤踵之。至于近日,流风寖盛,分门别类,互有异同,大抵视其人之阶资,与其时之令式,各有取义,未可拘执一端。幕府旧本,抚晋以事类为纲。分三十类,曰:荒地类、差徭类、钱粮类、交代类、仓谷类、罂粟类、助赈类、善后类、清源类、公费类、息款类、铁绢类、厘税类、科场类、邮政类、命案类、盗案类、控案类、巡缉类、营务类、边务类、饷项类、兵米类、河工类、工程类、差委类、薪水类、训勉类、杂件类、盐务类。督楚者,以年月为次。编录非出一手,未能画一,惟督粤抄本,分咨札、批牍、谕示三类,最为允当。且此本曾经公鉴阅,故取准焉。

提纲絜要,重在标题。前人公移,有只称牌某官批某禀者,有以四字成文浑括大意者,又有沿袭例案,录摘由原文者,漏略之与芜杂,其失维均。兹参酌成式,于咨札,则曰行某官言某事,于批牍,则曰批某官文言某事,增损原文,务期简显。一事而分行数处者,则举所主,以概其余。至官职姓名,详略不一,大抵嘉奖者,衔名必详,驳斥者,姓氏必隐。亦有原稿失载,无从校补者,以非关宏旨,姑从简省。

官文书体裁,最病枝蔓。历来官书辑录,每有芟削。兹编咨札各卷,凡叙述来文处,间依此例,至有关故实,如条例约章之类,则仍其旧。《矿务章程》二种,本可单行,以外间流传甚尠,而此事又为公所注重,故特为一卷。

右公牍。

电文卷帙繁富,综厥要义,约有数端:公以一身系时局安危,读公文字,可以验世运之盈亏,考时政之得失,一也。立功、立德,非言不传,奏章、文移,每为体裁所限。惟电牍文无定式,语质而事核,词约而理明,读公遗稿,见公功德,二也。公历封疆三十年,自抚晋外时山西无电线,无一日无发电,无一电不经心。按日寻绎,如日记、如年谱,忧乐之怀,顺逆之境,随处可见,三也。原稿浩博,辑录颇难,太简则失真,太多则寡要,意为取舍,尤恐于当日事情不合,审慎至再,略就事理轻重,分为三编。此六十卷为甲编,以待刊行,余为乙、丙两编,以备世守。丙编无关宏旨,如公牍之有例行文件。乙编稍要,而在全稿为剩义。此编所载,则要旨宏纲,略具于是。虽不敢谓一无挂漏,然参互考求,可什得八九矣。

电牍为文书创格,编次之法,无例可征。书局初意拟分类编纂,继虑事类太繁,因酌用编年之例。然概以月日为断,又不见事之起讫。兹于编年之中,寓记事之意。如第一、二卷为筹战守,第三卷为争撤兵,第四卷为图补救,余卷仿此。杂事排日附见。譬诸黄河千里,自成一曲,而汇纳众流,沟浍不废。大体如是,亦未易截然画分,正谬订讹,以俟大雅。

文至于电,简已。然有通问之辞,有泛应之语,有更端而旁及,有一义而重申,如斯之流,宜入别录。一稿数见,则录其一,而注云并致某处。若后稿视前稿加详,乙稿述甲稿要旨,则存其详者、要者。亦有事近琐碎不应遗漏者,如第十一卷,以调任发端,通卷所载,或定规模,或筹结束,自应巨细兼赅,方见全神贯注。总之,因事起例,惟义所适,辞尚体要,庶无戾焉。

一事之起,必有由来;一端之发,必有究竟。电文既略,若不与来电参观,则如隐谜、歇后,无从索解矣。第附录过多,又虑喧宾夺主。兹编所录,只就见存来稿与去电互相发明者,删繁撮要,辞达而止,其有异同,亦不偏废。盖审病用药,方知良医之苦心;持柄内凿,亦见大匠之寡合。且事理本无穷尽,论事当抒己见,公每为僚属剀切言之。窃本斯旨,以为取舍,惟来电大意已见去电本文者,则不重出,藉省繁复。

有去电无关重要,而来电必宜辑入者,则两存之。如第八卷,致邓钦差,言署电已转诸稿是也。有去电字句无多,而前后来电叙述详尽,应连类而及者,则并存之。如第一、二卷,唐主政、冯帮办报军情诸电是也。此为备掌故,彰殊勋,于理宜然,不嫌变例。至并时僚友议论往还,深识远虑,往往足资考镜,间存一二,以例其余,则集思广益之义云尔。来电或加圈,亦公手笔。

电文之首列举致某地某官,均依原稿,地名下有空格者,系公手定格式,曾告写官必如此,眉目方醒,今悉仍之。各件排比先后,一以时刻为准。惟公治文书,常至夜半,故稿末韵目,犹系本日,而发出已在次晨,韵、日不符以此。至署名处有用"名心泐"、"心叩"字样者,事后与人共见,固不妨改从一律。然当日自有用意,亦仍原文,以昭核实。又有公不便径达,由掾属具名者,以原文必公授意,或竟出手稿,兹一例录入,仍低一字,别于正文。

故事,百司奉行事理,必据公文,电报易讹,不尽列于档案。第此为接电言之,若明系发电原文,自无疑义。且临机应变,正惟急速,乃见精神。兹编于文、电并行之稿,多舍文而录电,如详略互见,或两稿并存。此类至尠,百一而已。

右电牍。

书札七卷,前六卷多论政事,后一卷兼及文艺,然托体必尊,寻常应酬之作不过数首,其余不敢阑入。第三卷以下,不尽出公手笔,而事理切要,故并存之。别有致潘文勤书数十首,皆考订金石之文,兹别为一帙。公手札至多,而无存稿,得者又珍秘不轻示人,展转传钞,所得止此,博访旁搜,俟诸异日。

右书札。

骈文二卷,杂著四卷,皆据见存稿辑录。骈文尚有官翰林时程课之作数十篇,番禺杨少鋆大令(鋆)曾录副本,求之不得。寿序、祭文录手撰及改定者,幕府拟稿不录。散文如《劝学篇》,杂著如《輶轩语》、《书目答问》,久已传布海内。诗则公病亟时手定刊行,已删之稿,自不宜补入集中。联语最多,至壬辰、癸巳以后,幕府张望屺(曾畴)为公代笔,尝褒(裒)集成帙。国变后,为火所毁,暇日尚拟广为搜集,合单词片语,成丛录一种。此外,有《读穆天子传》、《经义述问(闻)札记》,而未之见。公早岁读书,有所得,辄别纸疏记,日久成一巨册,展转失去。尝言生平于《易》、《礼》、《春秋》,致力最深,欲乞身归里,著经说数种,而事与愿违,颇以为憾。又尝属廖季平教授(平)《易例长编》、《左传经例长编》,发凡起例,粗引其端,旋亦中辍。袁忠节云:"公读书沈思穿穴,一事一义,必了彻其究竟,从不妄下丹铅。尝牓其坐曰:'兵家尽补能康世,经义咸明乃著书。'"想见立言矜慎,宜遗稿之无多也。

右骈散文、杂著。

金石文四卷,吴江费君仲深树蔚钞自吴门潘氏者,过半皆公与文勤书札也。前二卷考释攀古楼藏器,目次一依《攀古楼款识杂说》,诸篇为潘刻所不载。至考释积顾斋、筠清阁各器,则辨正之文为多。公与文勤书云:"平日于论人论事皆如此,但求其是,绝无门户之见。"此数语可窥见公生平矣。释石之文甚少,然不宜与金文附丽,故别为一卷。此编有华阳王君璱甫文焘编订本,每器摹拓本于前,次考释,次考订。因全书刻期藏事,而王本尚未写定,故参酌王本初稿,编次如右。

右金石文。

全书八种,都一百五十八卷。每一种编写讫,送太傅陈公鉴阅。奏议、公牍两种,初辑本凡一百余卷,汪荃台太守凤瀛谓卷帙多,则读者少,流传不广,公文字自不敝于天壤,不必求多。太傅意亦谓然。故最后写定,几减其半。初开局时,丁衡甫中丞宝铨方抚山右,王君函请补录,中丞选僚属中及见公设施者,得四人,命主其事,约他日校刊时,列入衔名。今王君物故,四人姓氏不能详矣。督粤时,奏议公牍,原本为赵竹君大令凤昌所编;督楚者,则望屺先生所编为多。其后开局京师,先生在湖广幕府续有钞补,惜辛亥殉国,未竟此事。电牍自己丑以后最完,乙巳、丙午间置掾吏十余人写之,其尤要者,或钞至数分。同莘编辑之时,稿件以六七万计,从弟同莱助其校理,与底本合勘,又检出应补抄者二千余件。而督粤者犹阙,展转求之粤、鄂,则辛亥之变荡焉无有。幸王雪岑廉访秉恩藏副篋中,出以相示,并就方略馆、总署档册勘对,补其阙佚,于是条理贯穿,始末粗具。至京朝奏议,向无存稿。书札所缺尤多,宗室瑞臣侍郎宝熙、仁和吴绚斋侍讲士鉴、许季芗章京宝蘅、朝邑阎成叔观察遁竹、丰润张仲炤中翰志潜,先后录副见示。又有函寄抚晋奏疏目录而不属姓名者,迄不知为何人也。奏议、公牍、函、电四种卷帙既多,录副不易,京卿乔梓属先以聚珍版印行。付印时,愿任校对者颇不乏人,以程功甚速,送校往返需时,未能分寄,惟吴县张君达安泽嘉、徐君石定鼎、会稽徐君季占乃谦,就近分校,相助之力为多。而番禺陈公睦观察庆龢相与商榷义例,折衷取舍,裨益尤钜。念时事之变迁,感群贤之风义,斯役幸而就绪,实非始愿所及,并记于此,以见公忠诚感人,身殁之后,犹有人乐为尽力若是。而京卿兄弟委任不疑,终始如一,皆可敬也。

庚申五月　故吏无锡许同莘谨识

电牍起光绪十年,所据王氏藏稿,尚有缺漏。又光绪二十三年致各省电文,旧钞本缺一册,戊辰春得见幕府底本,依次录之,为补遗二卷。时新城王晋卿方伯覆辑全书甫竣,写此附入集中。搜罗至是,所佚殆无几矣。

同莘又记

附录二

《张文襄公电稿》例言

许同莘　撰

　　是编卷帙繁富,综其要义,约有数端:公以一身系中国安危,读公文字,可以验世运之盈虚,考时政之得失,一也。立功、立德,非言不传,奏章、文移,每为体裁所限,惟电牍文无程式,语质而事核,词约而理明,读公遗编,见公功德,二也。公历封疆三十年,除抚晋外时山西无电线,无一日无电稿,无一稿不经心。按日寻绎,如日记、如年谱,忧乐之怀,顺逆之境,随处可见,三也。原稿浩博,辑录颇难,太简则失真,太多则寡要,意为取舍,尤恐于当日事情不合,审慎至再,略就事理轻重,分为三编。此六十六卷,为甲编,以待刊行,余为乙、丙两编,以备世守。丙编无关宏旨,如公牍之有例行文件。乙编稍要,而在全稿为剩义。甲编所载,则要旨宏纲,靡不赅备。虽不敢谓一无挂漏,然参互考求,可什得八九矣。

　　电稿为文书创格,编次之法,无例可征。书局初议仿纪事本末体,继虑事类太繁,议用编年体。然概以月日为断,又不见事之起讫。兹于编年之中,寓纪事之意。如第一、二卷为筹战守,第三卷为争撤兵,第四卷为图补救,余卷仿此。其他杂事,排日附见。譬如黄河,千里自成一曲,而汇纳众流,沟浍不废。大体如是,亦未易截然画分,正谬订讹,以俟大雅。

文至于电,简已。然有通问之辞,有泛应之语,有更端而旁及,有一义而重申,如斯之流,宜入别录。一稿数见,则录其一,而注云并致某处。若后稿视前稿加详,乙稿述甲稿大要,则存其详者、要者。亦有事近细微而不容遗漏者,如第十一卷,以调任发端,通卷所载,或定规模,或筹结束,自应巨细兼赅,方见全神贯注。总之,因事起例,惟义所适,辞尚体要,庶无戾焉。

一事之起,必有由来;一端之发,必有究竟。电文既略,若不与来电参观,则如隐谜、歇后,索然无味矣。第附录过多,又虑喧宾夺主。兹编所录,只见存来稿与去电相互发明者删繁撮要,辞达而止,其有异同,亦不偏废。盖审病用药,方知良医之苦心;持柄内凿,亦见大匠之寡合。且事理本无穷尽,论事当抒己见,公每为僚属剀切言之。窃本斯旨,以为准则,惟来电大意已见去电本文者,则不重出,藉省繁复。

有去电无关重要,而来电必宜辑入者,则两存之。如第八卷,致邓钦差,言署电已转诸稿是也。有去电字句无多,而前后来电叙述详尽,应连类而及者,则并存之。如第一、二卷,唐主政、冯帮办报军情诸电是也。此为备掌故,彰殊勋,于理宜然,不嫌变例。至并时僚友议论往还,深识远虑,往往足资考镜,间存一二,以概其余,则集思广益之义云尔。来电或加圈,亦公手笔。

电文之首列举致某地某官,均依原稿,地名下有空格者,系公手定格式,曾告写官必如此,眉目方醒,今悉仍之。各电排比先后,一以时刻为准。惟公治文书,常至夜半,故电尾韵目,犹依本日,而发出已在次晨,韵、日不符以此。至署名处有用"名心泐"、"名心叩"字样者,事后与人共见,固不妨改从一律。然当日自具深心,亦仍原文,以昭核实。又有公不便径达,由掾属具名者,以原文必经公授意,或竟手自属稿,兹一例录入,仍低一字,别于正文。

故事,百司奉行事理,必据公文,电报易讹,不尽列于文案,第此为接电言之。若明系发电原文,自无疑义,且临机应变,正惟急速,乃见精神。兹集于文、电并行之稿,多舍文而录电,语有详略,或两稿并存,此类至尠,百一而已。

是编三历寒暑,始克竣事,整齐贯串,几经易稿,将以归之君立公子,并就正当世有道。而卷数过多,录副不易,故付排印,以代钞胥,印工促迫,兼以铅字体俗,一再校勘,犹多谬误,所冀他日定稿镂版时,覆加校正耳。

戊午十二月　故吏无锡许同莘谨识

《张文襄公电稿》跋

许同莘　撰

张文襄公电稿,始自督粤,迄于入相,先后二十三年,诸稿出自手书者十之八九,半生心血,具在于是。同莘曩以末学得奉教于幕下,窃见公端居深念,凡所规画,必穷究利弊,贯彻始终,一稿既成,反复涂改,务求事理之安而后已。庚辛之际,危疑震撼,焦心劳虑,绕室彷徨,手治文书,往往彻夜不寐,盖其尽瘁忘身如此。自公薨后,遗文未经流布,士夫皆思读之,公子君立京卿设书局,集旧日僚吏,属以编校。遭时多故,仅逾年而书局遂散。电稿一编,闽县王君孝绳实任辑录,著手方始,遽以病卒。同莘编奏议、公牍既竟,竭三载之力,始蒇其事。初,公在武昌置写官十余人,录往还全稿,丁未入都，以稿自随。而督粤者犹阙，同莘求副本于粤、鄂，则辛亥之变已荡焉无存。会王法使秉恩藏副箧中，出以相示，其散佚者，又借抄方略馆、总署档册以补之，于是条理贯穿，首尾完具。中经世变，得不失落，可谓幸矣。全稿凡二百余册，今所编录不及其半。昔司马温公自言："平生所为，无不可对人言者。"公平生文字殆无不可对人言，其不能尽录者，义主简要，体例然也。追念前事，犹在心目，校理斯稿，辄为惘然。

　　　　　　戊午六月二十七日编讫谨记　故吏许同莘

《张文襄公电稿》梁记
梁鼎芬　撰

　　张文襄电稿，共六十六卷。其十一卷，督粤时所为。移督武昌后，曾以全分，命鼎芬校阅一过。法越之事，谋画精详，志虑忠定，遂有克复凉山之捷，敌人受挫，和议得成，二十年用兵之功，此最伟矣。自是以后，在鄂、在江所发各电，有未先示鼎芬者，有已发后示鼎芬者。公谋国之忠，论事之才，当时事后亦有不尽得见者，往往筹商至再，夜深始散，同时疆吏、枢臣智虑尚多有未及者。嗟夫！人之云亡，事绩犹在也。由今追思，尚忍言哉！公薨后数年，掾吏许知县同莘，感公之知，服公之忠，乃发愤采掇公十数年来所为电稿，钞成此册。封疆大臣忠于国家，奏稿行世者有之，电稿则未闻也。许君力勤矣，芬未见其比也。

　　　　　　宣统戊午大雪　湖北按察使梁鼎芬谨记

附录三

张文襄年谱编纂始末

许同莱　撰

予兄溯伊,早岁即入南皮张文襄幕府。自光绪己亥至壬寅,为学习办事时期。自丙午至己酉,为任职幕府时期。自文襄逝世,迄于其后十五六年,则搜集文襄遗稿,编次奏议、函电、公牍、文集、杂著之属,用力最勤。又其后则撰为年谱,以结编书之局,历十年而始成。书成后,随时增损改定,以迄今日,为之付梓,计前后尽力于文襄文字之役者,凡三十余年。自来幕僚之对于府主,其用力之艰,历时之久,鲜有能及此者。余尝为兄参预编书之事,其经过情形,知之最审,故述一二,以为此书介绍。

文襄遗稿,合手迹及幕僚所拟,以及各处来电,凡数十箱。余兄编辑全集之时,寓居北京东城之什方院,以东厢房三楹专储稿本。室中以木板为长几,逐次发箧,陈列几上。先排比月日,必使一无舛错,月日既已不误,则稿之重复与否,一览而知。乃去其重复者,又去其照例之件,不应采辑而毫无疑义者,于是精华毕露。稿本之中,有原本,有钞本。原本不可毁损,其尚未抄录副本者,则雇书手给资抄写。前后历两三年,所写不下数十万字,随写随校,则发现其中遗漏之处不可胜数,尤以函电为甚。盖奏折经当时幕府中人命书吏誊出一分,随手编次,所缺尚少;电报则当时视为秘密之件,多不发抄;书函则文襄手书者并不留稿,若文襄早岁官京朝、督学政时,则所上奏折,所发文牍,直无一件存留。而此等文字,在全集中不能一字不载,于是采访之劳,视排比已有之稿为尤难矣。

北都为文献渊薮,内阁大库、军机处档案具存,中外交涉之案,则外交部所藏之总理衙门、外务部档册具存。若当时发钞之奏折,世称"邸钞"者,则有《谕折汇存》《阁钞汇编》之属,琉璃厂书肆,往往可见。余兄于档案则亲往检查,属人抄写,或托管理之人代为检查。其散在书肆者,每以星期日乘小车赴各处物色,薄暮归来,则怀挟累累,家人非笑之,全不介意,如是者六七年。常于无意中得极可宝贵之资料,所收书籍,亦以是时为多,固一生乐事也。

编书之事,初患资料之少,继患资料之多,多则去取之间,折衷至当,良非易事。余兄于此,极费苦心,编成以后,送老辈阅看,叩其意见如何。虽就正者非一人,亦非一事,即此一编,可见其非贸然从事也。

年谱着手,又与编书不同。盖谱例必年经月纬,而文襄生平无日记,其行事有月日可考者,除奏议函电外,别无根据。有奏议自为学政始。而为学政之事实,不见于奏议者,老辈凋零殆尽,更无可问之人。于是着手之初,便觉处处空虚,事事恍惚。经多年之搜集,询之张氏家族,考之张氏家谱,先编次弱冠以前事,得二三千言以立初基。又考之会试硃卷,而知受业诸师之姓名,逐渐搜罗,讫于仕京朝、抚山右时,成初稿一卷。其稿视最后定本,仅得一半,固未计及今日之蔚成巨观也。及坊间印行之《越缦堂日记》《翁文恭日记》出，于是月日皆有依据。参互考订，触处旁通，而第一卷之规模以具。

文襄抚晋之时，图治甚锐，其奏议公牍，皆精心结撰。然资料之可采者只此。而止《山西通志》、《晋政辑要》二书成于文襄去任以后，间有可采之处，亦语焉不详。后得见阎成叔先生所藏文襄与其尊人文介公书，有见丰润张氏所藏文襄与幼樵学士书，于当日设施之故，凡不见奏议中者，因此得知其梗概。年谱纪事，惟山西一任最略，余兄每言使毓俞廙轩侍郎而在，所得材料必不止此，以俞侍郎尝佐文襄幕府也。

文襄以光绪十年继督两广，其时沿江沿海各省，电线已通，军国机宜之事，以电报传递，文襄电稿，出于手稿者十之八九。然张氏藏稿独缺两广一任，总署电本仅有关涉外交之件。余兄积年求之，初不可得，托人访之广东都督公署，则革命以后，广东督、抚两署案卷尽毁。至于沪上，见王雪岑先生，得其所藏副本，始得借钞入集。其稿盖先生在幕府中，留心故实，随时积存者。虽缺最初之稿数十件，然当时精力，全注于法越战事，以之与奏疏参校，大体已无遗漏。故年谱资料，半出其中。

余兄平日好谱学之书，所收近代名人年谱甚夥。诸家谱例，其通行之式，不外两种：一为斜上旁行，一为编年纪事。此书草创之初，曾仿《曾文正年谱》例，叙事皆以正文，不加小注。后觉其头绪浩繁，且全用正文，则旁见侧出之处，不能尽载，遗漏必多，乃仿阮文达《雷塘弟子记》之例，以大字挈其纲要，小注详其原委，又参以顾亭林、阎百诗年谱之例，凡当时交游及文学之士，于注中略著仕履，以为论世知人之助。此例既定，于是已成之前三卷，重加编次，送陈弢庵先生鉴阅。先生于文襄交契最深，余兄又受业门下，遂举两人交游本末，及光绪初年朝局而尽告之。又为斟酌义例，其大指以为异代著书，于前朝事虽无所讳，但下笔宜存忠厚，可以章直道，不可以徇俗论。文襄身为清臣，与易代以后无涉，行文叙事，不可用今日语气。故书中体例，一本此指，凡庆典赏赉，皆备书之，于朝政缺失如颐和园工程、庚子拳匪祸首，及任用亲贵之类，则直书其事，令读者自得其意于文字之外，不加褒贬，而事之得失备见。殁老于张勋复辟之事，即不谓然，其宗旨大中至正，固非有私意于其间也。

文襄总督湖广，历十七年，文电各稿，其要者所缺无几。中间两署两江，政事殷繁，而交卸迫促，督江公牍皆未录出，故全集独缺此一类。然奏折、电报则无散失，年谱取材于兹，不病其略。至光绪己亥以后之事，余兄皆所目睹。凡事之不见于官文书，而此谱能举其原委者，其言皆有来历。樊樊山尝语余兄云，年谱事实，须注出处。余兄之意，以此施之于数百年前人之谱，诚为确当，若文襄之事，则年代甚近，征引既详，不能一一皆注出处，近代名家年谱，亦无此例，故不采用。

作此谱时，其入手略师史家为长编之法，初稿既具，然后增损删并，恒有一事而穷源竟委，统前后以为一条者。全集浩繁，阅者或无此闲暇日力。此书提纲挈要，于文襄一生之事，开卷瞭然。且全集所不载者，几居其半。余兄著此书之意，不但为文襄叙述生平事实，并欲备近代数十年掌故。故事之于文襄有关者，言之不厌其详，往往牵连并载，轶出于文本之外。其文字则力求简明。书成之后，淘汰闲字杂句，不止一次。可以为近代参考书之一种，治国闻者得此一编，节省日力不少。若以通常年谱之例绳之，则不知者或病其支节丛生矣。

　　此书征引原文，详略不一。所以然者，编辑全集之时，或限于体例，其原文未能并载，或全集印行以后，其原文始陆续发见，则不得不于年谱详之。如督学及管部时之奏疏，不入本集，而见于年谱之内。移制造局、废科举之奏疏，一为南洋主稿，一为北洋主稿，不入本集，而年谱著其为会奏，录原文于小注之内，皆其一例。若全集既载原文，则谱中惟记其大略而已。

　　余兄自言此谱不用国史之例，然记载亦有暗合史法者。如戊戌之变，慈禧后再垂帘训政。据邸钞，训政之旨颁发于是年八月初六日，实则初四日慈禧自颐和园还宫，立即处分一切，初五日事已大定，至初六日明发谕旨，不过完成程序。此谱不书初六日临朝，而系之初四日，以见事前猝然发动，非一无布置。则慈禧平日母子之间，其情形可以概见。曾闻熟于其事者言，当时项城练兵小站，南海以谋围颐和园商诸项城，项城允诺。及南海去，项城徬徨绕榻，竟夕不寐，平日遇事当机立断，鲜有如此之踌躇不决者。最后乃立定主见，宁负其子，不负其母，潜入京城，以其谋密告荣禄。荣禄大骇，立至颐和园密报。此初三日之事。越日而慈禧还宫，德宗不及措手，于是党祸作矣。此谱仅著月日，不详其事者，传闻之言，不可以为佐证，且不欲揭发诸人隐私也。又如年谱书辛丑七月二十五日和约成，而是日之下，即系以江南自强军调扎山东归袁世凯训练一条。江南自强军为文襄创办，最称精练，忽密旨调赴山东。刘忠诚初不欲此军北行，而难于措辞，遂请以武卫左军调往，讵谕旨必欲调自强军归袁世凯训练。是袁之培植势力，慈禧之信任世凯，此举极为显明。谱载此事，一以著履霜之渐，一以著外患甫息，内祸已萌。机括紧凑，间不容发，皆史笔也。其他以此类推，不能悉数。

世传文襄佚事,多不可信。如坊刻张文襄家书,系庸妄之人杜撰附会。其中有禀双亲书若干首,据其文字,则已在文襄入仕之后。不知文襄四岁丧母,二十岁丧父,安得有此? 年谱具载丁忧年月,则家书之伪托不辨自明。其介于疑似之间而实有其事者,间为辨证。此外遗闻轶事、未刊诗文及书札、楹联之类,不便屡入年谱者,余兄别为笔记一种,曰《旧馆缀遗》,随时掇拾,所收颇富,行箧藏稿不全,尚未成书也。

余尝问兄,阅此书应从何处着眼,兄曰:文襄生平,不肯一事苟且,不肯一语含胡。此书记一生事实,皆可见其精神贯注。然此节犹自他人所能,至遇危疑震撼之事,如庚子之保护东南、戊申之宫中定策,他人处此,鲜不遑遽失措,而文襄从容镇静,应付裕如,此等处最不可及。阅此书者,宜从此处着眼。

附录四

韵 目 代 日 表

一日	东先懂送屋	十七日	篠霰洽
二日	冬萧肿宋沃	十八日	巧啸
三日	江肴讲绛觉	十九日	皓效
四日	支豪纸寘质	廿日	哿号
五日	微歌尾未物	廿一日	马箇
六日	鱼麻语御月	廿二日	养祃
七日	虞阳麌遇曷	廿三日	梗漾
八日	齐庚荠霁黠	廿四日	迥敬
九日	佳青蟹泰屑	廿五日	有径
十日	灰蒸贿卦药	廿六日	寝宥
十一日	真尤轸队陌	廿七日	感沁
十二日	文侵吻震锡	廿八日	俭勘
十三日	元覃阮问职	廿九日	豏艳
十四日	寒盐旱愿缉	三十日	陷
十五日	删咸潸翰合	三十一日	世引
十六日	铣谏叶		

图书在版编目(CIP)数据

庚辛史料:外一种 / (清)许同莘辑;戴海斌,裘
陈江整理. —上海:上海古籍出版社,2020.7
(近代中外交涉史料丛刊)
ISBN 978-7-5325-9601-0

Ⅰ.①庚… Ⅱ.①许… ②戴… ③裘… Ⅲ.①中国历
史—史料—清后期 Ⅳ.①K252.06

中国版本图书馆 CIP 数据核字(2020)第 066249 号

近代中外交涉史料丛刊
庚辛史料(外一种)
许同莘 辑
戴海斌 裘陈江 整理
上海古籍出版社出版发行
(上海瑞金二路 272 号 邮政编码 200020)
(1)网址:www.guji.com.cn
(2)E-mail:guji1@guji.com.cn
(3)易文网网址:www.ewen.co
浙江临安曙光印务有限公司印刷
开本 890×1240 1/32 印张 8.875 插页 4 字数 199,000
2020 年 7 月第 1 版 2020 年 7 月第 1 次印刷
ISBN 978-7-5325-9601-0
K·2829 定价:48.00 元
如有质量问题,请与承印公司联系